AUGUSTO PINOCHET

DU MÊME AUTEUR

Georges Duby, an 1000, an 2000, sur les traces de nos peurs, entretiens conduits par François Clauss (Europe 1) et Michel Faure (*L'Express*), Paris, Textuel, 1997.

L'Espagne de Juan Carlos, pays prospère, nation fragile, Paris, Perrin, 2008.

Au cœur de l'espoir, en collaboration avec Éric Cheysson, Paris, Robert Laffont, 2012.

Une histoire du Brésil, Paris, Perrin, 2016.

Cuba, Paris, Éditions du Chêne, coll. «Grands Voyageurs», 2016.

Cuba en 100 questions, Paris, Tallandier, 2017.

Michel Faure

AUGUSTO PINOCHET

PERRIN

92, avenue de France
75013 Paris
Tél. : 01 44 16 09 00
Fax : 01 44 16 09 01

ISBN : 978-2-262-07015-1
Dépôt légal : janvier 2020

Composition : Soft Office

« La tâche demeure de faire passer la nuance, d'élucider la complication et d'impliquer la contradiction. »

Philip Roth

« Un soir, à la fin du mois d'octobre 1973, le général de brigade Washington Carrasco Fernández visita les salles de torture du régiment Tucapel, à Temuco. J'étais l'un des cinq hommes suspendus par les poignets, liés, comme des bœufs, que le général examina d'un œil critique. »

Luis Sepúlveda

BOLIVIE
CHILI
PARAGUAY
URUGUAY
ARGENTINE
OCÉAN PACIFIQUE SUD
OCÉAN ATLANTIQUE SUD
20° S
30°
40°
50°
N
O
E
S
Arica
Pisagua
Iquique
Antofagasta
Île San Félix
Île San Ambrosio
Chañaral
Copiapó
Pico Ojos del Salado
La Serena
Quillota
Los Andes
Viña del Mar
Valparaiso
Santiago
Archipel Juan Fernández
San Antonio
San Bernardo
San José de Maipo
Santo Domingo
Rancagua
Talca
Cauquenes
Concepción
Chillán
Lebu
Temuco
Puerto Montt
Île de Chiloé
Archipel des Chonos
Île Wellington
Îles Falkland (Îles Malouines) (R-U.)
Détroit de Magellan
Punta Arenas
Île Dawson
Canal Beagle
Île Picton
Île Nueva
Cap Horn
Île Lennox
0
250
500 km

Avant-propos

Augusto Pinochet, l'un des hommes les plus détestés du XXe siècle finissant, est longtemps resté pour moi, au cours de l'écriture de cette biographie, un personnage énigmatique. Comment comprendre que ce soldat légitimiste, fidèle à la grande tradition « prussienne » de l'armée chilienne, ait pu devenir du jour au lendemain un putschiste efficace et brutal ? Et comment ce putschiste odieux, dont la dictature est marquée par une férocité inouïe, peut-il éprouver, dès les premiers moments de son pouvoir absolu, une révérence, même subliminale, pour la démocratie ? Pourquoi un général qui vénère l'ordre, l'autorité, la verticalité du commandement ouvre-t-il sa porte à une bande de jeunes économistes libéraux amoureux du désordre des sociétés ouvertes, et qui vont déréguler à tout-va et saper les bases de son propre régime ? Enfin, tous ces oxymores – le légitimiste putschiste, le dictateur démocrate, le tyran libéral – relèvent-ils d'une hypocrisie sans nom, d'une confusion mentale, ou bien d'une inattendue sincérité ?

J'ai cherché à répondre à ces questions, à percer les mystères d'un homme renfermé et introverti, prudent et rusé, et j'ai fini par choisir la dernière option, celle de la sincérité, des vérités secrètes d'un militaire qui croit à la guerre et au bon Dieu et veut, contre toute attente, concilier dictature et restauration démocratique, contrainte politique et laisser-faire économique, brutes sanguinaires et dames patronnesses de l'action caritative. Cette sincérité n'est pas celle d'un esprit rationnel, mais relève plus souvent de l'intuition, des illusions et des contradictions intimes d'un vieux militaire obtus et brutal, préoccupé cependant par le droit et, plus bizarrement encore, séduit par le libéralisme. Ce sujet du livre, si souvent douloureux et violent, impose à l'auteur équilibre et honnêteté intellectuelle. J'ai eu le sentiment, pendant l'écriture, d'avancer sur le fil d'un rasoir, sans jamais, je l'espère, avoir basculé dans le préjugé ni la caricature. Voici, en somme, le portrait d'un criminel bien intentionné, ce qui n'excuse rien, bien sûr, mais résout l'énigme.

À Paris, le 6 mars 2019
Michel FAURE

1

Le Français don Guillermo

> « Enfin ces peuples allaient être visités par des hommes aux idées politiques et industrielles plus larges, plus avancées et jouir des bienfaits de la civilisation. »
>
> Vega et Couteau, *Album de la colonie française au Chili*, 1904.

Guillaume Pinochet, marin de Saint-Malo et marchand de tissu, débarque à Concepción, dans le sud de la côte chilienne, probablement entre 1718 et 1720. Sans cet aventurier breton qui décide d'établir sa vie dans cette région lointaine au début du XVIIIe siècle, ce pays n'aurait jamais vu naître à Valparaíso, le 25 novembre 1915 – sept générations plus tard, nous disent les généalogistes –, Augusto José Ramón Pinochet Ugarte*, futur dictateur du XXe siècle finissant.

* Au Chili, comme dans d'autres pays hispanophones, on associe au nom de famille du père celui de la mère pour former le nom de famille des enfants. Ainsi le nom d'état civil d'Augusto Pinochet est-il Augusto José Ramón Pinochet Ugarte, parce que son père, Augusto Alejandro Pinochet Vera, avait épousé une jeune femme nommée Avelina Ugarte Martinez.

Mentionner ce lointain aïeul n'est pas prétendre qu'il existe un lien particulier entre les deux hommes, mais relever la trace d'un héritage familial et culturel. L'ancêtre de Saint-Malo ouvre au Chili une longue lignée de Pinochet qui n'oublient pas leurs origines associant le prestige d'une installation ancienne dans le pays et le léger vernis du « chic français ». Le père d'Augusto Pinochet, Augusto Alejandro Pinochet Vera, par exemple, quand il devient pompier bénévole à Valparaíso, choisit de rejoindre la brigade française, appelée « La Pompe France », qui existait – et existe toujours – dans cette ville portuaire où se croisaient de nombreuses nationalités, des Espagnols, bien sûr, mais aussi des Anglais et des Écossais, des Italiens, des Palestiniens ou des Allemands, parmi lesquels des Prussiens dont l'influence – discipline et autoritarisme – a profondément marqué l'armée chilienne. Si l'usage de notre langue s'est généralement perdu chez les Pinochet, celle-ci est encore parlée dans la famille de la mère d'Augusto, Avelina Ugarte Martinez, d'origine basque. Le beau-père d'Avelina, François Valette, est citoyen français. Pendant son enfance, Augusto écoute Valette lui parler français afin qu'il se familiarise avec cette langue. « Il s'agissait d'un homme cultivé, se souvient le dictateur. Il était doté d'une mentalité différente de la nôtre, une mentalité européenne, un esprit ouvert. C'est lui qui m'a appris le français. Grâce à lui, je le lis et le comprends[1]. » Augusto Pinochet, adolescent, élève au collège des « Pères français » de Valparaíso, n'est pas le plus mauvais de sa classe quand il s'agit de la langue de Molière. Cet héritage présente aussi, peut-être – nous entrons ici dans le domaine de l'hypothèse –, des qualités chiliennes singulières, celles attribuées aux premiers migrants. Pour eux, le Chili constituait le terminus d'un exil absolu, la fin d'un long et éprouvant voyage, le bout du monde, pour ne pas dire son cul-de-sac. Ce pays, écrit la romancière Isabel Allende, « est le plus loin où l'on puisse aller sans tomber de la planète[2] ». Seuls des gens constants, courageux, déterminés et disciplinés pouvaient surmonter les obstacles dressés sur leur chemin : la cordillère des Andes, le terrible désert d'Atacama et, pour les marins comme Guillaume, les périls du cap Horn. On peut supposer que cet ancêtre breton avait en lui ce courage et cette détermination, vertus qui vont s'associer plus tard, au fil des générations, au conformisme social, au goût de l'ordre et au respect de l'autorité, traits de caractère attribués à Augusto Pinochet, mais aussi, souvent, aux Chiliens par eux-mêmes et par les autres alors que tous s'abandonnent, comme nous le faisons ici, aux facilités de la généralisation[3].

Les huasos *de la région de Cauquenes*

Gonzalo Vial Correa, le biographe chilien d'Augusto Pinochet, que nous citerons parfois, se montre souvent révérant à l'égard de son protagoniste, mais il le connaît bien. Il fut son ministre de l'Éducation en 1978 et 1979, et collabora également à la rédaction d'un Livre blanc[4] justifiant le coup d'État par l'existence d'un supposé « Plan Z » ourdi par l'extrême gauche pour se saisir du pouvoir et dont la réalité n'a jamais été prouvée. Vial fut également, selon le magazine *The Clinic*, le zélé exécuteur d'une chasse aux sorcières qu'il mena conjointement avec la sinistre *Central Nacional de Informaciones* (Centrale nationale d'informations, CNI), un organisme de renseignements et de répression, pour rechercher et identifier les éventuels opposants au régime militaire parmi les quelque 90 000 enseignants des écoles et lycées du pays[5]. Ce biographe thuriféraire est à citer avec des pincettes, donc, mais avec lui la question des influences sur le caractère d'Augusto Pinochet trouve une réponse simple et sans doute pertinente : le dictateur est l'enfant d'une tradition séculaire, celle des *huasos*, version chilienne des *gauchos* argentins ou des *cow-boys* des États-Unis. Il est le produit de générations successives et sédentaires qui ont vécu au sein d'un monde agricole fermé, dans la région de Cauquenes où meurt Guillaume en 1742, et où naît, six générations plus tard, en 1891, Augusto Alejandro, le père de Pinochet. On y cultive blé, légumes, vignes, on y élève aussi des vaches et des moutons dont on vend le cuir et la laine. Le *huaso*, ici, n'est pas seulement un cavalier en charge du bétail, mais également un agriculteur, et l'on devine alors dans cette fusion singulière du cow-boy et du laboureur la cohabitation contradictoire de la liberté et de la contrainte, de l'aventure et de la prudence, de l'action et de la patience qui ne sont pas tout à fait étrangères à la personnalité de Pinochet. Dans cette région fertile, mais désertée, à l'écart du grand chemin du *Valle Central* qui se déroule entre la cordillère des Andes et la cordillère de la Côte, plus modeste, qui longe la côte du Pacifique, « les vieilles familles agricoles sont à la fois socialement puissantes et très pauvres[6] », écrit Vial. Ces élites de Cauquenes, auxquelles les Pinochet appartiennent, ne se mêlent pas aux nombreux conflits de la politique nationale et, grâce à leur isolement, elles échappent aussi aux révoltes indigènes. « Cette petite aristocratie locale, isolée géographiquement et fermée mentalement en raison de son éternel sentiment de supériorité, reste orgueilleuse et dominante, encore au début du siècle passé [le XXe], et appauvrie en raison du démembrement des terres agricoles. Elle est aussi *huasa*, avec tous les traits de cet archétype national, notamment l'orgueil, la courtoisie, la réserve, la méfiance, l'astuce, la sobriété, la dureté[7]. »

Les gabachos *du fleuve Mapocho*

Guillaume, dont la famille était peut-être originaire de Lamballe, dans les Côtes-d'Armor, où l'on compte toujours aujourd'hui quelques familles Pinochet*, naît à Saint-Malo en 1695.

Il s'agit d'une époque troublée en Bretagne, menacée par la famine et marquée par le souvenir toujours vif de la révolte des Bonnets rouges qui a débuté vingt ans plus tôt, en 1675, contre de nouveaux impôts destinés à financer la guerre que fait Louis XIV aux Provinces-Unies. Celle-ci, déclarée en 1672, s'éternise. La révolte, elle, est plus courte, mais dure tout de même cinq mois, d'avril à fin août. À sa grande violence répondra celle de la répression par les troupes royales. Elle va marquer pour longtemps les esprits, ainsi que le paysage, avec la destruction des clochers des églises dont les paroissiens sont considérés coupables de connivence avec les révoltés.

Vers la fin des années 1660, une longue période de prospérité s'achève en Bretagne, le prix du froment baisse et un déclin économique prononcé s'engage – non sans relation, bien sûr, avec la colère des Bonnets rouges – que va aggraver encore le poids du financement des autres guerres de Louis XIV et donc, aussi, celui des impôts. Dans le même temps, les marins et les commerçants souffrent des mesures protectionnistes mises en place par Colbert qui les empêchent de traiter avec leur principal client, l'Angleterre. Est-ce l'envie

---

* Il existe toujours des Pinochet à Lamballe. Bernadette, par exemple, interrogée à l'âge de 82 ans et qui déclare: « Il y a eu une époque où les gens nous regardaient de travers quand ils entendaient notre nom. » On peut lire le plaisant reportage de Fanny Hardy à Lamballe, publié sur le site *Le Phare-Ouest*: « Nom de famille: Pinochet. Origine: Bretagne. »

d'aventure ou la nécessité qui pousse Guillaume à affronter ainsi une traversée longue et difficile pour atteindre le Chili ?

Ni l'une ni l'autre, peut-être. Le marin, comme tant d'autres, voit s'ouvrir au loin un nouveau marché lucratif – et en France une nouvelle guerre, celle de la Succession d'Espagne. Ce conflit permet aux Français de commercer avec les colonies américaines hispaniques tandis qu'à Madrid le roi Charles II meurt en l'an 1700, sans descendance directe. Les richesses de l'Empire espagnol sont telles que l'enjeu de sa succession s'avère considérable. Deux familles ont des liens avec la couronne d'Espagne, les Bourbons de France et les Habsbourg d'Autriche, et se disputent l'héritage. Le prétendant français est le petit-fils de Louis XIV, Philippe, duc d'Anjou, que Charles II a désigné comme son successeur dans son testament. Aussitôt connues les dernières volontés du roi défunt, le duc d'Anjou devient Philippe V d'Espagne. «Les Pyrénées n'existent plus», déclare Louis XIV, ravi. À partir de cette date, de nombreux navires français arrivent au large des côtes chiliennes, dont les marins ne sont pas des conquistadors, mais des commerçants avides de paix et de prospérité. Cependant, l'Autriche ne peut accepter de perdre l'Espagne des Habsbourg et réunit une vaste coalition avec l'Angleterre, les Provinces-Unies, la Prusse, auxquelles se joindront ensuite la Savoie et le Portugal. En 1701, une nouvelle guerre commence qui va durer douze ans, jusqu'en 1713, à la signature du traité d'Utrecht. Celui-ci met un terme au conflit en faveur de la France et de Philippe V.

«On se souvient d'innombrables expéditions depuis Saint-Malo durant les douze années de la guerre de Succession, écrit Benjamín Vicuña Mackenna dans son *Histoire de Valparaíso*. Citons la première de celles-ci, sous le commandement d'un capitaine Rogadier qui apporta un précieux chargement de dentelles et de lingerie, des objets de luxe et même des meubles. Son navire s'appelait *Aurore*, nom approprié pour une entreprise qui exposa sur nos plages un luxe jusqu'alors ignoré et une lumière nouvelle. Ses profits furent énormes, parce qu'il nous avait offert les prémices du commerce, de la nouveauté, et plus encore l'esprit des bords de la Seine, et depuis s'est installée pour toujours une nouvelle citoyenne sur les rives du fleuve Mapocho : *la mode*[8]. » Après Rogadier, le pionnier, l'histoire perd vite le compte des marins français. « Quant aux *gabachos** qui ont accosté le long de nos côtes, écrit Vicuña, l'histoire n'en a pas gardé le compte, parce qu'ils étaient anonymes et en très grand nombre. »

Ce commerce malouin avec le Chili[9] dure deux décennies et s'avère très prospère. Les marins français apportent sur les rives du bout du monde les trésors du Vieux Continent qu'énumère Vicuña : chapeaux de castor français, dentelles de Belgique, cotonnades anglaises, velours et bas de soie d'Italie. De Hollande viennent les épices, clous de girofle, cannelle, muscade, et d'un peu partout des marchandises utilitaires comme des sécateurs pour les vignes, des serpes et des haches, des couteaux flamands, des ciseaux de tailleur, des clous et pointes, des rames de papier. Selon des chiffres cités par l'historien, ce commerce aurait rapporté à Saint-Malo, de 1703 à 1720, quelque 400 millions de livres en argent, une somme considérable[10].

Chaque maison est une auberge

Dans son *Historia de Chile, 1492-1717*, parue en 1862, Pedro de Córdoba y Figueroa estime que l'arrivée des

---

* Surnom, plutôt péjoratif, donné aux Français.

Français au Chili « fut non seulement un fait économique d'une grande importance, mais aussi un fait social et, avec le temps, politique en raison de leurs idées d'indépendance. Avec eux, une population totalement isolée du reste du monde, toujours sur le pied de guerre, essaya de s'intégrer à la civilisation européenne en adoptant sa manière de s'habiller, de manger, de construire, de travailler la terre et de développer l'artisanat. Les colons interrogèrent les Français et discutèrent avec eux. Ils furent informés d'un monde sur lequel ils n'avaient pas d'idée claire. Ainsi naquit l'inquiétude. L'accueil des marins ne fut pas le même selon qu'il s'agissait des autorités ou de la population. Les premières se préoccupaient de la contrebande et craignaient de voir les mœurs locales influencées par *le mauvais exemple* des migrants ». Avec eux, l'Église voit un risque d'« hérésie » luthérienne, assez improbable alors que le protestantisme est en déclin en Bretagne après la révocation de l'édit de Nantes en octobre 1685. Elle dénonce aussi l'amour du vin des marins et des « scènes lascives » sur les navires. « L'attitude de la population, précise l'historien, fut totalement différente. Celle-ci attira sympathie et reconnaissance de la part des étrangers, unanimes à célébrer la douceur du climat, la beauté de la nature et la bonté des habitants. » Cette relation aimable a des effets durables et positifs que raconte un jésuite, Felipe González de Vidaurre, né à Concepción en 1748 : « Les Chiliens ont appris beaucoup des Français. Il y avait ceux qui savaient fabriquer une serrure, une clé, une porte. Avant eux, personne dans cette ville ne savait travailler le fer, ni encadrer une porte ou niveler un terrain. » Un autre prêtre, Louis Feuillée, franciscain français, fait l'éloge de l'hospitalité des habitants des lieux : « Chaque maison est une auberge et les mieux traités sont les étrangers[11]. »

Auteur et éminent diplomate chilien, Óscar Pinochet de la Barra – selon le site de la généalogie des Pinochet, lui aussi est un descendant de Guillaume[12], de la sixième génération – écrit en 1979 *Los Pinochet en Chile, Siglo XVIII*, un ouvrage dans lequel il tente de retracer les rares éléments connus du lointain ancêtre tout en rendant hommage à celui qui en a rassemblé l'essentiel, l'historien chilien Jaime Eyzaguirre. Il commence par évoquer une maison située dans le quartier de Canta Rana à Penco, au nord de Concepción, maison achetée devant notaire en 1663 par Luis Jacinto de la Vega. « Il est probable, écrit Pinochet de la Barra, que c'est dans cette maison que, vers l'année 1718[13], s'est mariée la petite-fille de son propriétaire, Úrsula, encore très jeune, avec le commerçant Guillaume Pinochet, âgé de 22 ans, l'un des très nombreux Français à avoir accosté sur les côtes à cette époque, et qui allaient et venaient dans les rues du vieux et toujours petit village fondé par Pedro de Valdivia* lui-même. »

Úrsula et le Français don Guillermo

Úrsula, née en 1700, est une jeune fille de « bonne famille ». Du côté paternel, les Vega constituent une longue lignée de serviteurs de la Couronne espagnole et l'arrière-grand-père de la jeune femme, Asencio de la Vega, fut membre de la Flotte de la mer du Sud, laquelle explora, dès l'aube du XVIIe siècle, les régions antarctiques. Du côté maternel, les Montero, des

* Pedro de Valdivia fut un conquistador espagnol, lieutenant du conquérant du Pérou, Francisco Pizarro. Il entreprit la colonisation du Chili à partir de 1540, fonda Santiago, La Serena, Concepción et Valdivia. Nommé gouverneur du Chili par Charles Quint, il est tué au cours d'une bataille contre les indigènes Mapuche en 1553.

Andalous de la région de Ronda, sont les descendants des conquistadors Francisco de Aguirre et Juan Jofré.

Le jeune couple franco-chilien n'est pas le seul de la région. Pinochet de la Barra cite les noms de certains d'entre eux et tous ces Français, en se mariant, assurent leur présence au Chili, qui n'est plus aussi évidente dans les années 1720 que deux décennies plus tôt. Autour de la baie de Penco, dans ce coin où leurs bateaux sont les mieux abrités, les Français ont construit des maisons de bois, plus légères et élégantes que celles de terre cuite aux toits de paille des locaux. Le Gentil de La Barbinais, l'un des premiers « touristes » de l'époque, visite la région en 1715. Il note que les maisons de ses compatriotes sont « très propres et confortables » et que ces derniers ont aussi édifié une chapelle. Il juge les femmes chiliennes « mignonnes, mais un peu trop faciles et intéressées », et il poursuit seul son chemin, sujet de son *Nouveau voyage autour du monde* publié en 1727.

Úrsula et Guillaume Pinochet – ce dernier désormais appelé « don Guillermo » par ses voisins chiliens – achètent à un parent de la jeune femme quelques hectares de vignes à Copiulemu, au sud-est de Concepción. En 1724, ils s'installent à Chanco, à une centaine de kilomètres plus au nord, dans la région de Cauquenes, pour prendre possession d'un terrain agricole laissé en héritage à Úrsula par son grand-père maternel. L'endroit est connu pour être fertile, sur les contreforts de la côte le long de laquelle vivent encore de la pêche quelque 200 Indiens Picunches. Le couple aura neuf enfants et tous, à l'exception d'un prêtre, vivront de l'agriculture. Guillermo meurt en 1742. Úrsula, après un long veuvage, s'éteint en 1786, à l'âge de 86 ans.

Sept générations plus tard, donc, le 25 novembre 1915, naît à Valparaíso le petit Augusto.

2

L'enfance de « Tito »

Augusto Alejandro Pinochet Vera est un jeune homme de 23 ans quand il épouse Avelina Ugarte Martinez, en octobre 1914, à Valparaíso. Mince et élégant, il a des yeux sombres et un visage allongé barré d'une moustache noire couvrant la lèvre supérieure. Son épouse, d'origine basque, présente un sourire discret, une double rangée de perles au cou, et porte une coiffure courte qui lui donne une allure moderne pour l'époque. Les photographies connues de ce jeune couple suggèrent une classe moyenne aisée. C'est bien le cas, mais les finances du ménage vont parfois s'avérer précaires. La mère d'Avelina, doña Rosa, décède en 1932 et son héritage améliore la situation de la famille.

La petite San Francisco

Augusto Alejandro naît le 16 avril 1891 dans la même ville, Cauquenes, que son aïeul, Guillaume, soulignant ainsi l'extraordinaire sédentarité de la descendance de l'aventureux marin malouin. Il quitte sa région natale pour échapper à la pauvreté qui touche l'ensemble de la petite « aristocratie » rurale de Cauquenes à la fin du XIXe siècle. Celle-ci a généré tant d'enfants à chaque génération que les terres, source ancienne de la prospérité des familles, ont été démembrées de façon exponentielle, paupérisant, au fil du temps, les héritiers. Augusto Alejandro est le premier de la lignée masculine de don Guillermo à casser ce lien ancestral avec la région de Cauquenes qu'il abandonne pour Valparaíso à la mort de son père. Il interrompt ses études sans accomplir ce que l'on appelait alors les humanités (la fin du cycle secondaire) et part, accompagné de sa mère, María Rita, dans la grande ville portuaire. Au jeune âge de 14 ans, il y trouve un emploi de garçon de bureau dans la filiale chilienne d'une entreprise de transports de Liverpool, la Williamson-Balfour Company. Elle exporte en Angleterre des nitrates et de la laine de mouton de l'île de Pâques devenue chilienne depuis son annexion en 1888. L'une des sœurs de María Rita, directrice d'une école à Valparaíso, bénéficie d'un logement de fonction sur le *Cerro* Las Zorras, l'une des nombreuses collines surplombant la ville, à l'origine du surnom donné jadis à la cité portuaire, « la petite San Francisco ». Elle y héberge sa sœur et son neveu, lequel étudie le soir après sa journée de travail et devient bientôt transitaire en douane, ce qui améliore considérablement sa situation. Il intègre également le corps des pompiers de Valparaíso, une institution au Chili, et plus encore à Valparaíso où la première brigade du pays fut fondée au lendemain d'un grand incendie qui ravagea la ville en décembre 1850. Il s'agit d'une activité bénévole, mais prestigieuse. Avec l'ouverture du canal de Panama en août 1914, la concurrence du port de Concepción et la baisse du trafic maritime causée par la Première Guerre mondiale, la famille renoue avec les difficultés financières.

Avelina a grandi dans un milieu plus aisé, sophistiqué et urbain que celui de son époux, mais cette ascension sociale est récente. Ses ancêtres, des Basques venus sans doute de Biscaye ou de Navarre, où le nom Ugarte est assez courant, sont de petits agriculteurs de San Fernando, dans la région de Colchaga, à quelque 150 kilomètres au sud de Santiago. Elle accomplit sa scolarité dans des institutions catholiques de la capitale où vivent ses parents et se retrouve à Valparaíso quand sa mère, doña Rosa, devenue veuve, se remarie dans cette ville avec François Valette, un Français originaire de Tours et professeur de botanique. Ce dernier, appelé Francisco par ses amis et parents chiliens, repart en 1915 dans son pays natal pour s'engager dans la Grande Guerre. Il annonce son départ à Augusto Alejandro mais ne dit rien à sa femme Rosa. Il ne revient au Chili qu'en 1921, et il faut alors toute la diplomatie d'Augusto Alejandro et d'Avelina pour convaincre Rosa de se réconcilier avec son mari. C'est ce dernier, à son retour, qui va parler français au petit Augusto, âgé de 6 ans à l'époque. Avelina joue du piano avec talent et donne quelques concerts. Elle reçoit parfois ses amies d'enfance venues lui rendre visite depuis la capitale, et toutes portent des tenues plus élégantes que celles des femmes de Valparaíso.

La naissance d'Augusto

Treize mois après le mariage d'Augusto Alejandro et d'Avelina naît le premier enfant du couple, Augusto, à Valparaíso, le 25 novembre 1915. Il va avoir un frère, Gerardo, né en 1917, et deux sœurs, Inés Avelina, née en 1922, et María Teresa, en 1925.

Augusto Alejandro se montre un père assez libéral avec ses enfants. « C'était un homme très bon, jamais il ne me réprimanda, se souvient le dictateur. Il traitait ses garçons comme s'ils étaient ses amis, et en grandissant, nous fûmes de plus en plus amis avec lui. Je lui racontais tout ce que je faisais. Je le vouvoyais, petit, mais quand je suis devenu un homme, vers 20 ou 25 ans, j'ai commencé à le tutoyer[1]. » Le dimanche, après la messe, le père et le fils aîné font souvent une longue promenade. « Ils allaient voir la construction de l'avenue Errázuriz, le port, la jetée, ou bien ils marchaient jusqu'à Las Torpederas où les gens se baignaient et où amerrissaient les hydravions[2]. » Une photographie – encore une – semble confirmer cette affection entre le père et le fils devenu un jeune adulte. Tous deux se trouvent sur une terrasse – peut-être celle de la maison de la tante d'Augusto Alejandro, la directrice d'école – avec pour horizon les *Cerros*. Les deux hommes, de même taille et d'allure juvénile, sourient au photographe. Le père porte un élégant costume croisé ouvert sur un gilet et tient son fils par la taille, tandis que ce dernier, dans un veston court plus ajusté, pose la main sur l'épaule paternelle. Augusto Alejandro aimerait que son aîné devienne médecin, mais sa mère, sans doute plus réaliste que son mari sur le peu d'appétence du jeune homme pour de longues études, a une autre idée pour lui : intégrer l'armée. Il s'agit d'une perspective qui sans doute ne déplaît pas à Augusto. Enfant, il jouait avec des petits soldats de plomb qu'il engageait dans de gigantesques batailles sur le tapis du salon. Son grand-père lui racontait en français les guerres européennes et les conquêtes de Napoléon, au point que le jeune homme avoua en savoir plus sur l'empereur français que sur le libérateur chilien Bernardo O'Higgins, un vaillant officier qui devint, en 1817, sous le titre de *Director Supremo*, le premier chef d'État du Chili indépendant. Le jeune homme fut aussi impressionné d'apprendre que l'un de ses grands-oncles, du côté de sa mère, avait combattu dans les troupes chiliennes victorieuses de la guerre du Pacifique (1879-1884) contre le Pérou et la Bolivie.

Avelina Ugarte Martinez, au contraire de son époux, est une femme exigeante et parfois sévère, « affectueuse et disciplinée, dit Pinochet, typique de la femme basque[3] ». Sensible à la musique et à l'uniforme militaire, elle chante souvent à ses enfants une ritournelle vantant les officiers qui savent apprécier les femmes et conserver leur amour « tel un trésor » : *El militar sabe apreciar/ A la mujer que siempre adora/ Y el amor asi atesora.* Suite à l'achat d'un phonographe, on écoute le soir, en famille, des disques lourds maniés avec précaution. Augusto Pinochet se souvient de l'aiguille de la machine qu'il fallait changer tous les trois disques, et de « sa vive émotion » en écoutant, avec son frère et ses sœurs, le chanteur Caruso[4].

Tito, enfant peureux

Augusto Pinochet vit ses six premières années dans l'appartement du deuxième étage d'un immeuble situé dans le quartier résidentiel *El Almendral* de Valparaíso, face à la place O'Higgins. Cet immeuble, qui n'existe plus, se trouvait sur une partie du terrain sur lequel fut édifié, en 1988, un énorme bâtiment d'un genre « brutaliste », une masse de 26 000 m^3 de béton armé, destiné au Congrès national réunissant à la fois Sénat et Chambre des députés. Ces deux institutions étaient, jusqu'au coup d'État du 11 septembre 1973, abritées à Santiago dans un élégant palais néoclassique doté d'un portique à colonnes digne d'un temple grec. Mais Pinochet, qui a supprimé le Congrès dès son arrivée au pouvoir, déteste à ce point la démocratie parlementaire qu'il décide, lorsqu'il faut organiser le retour de celle-ci*, d'exiler ces institutions à Valparaíso, à 115 kilomètres de la capitale. Que cet édifice se situe à l'emplacement de la maison de son enfance relève d'une coïncidence. Avec l'élection de Patricio Aylwin à la présidence de la République, en décembre 1989, le Congrès ouvre à nouveau ses portes, après seize ans d'inactivité forcée, le 11 mars 1990, dans cette bâtisse de Valparaíso. Ce même jour y est célébré le transfert des pouvoirs de Pinochet à son successeur. Officiellement terminée, la dictature n'est pas encore tout à fait, nous le verrons, désactivée**.

Enfant, Augusto Pinochet, que l'on surnomme Tito, est un petit garçon peureux. Alors qu'il se rend pour la première fois au cinéma voir un film muet, il se montre très impressionné par les cow-boys, les coups de pistolet, et quand surgit un train à vapeur sur l'écran, il éclate en sanglots pensant que la machine va l'écraser. Il pleure tant et si fort que l'opérateur rallume les lumières et demande à sa mère de sortir avec son fils. Dans ses Mémoires, Pinochet parle « d'une chambre de torture » en évoquant cette salle de cinéma[5]. De peur, à nouveau, il s'enfuit le premier jour où il va à la petite école privée, dans une maison voisine de la sienne, alors qu'il n'a que 3 ans. Cette école, le *Colegio Sara Videla*, est tenue par une vieille dame qui donne ses leçons d'alphabet et de calcul assise dans son lit. Quand Tito la voit, il pense aussitôt au grand méchant loup déguisé en mère-grand qui croque les enfants. Il reste un instant pétrifié avant de courir jusque

* Un Accord national pour la transition vers la démocratie a été signé en 1985 entre le gouvernement et une partie de l'opposition pour organiser une fin pacifique et progressive du régime militaire.

** En 2006, les deux Chambres ont retrouvé leur ancien siège de Santiago, au coin des rues Compañia de Jesus et Bandera.

chez lui raconter son épouvante, qui provoque les éclats de rire de ses parents.

Un autre souvenir d'enfance est plus dramatique. Augusto, âgé alors de 4 ans, va comme chaque jour jouer sur la place O'Higgins en compagnie de sa gouvernante, *La María,* à laquelle il est très attaché et que courtise un policier du quartier. Un jour, il lâche la main de María et traverse en courant la rue qui sépare sa maison de la place. Une voiture à chevaux le renverse et roule sur sa jambe gauche. L'enfant est aussitôt conduit à l'hôpital San Agustín où les médecins ne découvrent rien de grave. Huit mois plus tard, son genou gauche devient très douloureux et voici le petit Augusto de retour à l'hôpital, cette fois-ci l'hôpital allemand, au pied du *Cerro* Alegre, à l'ouest de la ville. Les médecins diagnostiquent « une tumeur blanche » dans laquelle ils voient le signe d'une tuberculose osseuse pour l'instant confinée au genou, mais qui exige une amputation sans laquelle la maladie atteindrait tous les os. « Ma mère pria la Vierge du Perpétuel Secours, en laquelle elle croyait beaucoup, elle la pria de toute sa foi et le miracle eut lieu », se souvient Pinochet. Le lendemain, un chirurgien allemand devenu célèbre pendant la Première Guerre mondiale visite l'hôpital de Valparaíso après un voyage à Buenos Aires, la capitale argentine, et examine Augusto. Il est furieux quand il apprend le diagnostic de ses confrères chiliens. « Mais enfin, ce qu'a cet enfant est une hydarthrose*, dit-il, et tout ce dont il a besoin est de chaleur. Il doit exposer sa jambe au soleil et il sera guéri ! L'amputer ? Mais vous êtes fous ! » Les parents d'Augusto le conduisent alors dans une maison de campagne à Curimón, dans la région de San Felipe, au nord de Santiago, que louent ses grands-parents maternels. Là, il expose deux

* Il s'agit d'une production excessive de liquide dans une articulation.

heures par jour sa jambe au soleil tandis que sa grand-mère Rosa lui confectionne des *pasteles de chocló* – gâteaux de maïs parfumés au basilic – et lui fait faire des dictées à partir de textes d'*El Lector Americano*, un manuel chilien d'apprentissage de la lecture pour enfants[6]. « Et trois mois plus tard, raconte Pinochet, j'étais sain et sauf[7]. » Avelina avait promis dans ses prières de ne s'habiller que de vêtements couleur café pendant quinze ans si Augusto n'était pas amputé, et pendant dix ans seulement s'il devenait militaire. En fait, elle tient sa promesse pendant quatorze ans, jusqu'à l'entrée d'Augusto à l'École militaire de Santiago, en mars 1933, alors que le jeune homme est âgé de 17 ans.

Tito se montre aussi un petit garçon souvent indiscipliné et turbulent. À 9 ans, raconte Gonzalo Vial, il fume en cachette des cigarettes bon marché, des Reina Victoria ou des Negro Bueno[8]. Un jour, il fâche son père et celui-ci, qui effile la lame de son rasoir sur une ceinture de cuir, le menace d'en faire un autre usage sur les fesses du garçon. Augusto Alejandro ne met pas sa menace à exécution, mais quelques jours plus tard sa ceinture a disparu. Augusto l'a prise et donnée à l'un des cochers de la place[9].

Nul en mathématiques

L'écolier Augusto Pinochet est un élève moyen et le reste pendant toute sa scolarité. Il la commence à Valparaíso, au *Colegio Sara Videla*, la petite école où il prend, le premier jour, la vieille institutrice pour le grand méchant loup. Manifestement, on l'a rassuré. Il y reste deux ans avant de rejoindre comme interne le séminaire San Rafael, toujours à Valparaíso, un collège tenu par les jésuites où règnent discipline et peur de l'enfer. On y punit les élèves en leur interdisant de sortir le dimanche et de voir leur famille. À l'époque, les parents d'Augusto décident de s'installer dans une ferme qu'ils possèdent à Quillota et qui a été remise en état par Augusto Alejandro. Située dans la vallée fertile du fleuve Aconcagua, à quelque 50 kilomètres au nord-est de Valparaíso, cette petite ville s'adosse aux premiers contreforts de la cordillère de la Côte et son climat est censé alléger les crises d'asthme dont souffre Avelina. Le petit Augusto se rebelle face aux punitions et se retrouve expulsé du collège. « Un jour, j'ai tellement crié, je me suis tant agité qu'ils me dirent : Bon, allez-vous-en, raconte Pinochet. Ce que je voulais, c'était rejoindre mes parents. Je ne pouvais pas m'habituer à cet internat[10]. »

Les vœux de l'enfant sont exaucés, il rejoint ses parents à Quillota et intègre le collège local tenu par des prêtres maristes dont il garde un bon souvenir. « Il se débrouillait bien dans les matières littéraires, mais il était nul en mathématiques et en sciences exactes », se souvient un professeur d'histoire[11]. Augusto est perturbé, cependant, par l'attitude de certains enfants de cette zone rurale qui arrivent à cheval, au galop dans la rue principale de Quillota, depuis le village de Boco, à quelques kilomètres plus au nord, et entrent à l'école en retard en faisant sonner leurs éperons. Quand un professeur les interroge, ils le toisent et répondent : « Bon, monsieur, c'est fini les questions[12]. » Une telle arrogance choque le jeune Pinochet qui en parle à ses parents, lesquels décident d'inscrire l'enfant au collège *Los Sagrados Corazones* (« les sacrés cœurs ») des Pères français, à Valparaíso. Augusto y est très heureux, se débrouille bien en classe de français et de latin, et prend une habitude qu'il va conserver toute sa vie : se lever tôt. Chaque matin à Quillota, il se réveille à 5 h 30 pour prendre le train avec son père afin de rejoindre son établissement dans la ville portuaire. Vial raconte qu'il retrouve sur ce trajet des compagnons d'école qui resteront des amis tout au long de sa vie[13]. Ainsi Ismael Huerta, futur vice-amiral et ministre des Affaires étrangères du gouvernement militaire de septembre 1973 à mars 1974, ou les frères Fontaine Aldunate dont l'aîné, Arturo, sera directeur du journal *El Mercurio*, l'un des deux seuls quotidiens, avec *La Tercera*, à pouvoir paraître à partir du 14 septembre 1973, jour où la censure est décrétée. *El Mercurio* est célèbre pour la proximité de son propriétaire, Agustín Edwards, avec la droite chilienne et ses soutiens américains. On sait aujourd'hui qu'il reçut des sommes d'argent considérables de la CIA en vue d'affaiblir le gouvernement du président socialiste Salvador Allende[14]. En décembre 1973, près de deux ans après le coup d'État, les Pères français sont si heureux d'avoir eu pour élèves trois des « nouveaux maîtres » du pays, Augusto Pinochet, Ismael Huerta et Arturo Fontaine, qu'ils émettent une médaille en leur honneur. Pour sceller cette alliance singulière du sabre et du goupillon, Pinochet en profite pour décorer son ancien professeur, le père Santiago Urenda, de l'ordre du Mérite Bernardo O'Higgins.

Augusto Pinochet va tenter, à trois reprises, d'entrer à l'École militaire de la capitale. Il prétend dans ses Mémoires qu'il fut rejeté une première fois pour son jeune âge et une deuxième pour sa maigreur, mais il est probable aussi que ses bulletins scolaires médiocres aient joué un rôle dans cette difficulté à intégrer l'armée.

Pour Pinochet, jeune homme tenace, le troisième essai est le bon. Il entre à l'École militaire en 1933. Une nouvelle vie l'attend.

3

Augusto le cadet

Tandis qu'Augusto Pinochet tente, avec une constance obstinée, d'intégrer l'École militaire de Santiago, le pays traverse une crise économique, politique et sociale sans précédent. L'armée y joue un rôle néfaste, et quand enfin le jeune homme est admis, en 1933, l'opprobre social envers l'institution militaire atteint son apogée.

Le chaos d'Ibáñez del Campo

En 1931, le général Carlos Ibáñez del Campo, président de la République élu en 1927, mais fort peu démocrate, est chassé du pouvoir, renversé par le peuple et le désastre du krach boursier de Wall Street, en 1929. Admirateur du fasciste italien Benito Mussolini, ennemi des oligarchies et des partis, le président surgit sur la scène politique de façon spectaculaire en 1924, quand il entre dans le palais du Parlement à la tête d'un groupe d'officiers pour faire connaître aux parlementaires le mécontentement des militaires. Cette action fut appelée «le bruit des sabres» en raison du tintamarre que firent les officiers en entrechoquant leurs sabres entre eux ou sur le plancher du palais. C'était la première intrusion de l'armée dans la vie politique depuis près d'une centaine d'années. Une fois élu président, Ibáñez interdit le parti communiste, réprime le mouvement ouvrier, instaure la censure et désigne lui-même les parlementaires, alors qu'il séjourne à Chillán, ville de cure, au lieu de convoquer une élection. On parle alors du « Congrès thermal ». Puis déferle l'onde de choc de la crise financière au Chili. Les États-Unis et l'Europe, face à l'effondrement général de leurs économies, augmentent considérablement leurs tarifs douaniers sur les importations. Aussitôt, les cours du cuivre et du salpêtre chiliens chutent drastiquement. Des dizaines de milliers de mineurs, sans travail et bientôt affamés, s'installent à la périphérie des villes. Les étudiants mènent la révolte, durement réprimée. Le Trésor public est vide, les rues pleines de mécontents. Ibáñez a perdu ses soutiens. Il quitte la présidence et se réfugie à Buenos Aires.

La République socialiste

La désastreuse présidence de son successeur, Juan Esteban Montero, un aimable radical dépassé par les événements, est interrompue par le coup d'État d'une junte militaire qui installe une « république socialiste ». Nous sommes en juillet 1932, année de la deuxième tentative d'Augusto Pinochet pour intégrer l'École militaire.

Cette république ne dure que douze jours, le temps de proclamer la fin du capitalisme, de dissoudre le Congrès et de demander au mont-de-piété chilien, surnommé la *Tia Rica* (la « tante riche »), de rendre leurs biens à ceux qui les y avaient déposés. Carlos Dávila, l'un des membres de la junte, prend le contrôle du palais présidentiel – un coup d'État dans le coup d'État – et exile ses camarades sur l'île de Pâques. Son régime dictatorial ne tient pas trois mois et certains secteurs de l'armée ne manifestent aucune patience à l'égard de ces amateurs du socialisme. Les garnisons d'Antofagasta et de Concepción se soulèvent, le pouvoir est pris puis offert au président de la Cour suprême, qui convoque aussitôt, en octobre 1932, une élection présidentielle.

Le retour d'Arturo Alessandri

Arturo Alessandri l'emporte. Déjà élu une première fois en 1920, ce personnage, que l'on qualifierait aujourd'hui de «social-libéral», avait appris à ses dépens que le Parlement dominait l'exécutif et que l'armée n'en faisait qu'à sa tête. Il a cependant le temps de faire adopter, en 1925, une nouvelle Constitution installant un régime présidentiel. De retour au pouvoir en 1932, il est bien décidé à en finir une fois pour toutes avec les soulèvements des casernes. Alessandri reçoit le soutien d'un mouvement dit «civiliste» né dans la clandestinité sous Ibáñez et doté de «milices républicaines» décidées à résister aux militaires. Ces milices défilent pour la première fois au grand jour le 7 mai 1933 devant le nouveau président, qui les salue.

Un cadet discipliné

L'année 1933 – quand Augusto Pinochet entre enfin à l'École militaire – est marquée par un antimilitarisme qui semble à son comble dans la société chilienne. Les hommes sortant en ville en uniforme sont souvent l'objet d'attaques, et il arrive même que des dames tout à fait respectables crachent dans leur direction en les croisant. Certains restaurants et salons de thé fréquentés par la bonne bourgeoisie de Santiago refusent de servir les militaires.

Aucun témoin ne nous révèle ce que pense le jeune Pinochet de l'ambiance du moment, cette atmosphère chaotique d'une vie politique dominée par les querelles, les coups d'État et le désordre, ni pourquoi il embrasse cette carrière militaire dans pareilles circonstances. Mais le cadet, il l'a montré lors de sa scolarité, aime l'ordre et déteste les fanfarons du genre de ceux qui arrivaient à cheval à l'école de Quillota. Cet ordre est restauré au sein de l'armée sous la présidence d'Alessandri et Pinochet sera, tout au long de sa scolarité militaire, discipliné, obéissant, mais parfois orgueilleux.

Bizutage et humiliations

En ce jour fatidique du 2 mars 1933, Avelina, qui a encouragé Augusto dans sa vocation de soldat, accompagne son fils jusqu'à la porte de l'École militaire de Santiago, une lourde bâtisse de style classique située sur l'avenue Blanco Encalada, dans le centre-ville. Elle l'embrasse, lui adresse quelques paroles d'encouragement et s'en va sans se retourner, laissant l'adolescent seul avec sa petite valise sur le seuil d'une nouvelle vie. Laquelle s'avère difficile. Dès l'aube, le cadet Pinochet fait de la gymnastique et de la course à pied, après avoir subi l'apprentissage de l'art de faire un lit « au carré ». Bizutage par les anciens et humiliations diverses des éducateurs marquent les débuts de cette existence. Il arrive que le garçon se rebelle. Un brigadier l'appelle un jour et lui demande de cirer ses chaussures. Pinochet refuse, prétendant avec raison qu'une telle tâche n'entre pas dans ses obligations. Le brigadier le conduit alors devant l'officier de service et dénonce sa désobéissance, sans en préciser l'objet. Pinochet est privé de sortie pendant quatre dimanches. Plus tard, il évoquera cet incident à un officier de confiance, son tuteur, le colonel Alfredo Portales, qui lui répondra : « Tu aurais dû obéir, et te plaindre après[1]. » Portales donnera un autre conseil au jeune militaire : « Ne te fais pas remarquer en essayant d'être le meilleur, car tu ferais des envieux. Mais ne sois pas le dernier non plus. Pour avancer dans la carrière militaire, il faut adopter le juste milieu, celui de la masse des anonymes[2]. » Augusto Pinochet s'en souviendra. Pendant toute sa carrière militaire, il va rester prudent, silencieux, déférent et méfiant.

Les seules échappées, incertaines en fonction des punitions, nous l'avons vu, sont ces sorties du dimanche, de 9 heures du matin à 10 heures du soir. Impossible à cette époque de faire l'aller-retour à Valparaíso en si peu de temps. Comme tous les cadets mineurs sans famille à Santiago, Augusto Pinochet bénéficie d'un tuteur, le colonel Portales, évoqué plus haut, chez qui il déjeune. L'officier se montrera toujours amical avec le jeune homme. Après le repas, ce dernier traîne dans la ville, désœuvré, en évitant la Plaza Brasil, interdite à la suite de bagarres récurrentes avec des lycéens, va au cinéma ou au bal populaire, puis rentre à l'heure à l'école. Cette triste routine marquée par l'étude, ponctuée par des exercices physiques quotidiens et des randonnées mensuelles, est coupée chaque année par deux mois de vacances durant l'été austral, en janvier et février. Augusto retrouve alors ses parents et la ville portuaire avec bonheur.

En 1936, les cadets ayant terminé leurs trois années d'humanités étudient désormais des matières directement liées aux activités militaires, comme la tactique, la stratégie et la géographie, associées à l'apprentissage de l'équitation (qui dissuadera Pinochet de choisir pour arme la cavalerie). Cette année est couronnée par la première participation des élèves à une « grande manœuvre » nationale.

Les Prussiens de l'armée chilienne

Le 2 janvier 1937, Pinochet et ses camarades de promotion, nommés sous-lieutenants, choisissent leur arme. Pour Pinochet, ce sera l'infanterie. Ils sont reçus officiellement dans l'armée au cours d'une cérémonie que préside leur commandant en chef, le général Oscar Novoa, un légitimiste cultivant obéissance et apolitisme, et apprécié par Alessandri.

Novoa incarne ce que l'armée chilienne appelle un « Prussien ». On peut soupçonner un brin d'ironie dans cette désignation, mais elle s'avère un hommage. Car l'armée, qui va façonner la vie et la personnalité d'Augusto Pinochet, est marquée par une forte tradition prussienne née des défaillances des soldats chiliens lors de la guerre du Pacifique (1879-1884) opposant le Chili à la Bolivie et au Pérou. Les forces chiliennes ont beau avoir gagné ce conflit qui a permis au pays de reconquérir des territoires au nord et de fermer à la Bolivie un accès à la mer, elles ont aussi démontré leur tendance à la désorganisation. Jadis admirative de l'épopée napoléonienne, comme l'ont été tous les héros militaires des guerres d'indépendance de l'Amérique latine, l'armée chilienne prend longtemps pour modèle les grands soldats de l'Empire. Elle ne déteste pas non plus leurs sémillants uniformes et leurs bicornes emplumés. La défaite de Napoléon III en 1870 change la donne. Au lendemain de la guerre du Pacifique, c'est désormais vers l'armée prussienne que se tourne l'attention des Chiliens. En 1885, le président de l'époque, Domingo Santa María, envoie une mission militaire à Berlin, laquelle revient à Santiago avec un officier, Emil Körner, doyen de l'académie militaire de Charlottenburg, qui va profondément transformer l'armée chilienne. Avec lui et ses successeurs – une cinquantaine d'officiers prussiens invités au Chili et de nombreux Chiliens formés à Berlin – s'ouvre un processus de *Prusianización.* Ainsi se forge une nouvelle identité des forces armées chiliennes au sein desquelles s'imposent la discipline, la verticalité du commandement, la professionnalisation des hommes. On fonde une académie militaire, la plus ancienne du continent américain, et l'on instaure le service militaire obligatoire. Les officiers chiliens adoptent le casque à pointe en 1899, l'uniforme prussien en 1904, et les défilés se font au pas de l'oie. Mais les Prussiens ne se contentent pas d'inculquer aux Chiliens les seules valeurs de la discipline, ils leur apprennent aussi l'importance d'un apolitisme absolu et de l'obéissance due aux autorités civiles. Les généraux chiliens Oscar Novoa et plus tard René Schneider, grandes figures d'une armée légitimiste, sont les dignes héritiers de cette formation prussienne dont découlera une vie militaire disciplinée, mais aussi civique et morale. Cela peut paraître paradoxal aujourd'hui, mais ces deux généraux vont exercer une forte influence sur le jeune soldat Augusto Pinochet.

4

Le soldat amoureux

Une fois diplômé de l'École militaire, Augusto Pinochet est appelé à gravir lentement mais sûrement les échelons hiérarchiques et à passer sans cesse d'un lieu de garnison à l'autre.

Il est une première fois stationné à l'école d'infanterie de San Bernardo, une petite ville située à une vingtaine de kilomètres au sud de Santiago, aujourd'hui intégrée dans la zone métropolitaine de la capitale. L'école est alors dirigée par un officier fidèle aux idées de Novoa, le colonel Guillermo Barrios, autre « Prussien » qui impressionne le jeune Augusto. Ce dernier ne passe qu'une partie de l'année 1937 à San Bernardo. Il est ensuite muté à Concepción, puis à Valparaíso, avant de revenir en 1940 à San Bernardo pour un deuxième séjour au cours duquel il se passe enfin quelque chose d'intéressant dans sa vie : il est amoureux.

La fille du sénateur Hiriart

Tout commence le jour même de son arrivée. Le colonel Barrios, qui dirige toujours l'institution, est heureux de retrouver ce jeune soldat réservé et sérieux, et l'invite à visiter avec lui les écuries de l'école située au-delà de la place d'Armes de la ville. En traversant celle-ci, les deux militaires croisent une jolie jeune fille, Lucía Hiriart, en uniforme de son lycée et entourée de quelques amies de son âge. Pinochet, dans ses Mémoires[1], se souvient des yeux en amande de Lucía, de son sourire dévoilant des dents parfaites et de sa chevelure sombre coiffée vers l'arrière. Lucía est élue l'année suivante reine de beauté de son collège et, d'après le souvenir du vieux dictateur, elle semble avoir mérité cette distinction. La jeune fille, manifestement, connaît bien le colonel Barrios, un ami de son père, le sénateur Osvaldo Hiriart, membre du Parti radical, représentant au Sénat la région d'Antofagasta, à quelque 1300 kilomètres de la capitale chilienne. Malgré cette longue distance que l'élu parcourt souvent dans un train de nuit, le sénateur s'installe en 1940 avec sa famille dans un quartier cossu juste au nord de San Bernardo, *La Cisterna*. Lucía salue Barrios avec amabilité et tend aux deux militaires une sébile pour une collecte de fonds destinés à une institution caritative. Pinochet est bien embarrassé. Il vient de changer d'uniforme et n'a pas d'argent sur lui. Barrios donne 5 pesos à la jeune fille – une somme généreuse – en lui disant : « C'est pour nous deux », en désignant Pinochet. Elle les remercie, les salue et s'en va.

Augusto est ému.

Lucía va occuper ses pensées pendant toute une année. Elle le sait très bien et cela ne lui déplaît pas. Mince et assez grand par rapport aux garçons de sa génération, Augusto a fière allure dans son uniforme. Il n'a pas échappé à la jeune fille que Pinochet – désormais lieutenant – ne la quitte pas des yeux quand elle sort de la messe à la cathédrale le dimanche, ou quand elle retrouve ses amies sur la place d'Armes après ses cours au lycée. Et que ses yeux sont bleus, couleur rare en Amérique latine. Cette place d'Armes avait alors des frontières sociales invisibles, mais connues de tous, selon une camarade de Lucía citée par la biographe[2] de cette dernière : « La place se divisait en trois parties bien délimitées. La première était occupée par la bonne société de San Bernardo, et c'est là que nous nous promenions ainsi que les officiers de l'école d'infanterie, une autre était fréquentée par les simples soldats et les employées de maison, et entre ces deux parties se trouvait une grande allée où se retrouvaient les *pololos*[*] [...]. J'avoue que nous étions toutes amoureuses des officiers de l'école d'infanterie. » Manifestement, l'antimilitarisme des années 1930 n'est plus, dix ans plus tard, à l'ordre du jour.

Avec la complicité de Galvarino Ponce Morel, un camarade de promotion fils de Galvarino Ponce, le maire de la ville – proche du sénateur Hiriart, radical et franc-maçon comme lui, et père de deux des meilleures amies de lycée de Lucía –, Pinochet est enfin présenté à cette dernière. Il est invité à prendre le thé chez le maire alors que Lucía s'y trouve aussi en compagnie des deux filles de l'édile. Toutes les trois sont occupées à recoudre des sous-vêtements d'enfants pour une organisation charitable et Lucía est surprise et terriblement gênée d'être présentée à ce jeune officier alors qu'elle tient une culotte à la main. Cette présentation formelle permet désormais à Pinochet de saluer Lucía quand il la rencontre à la sortie du lycée, et à Lucía d'accepter qu'il l'accompagne à pied jusqu'à la porte de sa maison. Ces manœuvres

* Le mot *pololo*, au Chili, désigne un coléoptère pollinisateur, mais aussi, dans le langage courant, un flirt, ou une relation amoureuse non encore officielle. *Pololear* signifie flirter. Le mot a pour origine celui des Indiens Mapuche *pülülu*, qui évoque le comportement d'une mouche.

d'approche semblent parfaitement réussies car s'installe de façon quasiment quotidienne cette promenade allant du lycée jusqu'à la maison des Hiriart. Augusto s'affirme ainsi comme le petit ami, le *pololo* officiel de Lucía. Il lui téléphone souvent, et longtemps, depuis l'unique appareil de l'école d'infanterie. Ses camarades qui attendent leur tour pour appeler leurs proches ou leurs fiancées accusent en riant Pinochet de commettre un «infanticide» en courtisant une demoiselle de sept ans sa cadette. Mais Lucía n'est plus une enfant. En décembre 1941, elle fêtera ses 19 ans. Augusto, quant à lui, aura 26 ans en novembre de cette même année.

Pinochet franc-maçon

Les parents de Lucía ne sont pas enchantés de voir lcur fille fréquenter aussi assidûment le lieutenant Pinochet. Leur différence d'âge en est-elle la cause ? Pinochet semble le penser. Cependant, d'autres raisons existent, non dites, mais préoccupantes alors que règne le conformisme social dans la petite ville de San Bernardo. Pinochet n'est pas issu du même milieu social que les Hiriart, sa famille n'est pas connue chez eux, et la fille d'un sénateur influent aurait pu sans doute trouver meilleur parti. La mère de Lucía, qui porte le même prénom que sa fille, est une femme énergique et opiniâtre, issue d'une vieille famille très connue au Chili. Elle conduit seule son automobile, ce qui reste extraordinaire à l'époque. Elle s'inquiète que sa fille déroge à son rang social. Son mari lui aussi se montre assez réticent à approuver cette relation. Bon militant radical, il fut membre d'une milice civiliste après le coup d'État de Carlos Ibáñez et nourrit quelques ressentiments à l'encontre des militaires. Sans doute aussi, comme sa femme, Osvaldo Hiriart aurait-il préféré pour gendre un jeune homme d'une famille plus bourgeoise et mieux connue, mais il est fondamentalement débonnaire et, dès lors, entreprend de surmonter ses préjugés. Il sait que les militaires du moment n'ont plus rien à voir avec ceux du passé, et trouve même quelques qualités au jeune lieutenant. Augusto est l'ami de Galvarino Ponce Morel*, le fils du maire Ponce. Que la présentation formelle des deux jeunes gens ait eu lieu chez le maire est pour Hiriart la garantie de l'honorabilité du jeune homme. Enfin, depuis peu de temps, Augusto est aussi un « frère », pour avoir intégré la franc-maçonnerie en mai 1941, au sein de la loge Victoria numéro 15, événement oublié dans les Mémoires du dictateur. A-t-il rejoint la confrérie par conviction, lui dont l'éducation fut très catholique ? Ou pour séduire son futur beau-père ? Ou est-ce sur les conseils ou l'introduction du colonel Barrios ? Pinochet aurait peut-être vu dans cette affiliation maçonne un moyen d'élargir son réseau d'amis influents et d'accélérer sa carrière militaire. On ne sait pas grand-chose des suites de cette initiation. « Si Pinochet fut maçon, écrit Gonzalo Vial, il n'en a porté que le nom, et plus encore après s'être marié (1943) car sa femme, comme nous le verrons, était fidèle à un catholicisme ferme et traditionnel[3]. » On pourrait répondre à cet argument qu'il était très courant à l'époque, au Chili, de croiser des hommes affiliés à la maçonnerie mariés à des femmes très catholiques. Les parents de la jeune Lucía en sont eux-mêmes l'exemple parfait. Selon Pepe Rodríguez, l'auteur espagnol d'un ouvrage sur la franc-maçonnerie, Pinochet aurait été renvoyé de sa loge le 24 octobre 1942 pour absentéisme et faute de paiement de sa cotisation[4]. Rodrigo Gutiérrez, un

---

* Ponce Morel abandonnera bientôt la carrière militaire pour devenir – mais cela, personne ne le sait encore – un sculpteur célèbre.

ancien maçon chilien, dans une lettre au quotidien espagnol *El País* du 12 mars 1985, affirme que Pinochet avait atteint le « deuxième degré » de l'ordre[5]. Le militaire semble avoir toujours gardé de bonnes relations avec la maçonnerie, et lorsqu'il devient l'homme fort du pays, après le coup d'État de septembre 1973, raconte Gutiérrez, la première décision du grand maître de l'ordre au Chili, Horacio González, est de dissoudre la loge Hiroin numéro 65 à laquelle appartenait l'ancien président Salvador Allende. Une partie de la hiérarchie de la maçonnerie chilienne s'est ainsi révélée favorable au régime militaire.

Le mariage

Le 11 avril 1942, en fin d'après-midi, Augusto Pinochet, sans doute un peu nerveux, se présente chez Osvaldo Hiriart pour lui annoncer son intention d'épouser Lucía. Le sénateur l'écoute puis reste silencieux pendant deux ou trois minutes qui semblent une éternité au jeune militaire. Est-ce la manifestation d'une ultime réticence ? Pinochet veut croire, ou faire croire à ceux à qui il raconte cette histoire, qu'il s'agissait d'une blague. Osvaldo Hiriart aurait été un homme facétieux, selon lui. Mais le sénateur nourrit lui aussi des réserves à l'encontre de son futur gendre et connaît l'opinion de son épouse. Après être resté silencieux, il se lève en souriant et embrasse Augusto, lui déclarant qu'il est content que sa fille ait choisi un homme comme lui, mais il lui demande cependant « de bien réfléchir » à la responsabilité qu'il prend[6].

Deux mois plus tard, en juin 1942, le lieutenant Augusto Pinochet, sanglé dans son uniforme, attend ses parents, Avelina et Augusto Alejandro, tous les deux dans leurs plus élégants atours, sur un quai de la gare de Santiago. Invités à dîner chez les Hiriart, ils viennent de Valparaíso demander officiellement, au nom de leur fils, la main de Lucía à laquelle ils présentent une jolie bague de fiançailles achetée par Augusto. Le lendemain, le quotidien *El Mercurio* annonce la nouvelle dans sa page des « potins mondains » : « Mlle Lucía Hiriart Rodríguez s'est officiellement fiancée hier à Santiago avec le lieutenant don Augusto Pinochet Ugarte à l'occasion de la visite de courtoisie des parents de ce dernier, M. Augusto Pinochet Vera et Mme Avelina Ugarte de Pinochet[7]. »

Le 29 janvier 1943, le mariage civil a lieu à Santiago où est assigné depuis quelques mois le lieutenant Pinochet, en tant qu'instructeur à l'École militaire de la ville, et comme d'habitude depuis qu'il courtise Lucía il ne reste pas un instant seul avec sa nouvelle épouse. La mère de Lucía a surveillé sa fille comme le lait sur le feu depuis sa rencontre avec Augusto, et elle ne va pas baisser la garde avant la consécration religieuse de leur union.

Laquelle se déroule en grande pompe le lendemain, 30 janvier, en l'église *Los Sagrados Corazones*, sur l'Alameda, la grande avenue centrale de la capitale aujourd'hui nommée *Avenida Libertador General Bernardo O'Higgins*. Le mariage est célébré par l'évêque auxiliaire de Santiago, Mgr Augusto Salinas, Père français et ancien professeur du marié. La fête somptueuse qui suit la cérémonie religieuse souligne qu'il s'agit des noces d'une fille de l'élite chilienne. Elle compte 300 invités dont la plupart font partie des grandes familles Hiriart et Rodríguez, où se mêlent des libéraux et des radicaux, des politiciens et des juristes, des présidents du Rotary ou de l'Automobile Club, de fervents catholiques et de nombreux libres-penseurs. Durant cette fête, ce beau monde se déploie avec élégance de table en table, distribuant mots aimables, embrassades et félicitations. Les quelques parents de Pinochet présents à la fête sont traités courtoisement, comme le sont par leurs vainqueurs les officiers vaincus des guerres d'opérette. Par ce mariage, le jeune lieutenant change de milieu social, et sans doute relève-t-il de quelques crans ses ambitions secrètes.

Lune de miel au rabais

Lucía, qui n'avait jamais quitté son pays, rêvait d'un voyage à l'étranger pour sa lune de miel, mais cela s'avère impossible. Le nouveau président chilien, le radical Juan Antonio Ríos*, qui prend les rênes du pouvoir en 1942 avec le slogan « Gouverner, c'est produire », décide de rompre les relations diplomatiques avec les puissances de l'Axe (Allemagne, Italie, Japon) alors que le pays, au début de la Seconde Guerre mondiale, avait déclaré sa neutralité dans le conflit. Cette décision, prise une dizaine de jours avant le mariage de Lucía et d'Augusto, implique que tous les militaires doivent rester au Chili. La jeune épouse espérait prendre enfin l'avion pour une destination exotique, mais se retrouve dans un train pour Quilpué, petite ville proche de Valparaíso adossée à la cordillère de la Côte et surnommée la *Ciudad del Sol*, la « ville du soleil », pour son agréable climat. Augusto y a loué une villa où le jeune couple passe sa nuit de noces et les dix premiers jours de sa vie commune. Puis Lucía et Augusto restent deux jours au bord de la mer, à Viña del Mar, dans une maison louée par les parents d'Augusto. Enfin, ils doivent terminer cette morne lune de miel plus au sud, dans la propriété agricole de la famille Hiriart, *El Trapiche*, située dans la région

* Le président nommera en septembre 1943 Osvaldo Hiriart ministre de l'Intérieur.

d'El Maule, entre Talca et Constitución. Sur le chemin, Lucía suggère à Augusto de s'arrêter dans un hôtel agréable au nord de Talca où elle a déjà séjourné avec ses parents. L'hôtelier reconnaît Lucía, mais ne sait rien d'Augusto et refuse de leur louer une chambre s'ils ne peuvent prouver qu'ils sont bien mariés. Pinochet, furieux, fouille dans les bagages, ne sachant plus dans quelle valise se cache le certificat de mariage. Il est sur le point de repartir quand la femme de l'hôtelier dénoue la situation en montrant à son mari l'article qu'elle avait découpé dans le journal *El Mercurio* relatant les noces des deux jeunes gens.

L'amour et l'ambition

Est-ce l'ambition ou l'amour qui a incité Pinochet à épouser la fille du sénateur Hiriart ? L'ambition n'est pas à écarter, ne serait-ce qu'en raison de l'affiliation de Pinochet à la franc-maçonnerie qui révèle chez lui une envie d'élargir son horizon social. Mais l'amour ne peut être exclu. Il est évident que le lieutenant fut séduit par la beauté de cette pétulante jeune fille. Il découvrit très vite qu'elle avait parfois mauvais caractère, mais qu'elle était aussi amoureuse de lui. Le *pololo* des deux jeunes gens entraîna Augusto à oublier le sage conseil de son père selon lequel un homme, pour se marier, devait avoir les moyens d'entretenir une famille. Il décida de passer outre, mais se heurta aussitôt à une difficulté de taille : il dut demander à sa hiérarchie la permission de se marier, et celle-ci n'était nullement automatique. Le demandeur devait donner la preuve des ressources dont il disposait pour faire vivre dignement une famille, et la solde d'un lieutenant n'était pas à la hauteur des critères habituels. Augusto ne disposait d'aucune fortune personnelle ou familiale, et son orgueil lui interdisait de solliciter son beau-père. Mais il pouvait compter sur un ami généreux, le colonel Portales, son tuteur à l'École militaire de Santiago. Il lui permit d'épouser la jeune fille en transférant au nom du lieutenant le titre de propriété d'une maison qu'il possédait rue Santa Filomena, à Santiago. Avec ce document, Pinochet obtint l'autorisation de ses supérieurs. Il ne s'agissait pas d'un don, mais d'un accord amiable entre les deux amis en vertu duquel cette maison devait être restituée à Portales, ce qui sera fait très vite après le voyage de noces des mariés. Les parents de Lucía, qui ont quitté San Bernardo pour une maison avenue Tobalaba, dans un quartier résidentiel appelé La Florida, excentré de la capitale, au sud-est de Santiago, non loin des premiers contreforts de la Cordillère, y accueillent le jeune couple. Même si les Hiriart conseillent à Lucía et Augusto de ne pas se presser pour trouver un logement qui leur convienne, ceux-ci sont impatients de voler de leurs propres ailes. Pour Pinochet, vivre à La Florida le conduit à se lever à 4 heures du matin pour arriver, après plusieurs correspondances aléatoires d'autobus et de trains de banlieue, à l'heure réglementaire de 5 h 30 à l'École militaire, située en plein centre de la capitale. Le soir, il ne rejoint jamais le domicile de ses beaux-parents avant 20 heures. Les jeunes mariés cherchent un appartement. Ceux que sélectionne Augusto ne sont pas au goût de Lucía, ceux que celle-ci préfère sont trop chers aux yeux de son mari. Finalement, en juin 1943, les deux s'accordent sur un logement à Las Heras, non loin de la place d'Armes de Santiago.

5

Scènes de ménage

Les premières années de la vie du jeune couple Pinochet ne sont pas faciles, ni sur le plan pécuniaire, alors que le lieutenant est mal payé, ni sur le plan sentimental, car Lucía est éprouvée par la modestie de ses moyens et l'indifférence de son mari à l'égard des soucis domestiques. Elle s'agace aussi du conformisme d'Augusto et de ses ambitions limitées. « S'il s'imaginait un jour colonel, elle lui répondait : pourquoi pas général ? Et si, emporté par la confiance de sa femme, il osait dans l'intimité rêver devenir un jour commandant en chef de l'armée, elle lui rétorquait : ministre de la Défense ! », raconte Alejandra Matus dans sa biographie de Lucía Hiriart[1].

Le couple emménage à Las Heras alors que Lucía est enceinte de son premier enfant. Elle donne naissance à Inés Lucía le 14 décembre 1943. Pour la jeune femme, la maternité constitue une nouvelle épreuve : la voilà seule toute la journée, sans aide domestique, et un mari souvent absent. En septembre, son père a été nommé ministre de l'Intérieur (il ne le sera qu'un peu plus d'une année, jusqu'en octobre 1944). Loin des plaisirs du pouvoir et des palais de la République, elle se retrouve mariée à un *Don Nadie*, un illustre inconnu, confinée dans un appartement exigu avec un bébé sur les bras.

La mort d'Augusto Alejandro

L'année 1944 semble aussi désolante que la précédente. Augusto Pinochet et son père, par une belle journée de l'automne austral de cette année-là, font une promenade à Valparaíso, ce rituel ancien symbolisant leur plaisir d'être ensemble. Augusto vient dire au revoir à son père, Augusto Alejandro, qui doit partir le lendemain à Cochabamba, ville bolivienne où vit sa fille Avelina Inés, l'une des deux sœurs d'Augusto. Elle a épousé un Bolivien et vient d'avoir un bébé. Le grand-père du nouveau né, désigné comme parrain, part participer au baptême. Avant de se rendre à l'aéroport, Augusto Alejandro donne à son fils les clés du coffre-fort de son bureau, chose qu'il n'avait jamais faite. Ce geste semble, *a posteriori*, un présage de la mort qui vient. Quelques jours plus tard, Augusto Pinochet revoit son père dans le coma, à l'hôpital de la ville d'Arica, dans le nord du Chili, victime d'une maladie foudroyante, peut-être une intoxication alimentaire. Augusto, au chevet de son père jusqu'à sa mort, la décrit dans ses Mémoires comme une expérience mystique : « J'ai senti la présence de son âme quand elle a quitté son corps. Je me trouvais debout en face de son lit et son âme est allée vers moi, s'est arrêtée une fraction de seconde, et s'en est allée[2]. » Les obsèques, puis la fermeture de l'entreprise de courtier en douane du père et la mise à jour de sa comptabilité brouillonne mobilisent Pinochet, qui a obtenu une permission de l'armée pendant plus de deux semaines. Durant tout ce temps, Lucía reste seule à Santiago.

Mais elle ne le restera pas, et sans doute le regrette-t-elle un peu, car après le décès de son père, Augusto Pinochet prend soin de sa mère Avelina qu'il accueille très souvent dans l'appartement de Santiago. Il l'appelle « Mamacita » et reste toujours pour elle son petit « Tito », le surnom de ses jeunes années. Non seulement Lucía supporte mal les nombreux séjours d'Avelina chez elle, mais ces « Tito » et ces « Mamacita » l'exaspèrent au plus haut point.

Le couple a un deuxième enfant, un garçon, Augusto Osvaldo, né le 26 septembre 1945. Le nouveau-né est de santé fragile et très vite Augusto Pinochet accumule les dettes pour payer les soins de son fils. À la suggestion de Lucía, qui aimerait voir un jour son mari devenir un homme d'affaires à succès, il demande un congé sans solde à l'armée et cherche des opportunités d'emploi ou d'activité dans le secteur privé, mais cet avenir qui lui semble incertain le déstabilise. Au bout de six mois, cet homme conformiste et prudent est désormais convaincu que seule l'armée lui convient. Il réintègre l'École militaire de Santiago que dirigent deux officiers avec lesquels il s'entend bien, le colonel Ramón Álvarez Goldsack, connu comme un intellectuel très brillant, et son adjoint, le lieutenant-colonel Eduardo Yáñez, fort sympathique et bien aimé par les cadets de l'école.

Le métier de la guerre

Entre l'époque du cadet amoureux et celle du lieutenant père de famille, la Seconde Guerre mondiale a eu lieu. Qu'en a pensé Pinochet, alors qu'il semblait préoccupé par bien d'autres choses ? Il le raconte beaucoup plus tard, à la fin des années 1980, quand il est interrogé par Raquel Correa et Elizabeth Subercaseaux en préparation du livre

Ego Sum Pinochet, paru en 1989. Interrogé sur le camp qu'il avait alors choisi, Pinochet donne une réponse d'une neutralité dérangeante : « J'étais avec tous et curieusement je n'en acceptais aucun. Au début, j'étais avec les Allemands, parce que nous ignorions beaucoup de choses, mais enfin, j'étais avec eux, et nous suivions les batailles sur un grand tableau mural où nous suspendions les cartes pour suivre les mouvements. Nous marquions les lignes de front avec des épingles dont les têtes avaient des couleurs différentes. Elles représentaient des troupes et des régiments et nous les déplacions sur la carte en fonction des événements que nous apprenions par la presse. On suivait ça chaque jour, dès le commencement de la guerre. Rommel nous enchantait. Il fallait voir comment cet homme se défendait en Afrique. Ensuite nous vîmes comment Montgomery piégea Rommel, et tant d'autres choses…

— Seule la stratégie vous intéressait, ou vous vous préoccupiez aussi des aspects idéologiques de cette guerre ?

— Nous autres, nous ne regardions pas l'idéologie des uns et des autres. À cette époque, seule nous intéressait la partie professionnelle. Comme un médecin face à un patient avec une tumeur. Il s'occupe de la tumeur, pas de l'idéologie de son patient. Nous regardions la guerre comme un problème lié à notre métier de militaire[3]. »

L'apprentissage du silence

Álvarez Goldsack, qui a pris la direction de l'École en 1945, succède à un autre officier, le colonel Arnaldo Carrasco, avec lequel Pinochet a sympathisé après l'avoir rencontré lors d'une manœuvre. C'est Carrasco qui a demandé à Pinochet de quitter San Bernardo pour rejoindre comme instructeur l'École militaire de Santiago. Puis le colonel est nommé général et devient, en 1944, le ministre de la Défense du président Juan Antonio Ríos. Pinochet retrouve l'École secouée par des dissensions politiques. Álvarez et Yáñez sont membres d'une société secrète, le GOS *(Grupo de Officiales Selectos)*, qui cherche à professionnaliser l'armée et à la purger de ses officiers corrompus*. Pinochet, comme à son habitude, ne dit rien et n'adhère pas au GOS. Il n'est pas hostile aux aspirations de ses membres, mais l'existence même de cette société secrète lui paraît contraire à la tradition militaire. Carrasco non plus n'a rien contre la professionnalisation et la lutte anticorruption, mais il est maintenant ministre et ne peut tolérer qu'un groupe d'officiers s'arroge le droit de réformer l'armée en ignorant la verticalité de la chaîne de commandement. Il démet les deux officiers de leurs fonctions à l'École militaire. Il envoie Yáñez à Valdivia, une ville du Sud adossée à la cordillère de la Côte et située au confluent de trois fleuves, à quelque 750 kilomètres de la capitale, et Álvarez plus loin encore, dans l'air glacial de Punta Arenas, à l'extrême sud du pays, dans le détroit de Magellan, à plus de 3 000 kilomètres de Santiago.

Quand Yáñez, particulièrement populaire auprès des cadets de l'institution, prend le train pour Valdivia, une foule de jeunes soldats l'acclame bruyamment sur le quai de la gare de Santiago. Mais Pinochet ne participe pas à cette manifestation de défiance à l'encontre du ministre. Il ne dit rien non plus de ses pensées, n'exprime pas sa solidarité, ni à l'égard de ses deux amis punis pour avoir fait mauvais usage de leurs bonnes intentions, ni à celui du ministre dont il fut

---

* Le GOS s'inspire directement du GOU argentin *(Grupo de Oficiales Unidos)* qui rassemble des officiers nationalistes et au sein duquel le futur homme fort du pays, Juan Perón, joue un rôle actif.

le protégé. Il vient d'observer que la politique peut ruiner en un instant une carrière militaire. Se souvenant du conseil de son tuteur, le colonel Portales, il reste silencieux au sein de « la masse des anonymes » et attend sa future promotion, celle de capitaine, qui vient en 1946. Aussitôt, il demande à être muté à Iquique, dans le nord du Chili, jugeant prudent de s'éloigner de Santiago, de la politique et de ses dangers.

La déprime à Iquique

Située sur la côte nord du Chili et cernée par le vaste désert d'Atacama, Iquique fut un endroit disputé durant la guerre du Pacifique qui a éclaté en 1879 et s'est terminée en 1884. La ville était alors péruvienne et son port florissant grâce à l'exportation de salpêtre. À la fin du conflit, que scelle le traité d'Ancón, Iquique devient chilienne. Quand la famille Pinochet s'y installe avec ses deux jeunes enfants en 1946, le salpêtre a été remplacé depuis longtemps par des engrais chimiques et Iquique n'est plus qu'une bourgade désolée et loin de tout, entre mer et désert. « C'était une ville en déclin, mais qui restait pittoresque, écrit Pinochet dans ses Mémoires. La plupart des maisons étaient en bois et sans électricité, l'eau rare et le tout à l'égout déficient[4]. » Néanmoins, le capitaine Pinochet est content d'être là, éloigné des intrigues de la capitale et proche des vestiges de cette « guerre du salpêtre » de la fin du XIXe que l'amateur d'histoire militaire qui sommeille en lui se promet d'explorer. Même son épouse Lucía, née dans la ville d'Antofagasta, se réjouit de retrouver ce « Grand Nord » chilien de son enfance. Mais ces illusions ne durent que le temps du voyage en bateau. Une fois arrivée sur place, la famille peine à se loger décemment. Une maison qui leur était promise s'avère occupée, aucun hôtel ne veut abriter un couple avec deux enfants si jeunes, et après avoir été hébergés chez un militaire pendant quelques jours, les Pinochet trouvent finalement une petite maison dans le quartier de la Punta d'El Morro, à côté de générateurs destinés à approvisionner la ville en électricité. Ces derniers font un bruit infernal qui empêche la famille de dormir. Une certaine normalité revient quand la maison promise leur est finalement proposée, mais déjà Lucía déprime, coincée chez elle avec ses deux enfants tandis qu'Augusto passe ses journées dans son régiment. Elle veut rentrer à Santiago et encourage son mari à passer un concours pour devenir officier d'état-major, voie d'accès rapide à des postes prestigieux et intéressants. Une fois admis, il irait d'abord étudier pendant trois ans à l'École de guerre de la capitale chilienne et échapperait ainsi à l'ennui d'Iquique. Augusto écoute ce conseil, s'inscrit aux cours par correspondance et commence à bachoter avec constance la géographie, la topographie, la direction des combats et l'appréciation des situations tactiques. Lucía lui annonce qu'elle est à nouveau enceinte et préfère retourner sans attendre avec ses enfants dans la maison de ses parents à Santiago. Elle veut accoucher dans la capitale où, le 3 mars 1947, naît leur fille, María Verónica.

Pinochet se retrouve seul à Iquique et travaille dur. Il révise ses classiques en étudiant volontaire, mais aussi anxieux. S'il est admis au concours, il retrouvera vite sa famille pour les trois ans d'études qui l'attendent à l'École de guerre et conduira ensuite les siens vers un avenir meilleur. S'il échoue, il sait qu'il ne sera plus à la hauteur des espérances de sa femme.

La prison des communistes

Mais comme souvent, rien ne se passe comme prévu. En 1946, Gabriel González Videla est élu président de la République et cet événement va affecter de façon inattendue la vie d'Augusto Pinochet. Membre du Parti radical, le nouveau président s'allie au parti communiste pour consolider sa faible majorité et nomme plusieurs de ses membres dans son gouvernement. Bientôt, cependant, le vent de la guerre froide souffle sur le Chili où Washington et Moscou cherchent à pousser leurs avantages. Le parti communiste demande de nouveaux ministères, ce que González Videla refuse. Ce dernier accuse les communistes de saboter le travail du gouvernement en jouant un double jeu, approuvant des lois qu'ils dénoncent ensuite, et les accuse aussi de chercher – en organisant des grèves nombreuses et violentes, notamment dans les mines et les chemins de fer – à s'emparer du pouvoir par la force afin de suivre les ordres de Moscou. Les communistes, par ailleurs, deviennent la troisième force politique du pays après les élections municipales d'avril 1947 à l'issue desquelles ils rassemblent 16,5 % des voix. Le gouvernement forme alors une nouvelle coalition où se retrouvent conservateurs et libéraux, et obtient du Congrès, le 23 octobre de la même année, une loi d'exception *(Ley de Facultades extraordinarias)* lui permettant de prendre des mesures coercitives contre le parti communiste et ses membres. Le président fera voter plus tard, le 3 septembre 1948, une autre loi, la loi de défense permanente de la démocratie, surnommée par ses adversaires *Ley Maldita* (« loi maudite »), qui interdit le parti communiste. Le Chili rompt alors ses relations diplomatiques avec l'Union soviétique et les pays du pacte de Varsovie. De nombreux communistes chiliens quittent le pays, tel le poète Pablo Neruda, qui accuse à la tribune du Sénat, dont il est membre, le président de s'être « vendu aux États-Unis ». Le principal syndicat ouvrier, la *Confederación de los Trabajadores de Chile* (CTCH, la Confédération des travailleurs du Chili), liée au parti communiste, se scinde en deux camps adverses, sociaux-démocrates d'un côté, communistes de l'autre (la Confédération se réincarnera en 1953 sous le nom de *Central Unitaria de Trabajadores*, CUT, la Centrale unitaire des travailleurs)[5].

Le 24 avril 1947, le régiment d'Iquique, et avec lui le capitaine Pinochet, opère une vaste rafle de militants communistes dans le nord du pays et installe environ 500 prisonniers politiques dans un camp à Pisagua, village perdu entre la mer et le désert, à 160 kilomètres au nord d'Iquique. En janvier 1948, l'armée charge Pinochet de diriger ce camp. C'est dans ce village désolant qu'il apprend une bonne nouvelle : il est admis à l'École de guerre, mais de justesse, étant le dernier de la liste, détail dont il transformera plus tard le sens en déclarant qu'il était « le plus jeune » parmi les admis[6]. C'est là aussi qu'il rencontre pour la première fois Salvador Allende[7], alors sénateur, qui arrive en voiture, accompagné d'autres personnes, s'arrête au poste de contrôle et demande à rendre visite aux prisonniers. Deux versions existent de cette première rencontre : celle de Pinochet, selon laquelle, après avoir rejoint le poste de contrôle – situé en haut de la route descendant en pente raide du plateau désertique jusqu'au village en bord de mer –, il demande à Allende s'il est porteur d'une autorisation des autorités militaires. Allende n'en ayant pas, Pinochet lui défend de descendre au village. Selon le récit du capitaine, s'ensuit le dialogue suivant :

Allende : « Je suis sénateur de la République et je vais descendre ! »

Pinochet : « Peu m'importe que vous soyez sénateur ou autre chose, j'ai reçu l'ordre de mes supérieurs de ne laisser passer personne sans une autorisation écrite du général commandant en chef du premier corps d'armée. »

Pinochet conclut son récit en affirmant qu'Allende « n'a pas insisté et le problème était réglé[8] ».

L'autre version est celle de l'écrivain chilien Andrés Bianque, qui n'est pas un témoin direct, mais relate, dans un article du 18 juin 2007, la même rencontre sans qu'elle se termine de façon identique : « En 1947, le sénateur Allende était allé rendre visite aux prisonniers, et un habitant des lieux raconte que Pinochet empêchait tout le monde d'accéder au camp, et qu'Allende ne fut pas l'exception, jusqu'au moment où ce dernier s'est adressé avec courroux au militaire : "Comment ? Un petit lieutenant comme vous prétend barrer la route à un sénateur de la République ?" Pinochet fit la moue, comme un nouveau-né, et le laissa passer[9]. »

Pinochet ne resta qu'un mois chef du camp de prisonniers de Pisagua, mais il prétendra plus tard que ce séjour lui permit d'appréhender le danger que représentait le communisme pour son pays. Il est frappé par la capacité d'organisation des prisonniers et leur discipline, par le fait aussi que les cadres ont transformé le camp en « académie » d'enseignement du marxisme. Il souligne leur prosélytisme constant et leur fierté d'appartenir à ce qu'ils appellent *el Partido Glorioso*, le « Parti glorieux ». Il note enfin que les militants communistes ne sont pas antimilitaristes.

Une leçon de marxisme

Un an avant l'ouverture du camp de Pisagua, Pinochet avait mené des manœuvres militaires dans la région de

Calama, petite ville en plein désert d'Atacama près de laquelle se trouve une grande mine de cuivre à ciel ouvert. Une nuit, quelques officiers dont Pinochet erraient dans le centre-ville, cherchant en vain une auberge où manger. Soudain déboucha sur la place une voiture conduite par un homme débonnaire qui proposa aux officiers de venir dîner chez lui. Il s'agissait du maire communiste de Calama, Ernesto Meza Jeria, qui nourrit ses invités et conversa aimablement avec eux. Quand Pinochet est nommé chef du camp de Pisagua, il retrouve Meza, devenu l'un de ses prisonniers. « Il me revenait, comme homme honorable, de lui tendre la main et je l'ai invité à déjeuner tous les jours », raconte Pinochet à Correa et Subercaseaux[10]. Le jeune capitaine trouve « intéressante sa conversation avec Meza sur le marxisme et ce qu'étaient la thèse, l'antithèse et la synthèse ». Bien sûr, Pinochet se réserve le mot de la fin pour déglinguer d'une pichenette la dialectique hégélienne en remarquant que son cycle se termine quand triomphe le communisme, or une telle fin de l'histoire est impossible, « mais Meza Jeria insista pour dire qu'avec le communisme, il était inutile d'aller plus loin car avec lui arrivait le bonheur absolu. Je lui répondis que tout cela était du baratin pour égarer les gens et tromper les naïfs ». Dans sa biographie de Pinochet, Gonzalo Vial raconte une anecdote amusante qui montre que le dictateur chilien a gardé cette conversation en mémoire. Devant ses ministres sidérés, Pinochet, un jour de 1979, part dans une longue explication sur la logique de cette dialectique communiste en trois temps, thèse, antithèse, synthèse. Puis, très satisfait de sa démonstration, il se tourne vers l'un de ses ministres connu pour son goût pour l'histoire et lui demande : « N'est-ce pas ainsi, monsieur le ministre ? » Lequel, prudent, répond : « Si, c'est ainsi, mon général[11]. »

Mari battu ?

En mars 1948, Pinochet rentre à Santiago, prêt à entamer ses études à l'École de guerre, ce qu'il fait pendant quelques semaines avant d'être convoqué par le directeur de l'établissement qui lui annonce qu'il doit partir diriger les soldats stationnés dans la « zone prioritaire » des mines de charbon de Schwager, à Coronel, au sud de Concepción, là où débarqua son aïeul don Guillermo au début du XVIIIe siècle. Le directeur lui promet de lui réserver sa place à l'École de guerre l'année suivante. Pinochet n'a d'autre option que d'obéir aux ordres. Lucía est dévastée, Augusto contrit, et le couple et ses trois enfants s'installent dans la ville de Chillán, dans le *Valle Central,* traversée par la route panaméricaine, à 400 kilomètres au sud de Santiago. La ville a vécu un drame encore récent : en 1939, un tremblement de terre y fit 30 000 morts. Sa cathédrale a été reconstruite selon une architecture antisismique qui jusqu'à présent s'est révélée efficace, mais elle reste disgracieuse. L'édifice ressemble à un hangar de béton arrondi au pied d'une immense croix en hommage aux disparus. Coronel se trouvant à 130 kilomètres plus à l'ouest, Pinochet est donc souvent absent, et observe à nouveau, avec cette mine de charbon, les militants communistes en action, travaillant avec efficacité le terreau fertile de la misère des mineurs chiliens. Avec l'interdiction du parti communiste imposée par la loi de défense permanente de la démocratie de septembre 1948, les communistes semblaient avoir disparu du territoire, comme évaporés dans l'atmosphère. Pinochet prétend maintenant bien les connaître et ne doute pas qu'ils réapparaîtront un jour.

Dès que Pinochet retourne à Chillán, ce qu'il fait régulièrement, il retrouve une épouse exaspérée et trois jeunes enfants nerveux. Quand il franchit la porte de l'appartement familial, situé au deuxième étage d'un immeuble résidentiel, ses deux aînés, Augusto et Lucía, courent vers lui en poussant de grands cris, il les prend dans ses bras et les soulève du sol. Les petits éclatent de rire et leur mère, toujours furieuse, ajoute ses cris à ceux de ses enfants. Pinochet, remarquant un jour que les dames de l'immeuble le regardent d'un œil curieux, cherche à savoir pourquoi. « J'ai compris, écrit-il dans ses Mémoires, que mes enfants avaient répondu aux questions des voisines sur les cris qu'elles entendaient chez nous en leur disant que "maman battait papa". Ces dames insistèrent en demandant pourquoi, et les enfants répondirent que c'était comme une habitude, maman tapait papa[12]. »

6

L'éternel printemps

Fin 1951, après trois années d'études, Augusto Pinochet est nommé officier d'état-major. Il n'est pas le mieux classé, mais peu importe puisqu'il change de statut et ajoute à son uniforme les palmes qui signalent ce changement. Nommé enseignant à l'École militaire et professeur auxiliaire à l'Académie militaire, il fait notamment découvrir à ses étudiants la géopolitique. Cette dernière constitue une nouveauté pour les militaires chiliens, c'est la première fois qu'elle est enseignée dans leurs institutions éducatives. Enfin, Pinochet trouve le temps de diriger la revue *Cien Aguilas* (« Les cent aigles ») publiée par l'association des anciens cadets de l'École militaire[1].

Donc, tout va bien, une nouvelle époque commence, et elle s'avère prometteuse. La famille est réunie à Santiago depuis 1949 et Pinochet se pose désormais comme un intellectuel en uniforme – une manœuvre habile pour sortir de « la masse des anonymes » sans s'exposer pour autant aux périls des jeux de pouvoir. Lesquels, justement, recommencent à faire du bruit dans le Landerneau militaire. Expliquer le contexte politique du moment permet de confirmer la stratégie de contournement de toute controverse qui s'affirme une fois encore chez Pinochet.

Le retour de Carlos Ibáñez

Depuis au moins le début des années 1930, les crises économiques, l'inflation, l'incurie politique, les désordres fomentés par le parti communiste, le mécontentement social règnent au Chili, et l'armée reste dans sa bulle. Enfermée sur elle-même, elle mène une vie confinée au seul monde militaire, dans un entre-soi facilité par les garnisons, les écoles, les salles de loisirs et de sports, les clubs, les bonnes œuvres prises en main par les épouses rassemblées sous l'aile de l'Église catholique et romaine, les bals et tombolas pour les adolescents qui génèrent souvent fiançailles et mariages au sein du cercle militaire – au sein de la famille, préfèrent dire les intéressés. Dans cette bulle sociale où on cultive la nostalgie de l'honneur et de l'ordre, la frugalité et la discipline, les soldats n'ont guère de sympathie à l'égard des civils dont les vies leur semblent dominées par l'individualisme, l'appât du gain, l'instabilité et l'aléatoire. Leur appréciation des politiciens est pire encore, jugés généralement sans scrupules, corrompus, négligents à l'égard de l'armée, des soldes militaires et de leur équipement. Certains officiers, cependant, sont parfois séduits par un discours politique nouveau, mais ils restent minoritaires. Dès lors, deux cultures antinomiques se méconnaissent et s'affrontent au sein du même pays, tandis que revient sur le devant de la scène le militaire le plus fantasque et le politicien le plus populiste du moment, le général Carlos Ibáñez del Campo*.

* Nous avons évoqué, au début du chapitre 3, les débuts politiques de ce général autoritaire et fort peu démocrate, élu une première fois à la présidence de la République en 1927, puis exilé à Buenos Aires de 1931 à 1937.

Ibáñez, durant son exil en Argentine, a noué des liens étroits avec Juan Domingo Perón, le charismatique leader argentin artisan d'une révolution sociale. Alors que se cristallise la guerre froide entre les États-Unis et l'Union soviétique, il rêve de former une alliance du Cône Sud unifiant Argentine, Brésil et Chili. Cette union, pense-t-il, pourrait donner à la région un poids essentiel dans les affaires du monde, et Perón surnomme ce projet le « Plan ABC ». L'intégration latino-américaine est un vieux rêve que partagèrent au XIXe siècle le Vénézuélien Simón Bolívar et l'Argentin José de San Martín. Mais sans doute Perón a-t-il été inspiré aussi par son compatriote Manuel Baldomero Ugarte, écrivain influent et visionnaire d'une union des États socialistes sud-américains que prônait déjà Léon Trotski face à l'ambition panaméricaine de Washington. En 1948, sous le pseudonyme Descartes, Duarte écrit : « La Croix du Sud est le symbole de l'Amérique australe. L'Argentine, le Brésil et le Chili, isolés, ne peuvent accéder à la grandeur. Par contre, unis, ils constituent une entité formidable, à cheval entre deux océans. D'ici jusqu'au Nord, se construira une Confédération sud-américaine. Réunis, on ne peut nous soumettre. Séparés, nous sommes indéfendables[2]. » Mais au Brésil, le nationalisme l'emporte tandis que Getúlio Vargas, le dictateur populiste brésilien – idéologiquement proche du péronisme – affronte le déclin de son *Estado Novo.* Perón se rabat alors sur l'option d'une union des États *andinoplatenses*, c'est-à-dire le Chili et l'Argentine, et appuie et finance la campagne d'Ibáñez qui s'est porté candidat à l'élection présidentielle chilienne.

Ce dernier se présente sur les estrades un balai à la main pour symboliser sa volonté de lutter contre la corruption des élites. Il obtient le soutien du Parti travailliste agraire *(Partido Agrario Laborista)*, dernier avatar du « Mouvement national-socialiste » local, du Parti socialiste populaire, enfin du nouveau Parti féminin du Chili *(Partido Femenino de Chili)* alors que les femmes, pour la première fois, ont le droit de voter à l'élection présidentielle. Sans parler, bien sûr, des groupes *ibañistas* au sein desquels se retrouvent des péronistes chiliens, partisans de l'alliance de leur pays avec l'Argentine. Ibáñez, qui s'annonce comme le « Général de l'Espérance », emporte la présidence du Chili avec 46,8 % des voix.

Trois mois après cette élection, le journal *La Nación,* à Santiago, publie une interview de Juan Perón dans laquelle ce dernier appelle à l'union « totale et immédiate » du Chili et de l'Argentine. Puis en 1953, Ibáñez se rend à Buenos Aires et Perón à Santiago dans le cadre d'une vaste campagne péroniste à laquelle semble se soumettre le président chilien. Le 8 juillet 1953, les deux hommes signent un traité d'union économique. Derrière ce traité se profile l'horizon d'une union politique, une perspective qui divise l'armée et l'opinion chiliennes. De cette dernière émergent des écrivains, intellectuels et journalistes, sensibles au « justicialisme » péroniste et à ce patriotisme du Cône Sud qui ferait des deux pays réunis une grande puissance internationale. Cependant, de nombreux autres Chiliens, traditionnellement prudents, qui se jugent déjà entourés de puissances hostiles, notamment le Pérou et la Bolivie, voient d'un mauvais œil cet « impérialisme » argentin qui voudrait coloniser le peuple et les ressources minières de leur pays. La même faille s'observe au sein des forces armées chiliennes où l'on retrouve d'un côté des soldats et des officiers patriotes, désolés par les initiatives de leur président et inquiets de la souveraineté et de l'intégrité territoriale de leur pays, de l'autre les orphelins du GOS, société secrète de l'armée de terre évoquée dans le chapitre précédent, sensibles au discours justicialiste et à l'aura du péronisme. Deux groupes clandestins se développent : l'un, PUMA (acronyme de *Por Un Mañana Auspicioso**), se forme dès avant l'élection présidentielle dans le but de soutenir la candidature d'Ibáñez. Après la victoire de ce dernier, il entreprend de demander la mise à pied des nombreux officiers qui n'ont pas soutenu le président. L'autre groupe, calqué sur l'idéologie et l'organisation de PUMA, apparaît plus tard durant la présidence. Il se nomme *Linea Recta*, la « ligne droite », et s'avère plus séditieux encore pour envisager, sans pour autant passer à l'action, un coup d'État militaire qui aurait eu pour conséquence non pas de faire tomber Ibáñez, mais de prolonger sa présidence en une dictature durable, favorable à l'union de l'Argentine et du Chili.

Jours heureux à Arica

Le lendemain de la prise de fonction d'Ibáñez, le capitaine Augusto Pinochet demande à ses supérieurs d'être muté dans une garnison du Nord, sans même attendre son grade de commandant qui doit lui être attribué au cours des mois suivants. Sans doute, une nouvelle fois, veut-il échapper aux querelles qui s'annoncent au sein de l'armée, comme il l'avait déjà fait en 1946 pour s'éloigner de l'École militaire de Santiago, en proie aux tensions politiques[3] du moment. Quelques semaines plus tard, il est nommé à Arica, une jolie ville du Nord, au bord de la mer, promue « cité de l'Éternel printemps ». Située à seulement 18 kilomètres au sud de la frontière avec le Pérou, elle est dotée d'une gare de chemin de fer reliant la ville à La Paz, la capitale de la Bolivie.

---

* Que l'on pourrait traduire par « pour un lendemain de bon augure ».

En mars 1953, la famille Pinochet, accompagnée d'Alicia, une domestique chargée de prendre soin des enfants, débarque dans le port de la ville. Une maison neuve et agréable les attend, que les Pinochet ont louée depuis Santiago. Tandis que le capitaine est accueilli par le régiment local, le *Rancagua n° 4*, sa femme Lucía reçoit et rend déjà visite à ses voisines épouses d'officiers. Une vie sociale s'organise rapidement avec ces familles qui s'invitent mutuellement. Pinochet est intégré au Lions Club local, puis devient membre de son comité directeur. Lucía, pour sa part, rejoint le « comité des Dames » de cette organisation. Après la messe du dimanche, les hommes, civils et militaires, se retrouvent au bar de l'hôtel Pacifico pour manger une *empañada**. Avec leurs nouveaux amis, le couple Pinochet et ses enfants vont marcher le long de la plage – leur préférée est la *Playa de las Machas*, au nord de la ville, où, raconte Pinochet, « il suffisait de frotter le sable avec les pieds pour trouver des mollusques[4] ». Ils partent aussi souvent, le week-end, faire des courses dans la ville péruvienne de Tacna, distante d'une soixantaine de kilomètres et connue pour ses bonnes affaires. Tous les mercredis, Augusto et Lucía achètent fruits et légumes au marché de la Valle d'Azapa, à quelques kilomètres à l'est de la ville. Ces courts voyages se font à bord de la Jeep de l'armée qu'Augusto a fait venir de la capitale.

En avril 1953, Pinochet est officiellement nommé commandant, et à ce titre devient procureur du tribunal militaire d'Arica – dont l'activité est extrêmement rare –, chef de bataillon et responsable du bureau des Opérations et Informations, appellation qui cache un travail de renseignements sur les deux voisins proches, Pérou et Bolivie, « pays

---

* Un petit pâté en croûte.

dont l'amitié avec le Chili est plus que douteuse», selon Gonzalo Vial[5].

Cette activité suppose de voyager dans l'ensemble de la province, aride et très peu peuplée, de vérifier si d'improbables mouvements militaires ont été observés au-delà des deux frontières, de parler aux rares habitants des lieux et, aussi, d'admirer la beauté du paysage. Chaque soir, Pinochet rédige un rapport, classé dans un dossier confidentiel. À Arica, il écrit aussi un manuel, *Sintesis Geográfica de Chile, Argentina, Boliva y Perú*, recommandé aux écoles militaires par les autorités.

L'«Éternel printemps», pour les Pinochet, ne dure qu'un an. La famille doit revenir à Santiago en avril 1954. «J'ai entamé à Arica une nouvelle période de ma vie militaire, et je crois que ce fut la plus heureuse de ma carrière. Mes trois enfants et mon épouse ne l'ont jamais oubliée», écrit Pinochet dans ses Mémoires[6].

En attendant l'orage qui s'annonce.

7

L'incartade de Quito

Dès son retour à Santiago, Pinochet déploie une grande activité. Il renoue avec son métier d'enseignant militaire. Durant les années 1954 et 1955, il enseigne la géographie et la géopolitique à l'Académie de guerre de l'armée, la logistique à celle des forces aériennes. Il est par ailleurs nommé adjoint au sous-secrétaire de la Guerre, le colonel Horacio Arce, qu'il connaît depuis longtemps. En 1955, il s'inscrit à la faculté de droit de l'université du Chili et suit, notamment, les cours de droit romain et d'histoire constitutionnelle.

Pendant que Pinochet court d'une bibliothèque à un amphithéâtre, la vie politique du Chili est toujours, elle aussi, très active, pour ne pas dire agitée. Affaibli à la fois par son âge, son manque de soutiens et son absence de vision, Ibáñez se révèle hésitant. Le président devient un modéré adulé par des extrémistes, un ancien caudillo converti au centrisme et penchant un peu à gauche. En 1958, dernière année de son mandat, il fait abolir la loi de défense permanente de la démocratie, la fameuse « loi maudite » qui avait interdit le parti communiste dix ans plus tôt et retiré à ses militants leurs droits civiques. Il laisse aussi en héritage une nouvelle loi électorale qui universalise et rend obligatoire le droit de vote, et prend des mesures affaiblissant les possibilités de fraude.

Sur le plan économique, Ibáñez fait comme tout le monde en Amérique latine à la même époque : il suit la voie keynésienne du développement interne, surnommée dans la région *el desarrollismo*, un « progressisme » censé conduire le peuple vers un avenir prometteur en le protégeant des menaces du monde extérieur. Mais ces progrès sont illusoires pour enfermer les économies nationales dans leurs propres frontières, avec des industries créées pour fabriquer des produits destinés exclusivement au marché intérieur et censés se substituer aux importations étrangères, à l'abri de lois protectionnistes. Celles-ci leur épargnent toute concurrence, mais garantissent aussi l'obsolescence future de leurs productions. Pétrole, acier et sucre sont nationalisés. Le cuivre est épargné pour l'instant*, mais le Chili invente tout de même, avec Ibáñez, un ministère du Cuivre. Cette politique économique décourage les investissements étrangers et génère de fortes dépenses publiques. Elle conduit à un déficit de la balance des paiements, à une baisse des réserves en devises, tandis que l'inflation s'installe durablement à un niveau élevé (77,5 % entre 1954 et 1955).

* Les mines de cuivre seront graduellement nationalisées sous la présidence du démocrate-chrétien Eduardo Frei en 1969, puis totalement en 1971, sous Allende.

La mission Klein-Saks

Pour tenter de sortir de cette impasse, Ibáñez, en 1955, fait appel à une entreprise américaine de consultants, Klein-Saks, qui envoie ses experts au Chili y étudier la situation. En 1957, leur rapport est publié et préconise la réduction du déficit budgétaire et des crédits bancaires au secteur privé, la baisse des dépenses publiques, l'optimisation des tâches administratives, l'ouverture au commerce extérieur et la diversification des exportations, l'abandon des subventions aux entreprises chiliennes, l'arrêt de l'ajustement automatique au taux d'inflation des salaires du secteur public, la liberté de négocier ceux du secteur privé, l'élimination du contrôle des prix et des multiples taux de change, la réforme du régime fiscal et celle, enfin, du statut de la Banque centrale pour lui donner une plus grande indépendance à l'égard du gouvernement[1]. Ce rapport est connu alors que le climat social est déjà très tendu, avec les prix des transports publics et les frais d'inscription dans les universités qui augmentent, et il a pour effet de jeter de l'huile sur le feu. Une grève générale organisée le 2 avril 1957 se double d'une émeute qui s'étend le lendemain et reste connue comme la « bataille de Santiago ». À la violence des émeutiers répond la force de l'armée, après que le gouvernement décrète l'état de siège. Ces événements provoquent la mort de 19 personnes et font 350 blessés.

Les recettes libérales de cette mission américaine suggèrent un parallèle avec celles des *Chicago boys*, des économistes chiliens ayant étudié à l'université de Chicago et qui s'allient dès les premiers jours au gouvernement militaire après le coup d'État du 11 septembre 1973[2]. Les recettes de la mission Klein-Saks et celles des *Chicago boys* se ressemblent, et il convient de noter que le lien entre l'université de Chicago et l'université catholique de Santiago se noue en 1956, alors même que la mission Klein-Saks travaille au Chili. En revanche, les résultats divergent radicalement, car sous Ibáñez la résistance de la gauche est vive et les réticences du président évidentes. Quand, en 1973, la junte militaire donne carte blanche aux *Chicago boys*, le gouvernement dispose d'une doctrine économique cohérente livrée « clés en main » et l'opposition, anéantie ou terrorisée, n'existe plus pour protester ou faire la grève.

Aucune source, à notre connaissance, n'évoque ce que Pinochet a pensé de cette mission Klein-Saks, des mesures proposées, de leurs effets singulièrement amortis par la « bataille de Santiago » et de l'inertie gouvernementale. Il semble évident, cependant, qu'il n'ignorait pas l'existence de cette mission, ne serait-ce qu'en raison des émeutes qu'elle a suscitées. Cela explique-t-il l'accueil bienveillant qu'il a réservé aux *Chicago boys* après le coup d'État ? C'est très probable. À Pinochet l'anticommuniste, ce libéralisme économique apparaît comme une alternative prometteuse.

Interlude équatorien

Mais peut-être Pinochet avait-il alors d'autres choses en tête. Au début du mois de mars 1956, il est nommé à Quito, capitale de l'Équateur, avec six autres officiers chiliens, pour y fonder l'Académie de guerre du pays. Le commandant Pinochet voit dans cette nomination la reconnaissance de son travail de professeur, mais également un bon moyen de faire des économies. À sa solde chilienne s'ajoutent chaque mois 6 000 dollars américains – des « feuilles de laitue », dit-il avec gourmandise pour évoquer ces billets verts – payés par les Équatoriens. Toujours un peu radin, il embarque avec sa famille, mais aussi avec ses meubles, car il sait que les locations meublées sont plus chères que les vides. Après quelques recherches, la famille trouve une maison à un prix satisfaisant pour Pinochet. Elle est petite, mais située *calle* Carrión, dans l'un des quartiers les plus élégants de la capitale, Mariscal Sucre*. Une domestique est embauchée pour s'occuper de la maison, les enfants sont inscrits dans des écoles catholiques. Pinochet a une voiture de fonction, une Chevrolet modèle 1956 dans laquelle il conduit sa famille, les fins de semaine, à des pique-niques à la campagne ou à la piscine du village de Cununyacu, à une demi-heure de Quito. Tout le monde est content, sauf Lucía, l'épouse de Pinochet.

Éternelle insatisfaite, elle n'accompagne pas toujours son mari aux nombreuses réunions vespérales, sociales et mondaines auxquelles sont invités ces nouveaux officiers chiliens de Quito. Elle ronchonne, n'aime pas le climat chaud et humide de la ville, ni son altitude – 2 850 mètres au-dessus de la mer, au pied du volcan Guagua Pichincha –, et ne sait pas trop quoi faire de ses journées sans Augusto, qui, dès 7 heures du matin, donne ses premiers cours à l'Académie militaire. « Elle n'a jamais été douée pour se lever à l'aube, ni pour la lecture, et n'avait pas de goût pour la musique, écrit Alejandra Matus, la biographe de Lucía Hiriart. Elle se levait tard, comme toujours, et passait ses journées à participer aux activités de l'église proche de sa maison ou en compagnie des épouses des autres officiers chiliens. Elle se sentait seule[3]. »

Si l'Équateur est au milieu de la Terre, Pinochet arrive, lui, à la mi-temps de sa vie. Il vient de dépasser la quarantaine.

---

* Le maréchal Antonio José de Sucre, né au Venezuela et mort en Colombie, est un héros militaire et politique de la fin du XIXe siècle, proche de Simón Bolívar.

Il a travaillé dur, rêvé son avenir, comme tous les jeunes gens, épousé une jolie lycéenne fille d'un sénateur influent, fondé une famille, engendré trois enfants. Sa femme est ambitieuse, et lui aussi sans doute, à sa manière. Discret, prudent, besogneux, il sait contourner les obstacles, dissimuler ses opinions – à supposer qu'il en ait – et suivre son chemin. Lui aussi est parfois solitaire, mais contrairement à sa femme, cela ne semble pas lui déplaire. La vie militaire lui a donné de nombreuses occasions de s'absenter du foyer familial (manœuvres, missions en tous genres, voyages, longues journées d'études) et Pinochet ne s'en est jamais plaint. Plus d'une fois il est resté seul en province tandis que sa femme retournait à la capitale, enceinte ou mécontente, et souvent les deux à la fois. Durant ce séjour en Équateur, Pinochet s'interroge sur sa vie. Officier fiable, apolitique, homme constant, travailleur, bon catholique, marié et père de famille, il respecte les conventions de son temps. Mais peut-être veut-il s'en libérer. C'est ce que suggère son attitude à Quito.

Là, le masque du conformiste tombe soudain, un Pinochet nouveau se présente, tenté par une nouvelle vie, ému par d'autres femmes.

La belle Piedad

Durant ces soirées mondaines de Quito où il se rend parfois seul, Pinochet rencontre les membres d'une élite sociale moins rigide et formaliste que celle du Chili. On y danse de façon sensuelle sur des musiques tropicales avec de jolies femmes aux épaules couleur de miel qui tournent et papillonnent autour de l'officier chilien, enchanté.

Les auteurs d'un livre intitulé *La Familia*, publié en 2009 à Santiago – trois ans après la mort du dictateur – et qui raconte l'histoire privée de la famille Pinochet[4], affirment que l'officier quadragénaire, sans doute saisi par le « démon de midi », aurait eu en Équateur quelques aventures extra-conjugales avec des femmes mondaines et divorcées. Toutes auraient été des passades, sauf une, dont la réalité est avérée et avec laquelle Pinochet a entretenu une relation amoureuse, prolongée au-delà de son séjour à Quito. Cette femme, qui a soudain déstabilisé le militaire chilien, s'appelle Piedad Noé, une ravissante et talentueuse pianiste aux cheveux sombres et aux yeux clairs, fille d'un riche commerçant d'origine libanaise et membre de la haute société de Quito. Sa relation avec Pinochet prit une telle importance qu'elle aurait conduit l'officier chilien à envisager une autre vie avec ce nouvel amour, selon les auteurs du livre.

Les témoins de cette passion amoureuse se sont montrés fort discrets. On ne trouve aucune trace de cette affaire ni dans les Mémoires de Pinochet, bien sûr, ni dans la biographie de Vial. Les amours du militaire vont rester, tout au long de sa vie, un secret d'État. Selon Claudia Farfán, coauteure de *La Familia* avec Fernando Vega, seule une femme qui n'est pas nommée, habitant à Paris, aurait en sa possession les preuves de cette liaison, avec lettres et photographies*. En juin 2009 – peu après la publication du livre –, un nouveau témoin surgit en une du quotidien équatorien *El Comercio*, Fabián Guarderas Jijón, un chirurgien et professeur de médecine du pays. Il est l'auteur d'un livre publié en 2008 intitulé *El hijo oculto del General* (« Le fils secret du général »), introuvable dans les librairies en ligne mais référencé comme une *novela* (un roman) par la Bibliothèque nationale d'Équateur[5]. Guarderas, dans l'article d'*El Comercio*, offre à la fois un

* Nous avons cherché à l'identifier, sans succès.

récit de cet amour entre Piedad et Augusto, mais évoque aussi l'existence d'un enfant nommé Juan, fruit de cette relation. La rumeur concernant l'existence d'un enfant naturel de Pinochet a toujours couru en Équateur, ont déclaré dans plusieurs interviews Farfán et Vega, mais s'il existe, ce qui n'est pas prouvé, ils n'en attribuent pas la maternité à Piedad Noé. Le médecin équatorien affirme que Juan est bien le fils de Pinochet, et indique par ailleurs que le nom de famille de Piedad n'est pas Noé, sans préciser l'éventuel autre nom de la jeune femme. Bref, une affaire un peu confuse.

La révélation par les auteurs de *La Familia* de cette relation amoureuse de Pinochet avec Piedad Noé a été reprise par de nombreux journaux et est citée comme un fait acquis dans la biographie de Lucía Hiriart, *Doña Lucía.* L'existence d'un enfant naturel de Pinochet, en revanche, n'est mentionnée que par un seul témoin, Guarderas, et balayée d'un revers de main – « du commérage » – par Lucía, dont l'objectivité dans cette histoire peut être mise en question. D'autre part, cet éventuel enfant naturel se disait prêt, en 2009, selon Guarderas, à faire un test ADN pour prouver sa filiation. Ce test a-t-il pu être réalisé, et si oui, avec quel résultat ? L'auteur a posé la question à Guarderas, par e-mail, mais n'a pas obtenu de réponse.

Juan et Guarderas, raconte ce dernier, ont été étudiants ensemble à Quito et sont restés amis au fil des ans. « Je me souviens de Piedad quand elle était jeune et belle, raconte le médecin. De grande taille, avec des cheveux bruns et des yeux en amande, elle donnait des concerts. Elle aimait particulièrement Bach. Quand j'allais chez elle, dans sa maison de La Calama, à La Mariscal, elle jouait souvent sur son piano à queue, immergée dans la musique qui, peut-être, lui évoquait son amour. Elle ne s'est jamais mariée et a consacré sa vie à élever son fils[6]. »

Selon Guarderas, Piedad et Augusto se rencontrent pour la première fois au vieux Cercle militaire de Quito. Piedad y joue une suite de Bach, Pinochet est saisi par le charme de la musique et la beauté de la musicienne. Il l'aborde après le concert et tous deux se parlent un long moment. Le commandant Pinochet, qui dispose d'une voiture et d'un chauffeur, raccompagne la jeune femme à son domicile. Le coup de foudre est mutuel et leur amour intense, affirme Guarderas. « À la fin des années 1950, Quito était une ville éloignée de tout. Dans l'actuel quartier de Cotocollao se trouvaient encore des bois et des fermes. C'est dans ce paysage, qui n'est plus qu'un souvenir, que Piedad et Augusto montaient à cheval ensemble. Il existe des photos de cette époque. »

La tentation d'une autre vie

Même s'il faut prendre avec précaution le témoignage de Guardenas, il n'en reste pas moins que Pinochet est amoureux, et il a du mal à le dissimuler. Il ne cesse de chercher des excuses pour échapper aux réunions sociales. Quand les deux amants ne se donnent pas rendez-vous dans des endroits éloignés du centre-ville, Pinochet se rend discrètement chez Piedad et reste plusieurs heures avec elle. Selon le journaliste équatorien Byron Rodríguez, que cite le journal colombien *El Espectador*[7], Pinochet n'est plus le professeur sévère et exigeant qu'il était avec ses élèves de l'Académie militaire durant les premiers mois de son séjour. Ils le voient maintenant « appuyé à la fenêtre en soupirant ». Dans les cercles militaires, on commence à se douter que Pinochet a une maîtresse. Quant à Lucía, elle ne reconnaît plus le mari docile et obéissant auquel elle était habituée[8]. Elle se méfie, selon Vial, des Équatoriennes « tout en voiles à la messe le matin, et l'après-midi flirtant sans vergogne avec les maris des autres[9] ». En 1957, elle finit par demander des explications à Augusto, qui lui dit la vérité : il est amoureux d'une autre femme. Lucía, dévastée et furieuse, décide de rentrer à Santiago avec ses trois enfants, mais ne révèle à personne, pas même à ses parents, la raison de son retour. Est-ce par orgueil, ou comme le suggère Matus « parce qu'elle garde un atout dans sa manche, celui de dénoncer l'adultère de son mari, qui provoquerait la fin de sa carrière militaire[10] » ? Si cette hypothèse est vraie, Lucía parie son avenir conjugal avec Pinochet sur l'incapacité de celui-ci de vivre une autre vie que celle d'un soldat, et elle n'a pas tort. L'armée convient au prudent Augusto pour lui assurer un avenir prévisible et sans surprise, un revenu croissant au fil de promotions automatiques qui rendent sa situation financière désormais plus confortable. Mais l'armée attend de lui, en contrepartie, qu'il soit un modèle de moralité et de discrétion, ce qu'il semble avoir oublié à Quito. L'institution militaire reste aussi attachée aux valeurs chrétiennes alors que Pinochet, avec le temps, s'est forgé une foi à géométrie variable, se définissant comme « catholique, apostolique, romain, mais pas naïf ». Il déclare ne croire ni au ciel ni à l'enfer. « Certains s'éloignent et d'autres se rapprochent de Dieu. L'enfer, c'est être loin de Dieu », déclarait-il en 1980 aux auteures de *Ego Sum Pinochet*[11].

Pinochet reste en Équateur pour y finir sa mission et reçoit la visite de sa mère, Avelina, qui n'a jamais beaucoup aimé Lucía et entre sans doute dans la confidence de la relation de son fils avec Piedad. Lucía revient avec ses enfants à Quito pour les vacances scolaires. À la fin de ce premier séjour, elle annonce à Augusto être à nouveau enceinte et croit avoir gagné ainsi la bataille. Mais la nouvelle ne semble pas émouvoir outre mesure Pinochet. Lucía repart, vaincue, à Santiago où naît Marco Antonio, le quatrième enfant du couple, le 26 août 1958.

Selon les auteurs de *La Familia*, Augusto était épris de Piedad au point d'envisager de rester à Quito, ce qui signifiait non seulement l'abandon de sa femme et de ses enfants, mais aussi celui de sa carrière militaire. Finalement, il renoue avec le conformisme que l'armée chilienne exige de ses officiers. Il rentre à Santiago à la fin de sa mission, près de trois ans plus tard, et se réconcilie avec Lucía, un triomphe pour cette dernière, scellé par la naissance du cinquième et dernier enfant des Pinochet, Jacqueline Marie, en septembre 1960.

L'amour, toujours

Même si Augusto redevient le mari docile de Lucía, il n'a jamais coupé le lien qui l'unit à Piedad jusqu'à la mort de celle-ci d'un cancer en 1990, selon les auteurs de *La Familia.* Le dictateur, écrivent-ils, lui téléphonait régulièrement et gardait sous clé, dans un secrétaire en ébène que personne d'autre que lui n'avait le droit de toucher, ne serait-ce que pour l'épousseter, les lettres de Piedad. Il les brûlera toutes après la mort de celle-ci, racontent les deux auteurs du livre, y compris la plus émouvante, sa dernière lettre, dans laquelle elle lui aurait dit n'avoir jamais cessé de l'aimer. Les deux amants se virent une dernière fois en secret en 1983, à Viña del Mar, la station balnéaire au nord de Valparaíso.

Une autre histoire du Chili ?

Le divorce, alors, n'était pas encore autorisé. Il fallut attendre 2004 pour que le Chili se dote d'une telle loi. Avant celle-ci, les Chiliens étaient soumis à une règle très ancienne – adoptée en 1884 – qui permettait la séparation d'un couple sans dissoudre pour autant le lien matrimonial. Les époux séparés ne pouvaient donc pas se remarier et leurs enfants nés après cette séparation étaient considérés comme illégitimes. L'amour d'Augusto pour Piedad induisait donc des conséquences difficiles à assumer. D'où, sans doute, le choix de Pinochet de rentrer au Chili et de se réconcilier avec Lucía. Cet amour pour Piedad, ont écrit de nombreux journalistes[12] après la publication de *La Familia*, aurait pu changer l'histoire du Chili. On peut en douter pour deux raisons : d'abord parce qu'il était hasardeux de sous-estimer la prudence et le conformisme du militaire ; ensuite et surtout parce que le coup d'État de septembre 1973, nous le verrons, aurait eu lieu, avec ou sans lui.

8

Le maelström des années 1960

Augusto Pinochet rentre définitivement au Chili en septembre 1959 et part aussitôt à Antofagasta comme responsable des opérations de renseignements du quartier général de la région Nord. Il cherche seul une maison (Lucía, qui vient de donner naissance à Jacqueline Marie, reste à Santiago) et ne trouve rien de libre à louer, sinon une demeure ancienne, humide et sombre, sur l'avenue Brasil, à un pâté de maisons de la plage. Pinochet demande sa fumigation par les services sanitaires de la municipalité. Il doit aussi faire repeindre les murs et plafonds, revoir la plomberie et le tout-à-l'égout avant l'arrivée, en novembre, de Lucía et des cinq enfants. La rancœur de celle-ci à l'égard de son mari infidèle, la frustration de n'avoir pas pu le quitter en raison de son manque d'indépendance financière sont encore exacerbées par la découverte de cette maison sordide louée par Augusto qu'elle traite régulièrement de *milico de mierda* (« bidasse de merde »)[1].

Dépression

Les Pinochet ont alors pour voisins, dans une maison plus agréable que la leur, Augusto Lutz, son épouse et leurs enfants. Lutz est commandant en second du régiment de la ville, l'*Esmeralda*, et pour cette raison il a droit à une maison louée par l'armée, un chauffeur, un majordome et une ordonnance. Pinochet, d'un grade plus élevé mais sans commandement, ne dispose d'aucun de ces avantages et cette différence exaspère plus encore Lucía qui finit par sombrer dans une profonde dépression. Elle se lève tard, ne sort plus de chez elle, se plaint de maux de tête. Quand sa femme l'invective, Augusto Pinochet ne répond pas et sort vaquer à ses occupations, lesquelles supposent quelques voyages dans la région. Les enfants, raconte Matus, supportent difficilement l'atmosphère familiale. Lucía, l'aînée, qui va bientôt terminer ses études secondaires, s'enferme dans sa chambre pour travailler. María Verónica joue, après l'école, sur la Plaza Colón avec d'autres enfants, ou va chez les Lutz après être devenue l'amie de l'une des filles du couple. Augusto junior, quant à lui, n'aime pas les études et reste solitaire. Il passe ses soirées à tourner dans la ville à bicyclette. Secrètement amoureux d'une des filles Lutz, laquelle l'ignore superbement, le pauvre garçon se lance un soir, les bras grands ouverts, depuis une fenêtre du deuxième étage de la maison, et souffre de fractures multiples. Lucía, après cet incident, refuse de saluer les Lutz[2].

Promotion

En janvier 1961, Augusto Pinochet est nommé commandant du régiment *Esmeralda*. Les privilèges d'une maison officielle, d'un chauffeur attitré, d'un majordome et d'une cuisinière viennent avec cette nomination. Lucía reprend pied, s'anime socialement, retrouve le plaisir des mondanités de sous-préfecture et réunit les femmes d'officiers pour organiser des tombolas dont les profits permettent d'aider à l'éducation des enfants des soldats les plus pauvres. Elle rejoint également le *Movimiento Accíon Católica* (Mouvement d'action catholique) qui penche résolument à droite alors que l'Église latino-américaine, avec Vatican II (1962), les Communautés ecclésiales de base et les prémices de la théologie de la libération, va ouvrir vers la fin de la décennie le chemin inverse en prônant l'option préférentielle pour les pauvres[3]. Pour Lucía, sans doute, l'Action catholique s'avère un moyen socialement acceptable de sortir de chez elle et d'occuper ses journées.

Un voyage aux États-Unis

Nommé au grade de lieutenant-colonel fin 1961, Pinochet reste à la tête du régiment *Esmeralda* jusqu'en 1963. Il est ensuite convoqué à Santiago pour devenir sous-directeur de l'Académie de guerre. En 1967, il est élevé au grade de colonel, une nomination retardée en raison d'une confusion avec un officier homonyme, Manuel Pinochet Sepúlveda, responsable de la brutale répression d'une grève de mineurs de la mine de cuivre El Salvador, dans le nord du pays, qui provoqua, le 11 mars 1966, la mort de huit personnes, six mineurs et deux femmes du campement minier.

En 1968, il publie *Geopolitica*[4], un livre qui lui donne au sein de l'armée une réputation d'intellectuel et le prestige d'être l'un des rares spécialistes de cette nouvelle science qui étudie les rapports entre la géographie, physique et humaine, et les relations internationales. En juillet 2013, un auteur chilien, Juan Cristóbal Peña, décrit Pinochet comme « un intellectuel limité » qui a rassemblé, avec des fonds publics, « une bibliothèque personnelle de 55 000 volumes évaluée à plus de trois millions de dollars », et il affirme que *Geopolítica* est un plagiat du travail de son professeur et mentor, le général Gregorio Rodríguez Tascón[5].

Au printemps 1968, le colonel Pinochet, en tant que professeur de troisième année de l'Académie de guerre, est invité avec sa classe par le gouvernement américain à visiter les États-Unis. Ce voyage a lieu alors que l'offensive du Têt, en janvier de la même année*, vient de démontrer l'enlisement de l'armée américaine dans le conflit vietnamien et de susciter la désillusion, puis l'opposition croissante de la population à l'encontre de ce conflit. L'année 1968 marque aussi le 25e anniversaire du mariage d'Augusto et de Lucía et cette dernière, qui rêve de grands voyages depuis longtemps, veut suivre son époux dans cette tournée américaine. Le protocole ne le prévoit pas, mais Pinochet, « qui n'a plus la force de s'opposer à sa femme[6] », selon Matus, demande aux organisateurs américains qu'elle puisse se joindre à eux. Pinochet et ses élèves visitent de nombreux sites militaires, et notamment Fort Leavenworth, dans le Kansas, que décrit ainsi Gonzalo Vial : « Le cœur de l'école de la contre-insurrection, nouvelle et mauvaise augure produite par l'Algérie, le Vietnam et les guérillas guévaristes d'Amérique latine. » On y apprend en effet les techniques de la guerre anti-insurrectionnelle dont la plupart ont été élaborées par des officiers de l'armée française après la défaite de la guerre d'Indochine,

* L'offensive du Têt, lancée le 30 janvier 1968, implique 80 000 soldats nord-vietnamiens qui attaquent de façon coordonnée une centaine de villes sur l'ensemble du Sud-Vietnam.

puis la bataille d'Alger. Ce « modèle » est exposé dans un livre du colonel Roger Trinquier, *La Guerre moderne*, déjà connu dans les milieux militaires avant d'être publié en 1961 aux éditions de la Table ronde à Paris. Ses méthodes – tortures et assassinats – intéressent les Américains au Vietnam et les militaires d'Amérique latine menacés par le succès du castrisme au sein de la jeunesse latino-américaine. Elles leur sont enseignées à Fort Leavenworth[7] et aussi à la célèbre « École des Amériques » à Panama.

Pendant ce temps, Lucía, qui ne parle pas un mot d'anglais, est accompagnée à chaque étape du voyage par l'épouse d'un officier hispanophone et fait des emplettes. Pinochet prétend, dans ses Mémoires, que sa femme visitait « musées et bibliothèques », ce que la biographe de Lucía Hiriart juge hautement improbable[8]. Au cours de ce voyage, Pinochet a aperçu de nombreux drapeaux américains en berne dans les jardins de maisons de familles endeuillées par la guerre, et pense peut-être, devant la dangerosité du défi du communisme, que des techniques existent[9], aussi brutales et scandaleuses soient-elles, pour lutter contre une insurrection.

Eduardo Frei, formidable réformateur

Quatre ans plus tôt, en septembre 1964, Eduardo Frei – qui fut, en 1938, le jeune initiateur d'une Phalange nationale d'inspiration fasciste qu'il transforma avec d'autres, en 1957, en un respectable Parti démocrate-chrétien – remporte l'élection présidentielle avec 56 % des voix grâce à un slogan en forme d'oxymore, *Revolución en Libertad* (« Révolution en liberté »), et une aide discrète de 2,6 millions de dollars de la CIA[10] pour financer sa campagne. Pour saper celle de son adversaire, le candidat socialiste Salvador Allende qui ne rassemble que 39 % des voix, la CIA a dépensé 3 millions de dollars.

Une fois installé à la présidence, Frei s'avère un formidable réformateur. Il annonce une série de programmes – *Promoción Popular*, *Reforma Agraria*, *Reforma Educacional*, *Juntas de Vecinos** – qui transforment radicalement le pays. Il entreprend de répondre aux tentations socialistes par des initiatives sociales spectaculaires, mais exécutées dans le cadre des institutions démocratiques et de l'économie de marché. Les revenus des Chiliens augmentent pour représenter près de 51 % du PIB vers la fin du mandat du président, contre 41 % à la fin de celui de son prédécesseur, Jorge Alessandri. Entre 1964 et 1970, le taux de scolarisation augmente également, de 46 %, tandis que 250 000 nouvelles maisons sont construites pour les familles pauvres[11]. Si les salaires sont en croissance, les impôts aussi, de façon considérable, passant dans la même période de 12,8 % à 21,2 % du PIB, et les dépenses publiques plus encore, de 35,7 % en 1965 à 46,9 % en 1970. Ces dernières permettent la construction d'écoles, de logements, de cliniques, d'hôpitaux. Le gouvernement distribue aussi quelque 70 000 machines à coudre aux mères de famille des quartiers les plus déshérités. Enfin, Frei entame une *chilenización* (terme alors préféré à la « nationalisation ») des mines de cuivre en ouvrant une négociation avec les principaux groupes américains qui en sont propriétaires afin que le Chili en acquière une part majoritaire de 51 %. Bref, le président s'occupe de tout le monde, des pauvres, des paysans, des élèves, des malades, des ouvriers, des mineurs de fond, mais il oublie les militaires.

* « Promotion sociale, réforme agraire, réforme éducative, associations de voisinage. »

Créer deux, trois, de nombreux Vietnam

Ceux-ci s'estiment à la fois plus utiles que jamais, durant cette tumultueuse décennie 1960, et les plus négligés du moment. L'armée chilienne se sent oubliée alors que les dangers rodent aux frontières comme à l'intérieur du pays. L'Amérique latine, depuis la prise de pouvoir de Fidel Castro à Cuba en janvier 1959, devient l'un des enjeux majeurs de la guerre froide qui se manifeste de façon dramatique par la « crise des missiles » soviétiques installés en 1962 sur la grande île des Caraïbes, puis, plus généralement, par l'influence grandissante du « castrisme » sur la jeunesse latino-américaine. En 1964, une junte militaire prend le pouvoir au Brésil sous le prétexte d'empêcher le pays de devenir « un nouveau Cuba ». En 1967, celui qui voulait créer « deux, trois, de nombreux Vietnam* » en Amérique latine, l'Argentin Ernesto Che Guevara, est tué en Bolivie après l'échec de sa tentative d'implanter un « foyer » révolutionnaire dans ce pays. La même année meurt en Colombie, lors d'un combat, le prêtre et sociologue Camilo Torres Restrepo, qui avait rejoint le mouvement de guérilla d'inspiration cubaine ELN (*Ejercito de Liberación Nacional*, Armée de libération nationale) et affirmait que « si Jésus était encore vivant, il serait un révolutionnaire[12] ». Au Chili, le MIR (*Movimiento de Izquierda Revolucionaria*, Mouvement de la gauche révolutionnaire), d'inspiration guévariste, entre dans la clandestinité et pratique des attaques à main armée de banques, qu'il qualifie d'« expropriations ». Lesquelles commencent à s'opérer aussi sur les terres en friches de *latifundios* afin de radicaliser la réforme agraire de Frei. Puis éclate Mai 68 en France, et ses avatars dans de

* Message du Che « aux peuples du monde » lu à la conférence Tricontinentale à La Havane en janvier 1966.

nombreux pays, y compris au Chili. La cathédrale de Santiago est « occupée » le 11 août 1968 par l'organisation *Iglesia Joven* (« Jeune Église ») où se rencontrent prêtres et fidèles catholiques s'affirmant à la fois révolutionnaires et pacifiques.

Dans ce maelström, l'armée, qui se plaint depuis longtemps de la stagnation de ses soldes et de la vétusté de son armement, ne peut plus rester la *Grande Muette*. En ce même mois de mai 1968, tous les élèves de l'Académie de guerre, soit environ 70 capitaines et commandants, présentent individuellement, mais de manière coordonnée, leur démission en raison du bas niveau de leurs rémunérations. Quand le gouvernement apprend cette action, il s'inquiète enfin des militaires, d'autant que la rumeur court alors dans Santiago que d'autres démissions ont été présentées dans plusieurs régiments. Le gouvernement promet une réforme et réussit à convaincre les officiers de rester à leur poste.

Le Tacnazo

Quand il rentre des États-Unis, Augusto Pinochet découvre l'existence de cette crise dans une institution dont il est toujours le sous-directeur. Il apprend aussi une autre nouvelle qui le fâche plus encore : en son absence, le colonel Gustavo Dupuis, un camarade de sa promotion de cadets, a été nommé directeur de l'Académie de guerre pour remplacer le général Alfredo Mahn, destiné à diriger la division *Santiago*. Pinochet ne peut admettre de devoir obéir aux ordres d'un homme du même rang que lui et de la même ancienneté que la sienne, et il le fait savoir. Vial prétend que Pinochet songea lui aussi à démissionner, ce dont on peut douter. Mahn, avec lequel il s'est toujours bien entendu, lui sauve la mise en lui proposant de devenir son chef d'état-major, ce qu'il accepte.

Les promesses du gouvernement, matérialisées dans une loi de septembre 1968, déçoivent l'armée qui attendait une revalorisation plus élevée des rémunérations. La première manifestation de mécontentement des militaires a lieu un an plus tard, en septembre 1969, quand un bataillon du régiment *Yungai* qui doit présenter les armes lors du passage de Frei devant la cathédrale de Santiago à l'occasion d'un *Te Deum* retarde délibérément son arrivée. Le commandant du bataillon, Alfredo Marshall, est mis aux arrêts. Le 16 octobre, la *Junta Calificadora del Ejército*, qui rassemble les principaux généraux, prononce la mise à la retraite anticipée de Marshall, de Roberto Viaux et du fameux Manuel Pinochet Sepúlveda.

La faute de Viaux, ancien de PUMA et de *Linea Recta*[13], nommé général de brigade en février 1969, est de s'être prononcé publiquement en faveur d'une augmentation des rémunérations des militaires alors qu'il commandait la 1re division d'Antofagasta. Plusieurs officiers, quand ils apprennent que Viaux est appelé à faire valoir ses droits à la retraite, prennent sa défense dans une lettre ouverte au président Frei publiée dans *El Mercurio*. Le 21 octobre, avec quelques officiers qui lui sont fidèles, Roberto Viaux s'enferme dans la caserne du régiment d'artillerie *Tacna* à Santiago et demande que les questions qui préoccupent les militaires trouvent une solution. Il exige aussi le départ du ministre de la Défense Tulio Marambio et celui du commandant en chef de l'armée, Sergio Castillo Aránguiz. Cet événement apparaît comme un défi de l'armée aux autorités civiles et va rester connu sous le nom de *Tacnazo*, le « coup de Tacna ». Frei ferme la session parlementaire et décrète l'état de siège. Une mesure de défense assez baroque est prise qui consiste à encercler le palais présidentiel de la Moneda de camions poubelles censés résister aux tanks des régiments séditieux tandis que le général Alfredo Mahn fait le siège, avec ses hommes, de la caserne du *Tacna*. L'affaire se clôt le lendemain quand Viaux se rend, « après vingt heures de rébellion et sept heures de négociation[14] ». Ce dernier, certes, est entré en sédition, mais préparait-il vraiment un coup d'État ? Même si ce personnage confirmera bientôt sa capacité de nuisance avec les encouragements de la CIA[15], il semble plutôt vouloir être écouté et compris. Il cherche, sans succès, à rencontrer Frei pour lui présenter la défense de sa cause, puis lui écrit une lettre restée sans réponse (Frei prétendra ne l'avoir jamais reçue). Viaux affirme qu'il n'agit pas pour des raisons politiques mais « corporatistes[16] », pour défendre les intérêts des soldats. Plus tard, quand il sera devenu commandant en chef de l'armée, le général Carlos Prats affirmera le contraire, insistant sur le caractère « clairement politique » du *Tacnazo*[17]. Pourtant le général René Schneider, grande figure du « constitutionnalisme », déclarera, *a posteriori* lui aussi, que tout le monde, « à l'intérieur ou à l'extérieur du régiment *Tacna* », pensait exactement la même chose[18] – ce qui ressemble à un soutien de Viaux. Toujours est-il que le président Frei voit dans ce *Tacnazo* une menace sérieuse à l'encontre des institutions et dénonce dans un discours radiotélévisé « un général de la République en rébellion ouverte contre l'autorité militaire, la légalité, la démocratie et le gouvernement de la République, légitime expression de la volonté populaire ». En même temps, son gouvernement, inquiet, décide de régler les problèmes soulevés par Viaux. Les soldes augmentent, l'amélioration des équipements est promise. Le commandant en chef de l'armée, Luis Miqueles, et le ministre de la Défense, Tulio Marambio, sont remplacés, le premier par le général Schneider, grand défenseur de la primauté du civil sur le militaire, le second par le démocrate-chrétien Sergio Ossa, un proche d'Eduardo

Frei. Enfin Viaux, qui a été mis aux arrêts à l'hôpital militaire, affirme que le général Alfredo Mahn, au nom de l'armée, lui a promis l'immunité des conjurés du *Tacnazo*. Schneider dira plus tard qu'il ne saurait accepter pareil accord, dont il ne fut pas informé quand il prit ses fonctions. Il refuse donc d'en tenir compte, une attitude à l'origine de son assassinat que nous évoquerons sous peu.

Pinochet général

En 1969, le colonel Pinochet est nommé chef de la 6e division du Grand Nord, à Iquique. Avant de quitter son ministère, Tulio Marambio lui a annoncé qu'il serait bientôt nommé général de brigade. En attendant cette nomination, Pinochet part à Iquique en voiture accompagné de son fils Augusto qui a réussi à intégrer l'armée alors qu'il n'a pas terminé ses études secondaires. Il prend possession de la jolie maison qui lui est destinée, face à la mer, devant la *Playa Cavancha*. Puis il revient chercher sa femme et ses autres enfants. En plus de ses fonctions militaires, le gouvernement Frei lui demande d'occuper le poste, alors vacant, de préfet civil de la région. C'est à ce titre qu'il fait encercler par la gendarmerie le lycée de la ville occupé par des élèves réclamant de meilleures conditions d'études. Le gouvernement est consulté et demande à Pinochet de libérer les élèves, ce qu'il fait.

Peu avant la fin du mandat de Frei arrive enfin la nomination de Pinochet au grade de général, avec retard à cause, une nouvelle fois, de son homonyme Manuel Pinochet. Quand la commission de défense du Sénat s'apprête à confirmer la nomination d'Augusto Pinochet, le sénateur d'Iquique, le communiste Luis Valente Rossi, refuse de valider la promotion d'un homme qui, en tant que préfet régional, a ordonné le siège d'un lycée de sa ville occupé par des élèves. Mais Rossi mentionne aussi les méfaits commis en 1966 par l'autre Pinochet, Manuel, dans la mine El Salvador. Et Valente Rossi de poursuivre, affirmant que Pinochet « est un véritable danger public[19] ». Augusto Pinochet est sauvé par deux sénateurs, le socialiste Alberto Jerez Horta et le démocrate-chrétien Jaime Carmona, qui expliquent qu'il ne faut pas confondre Manuel Pinochet avec l'honorable Augusto Pinochet, « gendre de l'ancien sénateur et ancien ministre Osvaldo Hiriart, grande figure du Parti radical ».

Le 9 mai 1969, Augusto Pinochet devient officiellement général de brigade. En janvier et février 1970, il emmène sa femme et ses deux plus jeunes enfants, Jacqueline et Marco Antonio, en voyage privé au Pérou. Une fois connu des autorités péruviennes, ce voyage est déclaré officiel, d'où le tapis rouge déroulé à chaque étape de leur périple et de multiples réceptions mondaines, pour le plus grand plaisir de la famille Pinochet, et surtout de Lucía.

Puis, le 4 septembre 1970, est élu Salvador Allende.

9

La victoire de Salvador Allende

L'étroite victoire du socialiste Salvador Allende le soir du 4 septembre 1970 – victoire un moment suspendue à la décision du Congrès faute de majorité absolue – clôt une décennie particulièrement troublée et en ouvre une autre qui va s'avérer plus dramatique et violente encore.

Allende, médecin, franc-maçon, socialiste, sénateur, cultive depuis longtemps l'ambition d'accéder à la présidence de la République et, parfois aussi, l'art de l'autodérision. Après trois tentatives et trois échecs aux élections de 1952, 1958 et 1964, il suggère que soit gravé sur sa pierre tombale : « Ci-gît le prochain président du Chili. » Cette fois-ci, malgré une propagande orchestrée par la CIA[1] promettant un avenir soviétique aux Chiliens s'ils votaient pour lui, Allende arrive en tête du scrutin, avec 36,2 % des voix contre 34,9 % en faveur de l'ancien président conservateur Jorge Alessandri. Un troisième candidat, Radomiro Tomic, représentant l'aile gauche de la démocratie chrétienne, rassemble 27,08 % des voix. Eduardo Frei n'est pas candidat car la Constitution en vigueur à l'époque, celle de 1925, interdit deux mandats présidentiels consécutifs.

Ce scrutin intervient à la fin d'une année, 1970, dominée par des tensions politiques, militaires et internationales. Le général Roberto Viaux[2], qui s'estime trahi, continue à s'activer, même une fois sorti des rangs, auprès des officiers les plus conservateurs pour lesquels il apparaît comme un nouveau héros décidé à sauver la nation. Des conjurés en activité ou à la retraite le soutiennent et trament plusieurs complots plus ou moins réalistes. À l'autre extrême de l'éventail politique, le MIR (Mouvement de la gauche révolutionnaire), créé en 1965 par de jeunes étudiants marxistes-léninistes de l'université de Concepción, commence à infiltrer la base aérienne de Puerto Montt, dans le sud du pays, afin de convertir de jeunes aviateurs à sa doctrine de l'action révolutionnaire. Des camps d'entraînement de groupes gauchistes d'obédiences diverses sont également découverts dans le pays, des banques dévalisées, des armes et des explosifs volés, quelques attentats commis, et cette agitation s'accomplit alors même que la campagne électorale a lieu et que la presse, notamment *El Mercurio*, stipendié par la CIA[3], promet l'« apocalypse rouge » au coin de la rue en cas de victoire de l'Unité populaire (UP) – composée pour l'essentiel de socialistes et de communistes – qui soutient la candidature d'Allende. Lequel est élu, mais sans la majorité des voix.

L'habitude – plus que la Constitution qui ne prévoit pas de second tour – s'est établie depuis 1946 de confier au Congrès, qui réunit la Chambre des députés et le Sénat, le soin de choisir le vainqueur parmi les deux candidats ayant rassemblé le plus grand nombre de voix. La tradition, quant à elle, veut que les parlementaires choisissent toujours celui ayant réuni le plus de voix, mais rien de légal ne les oblige à le faire. Dès lors, les secteurs les plus conservateurs de la société chilienne, qui jugent impensable l'idée qu'un président marxiste puisse être élu au Chili, comptent sur l'armée pour faire pression sur le Congrès en faveur d'Alessandri et ainsi sauver la république et la démocratie.

La doctrine Schneider

Pour le nouveau commandant en chef de l'armée, le général René Schneider, cette affaire relève du domaine de la politique. Aux politiciens, donc, de s'en débrouiller du moment qu'ils restent dans le cadre des institutions. Le 13 mars 1970, devant les généraux de l'armée réunis en conseil, Schneider rappelle sa « doctrine », celle de la prééminence du civil sur le militaire[4]. Il annonce que l'armée ne s'opposera pas au choix du Congrès, quel que soit le candidat choisi par ce processus. Il redit la même chose le 8 mai dans une interview au journal *El Mercurio*, en affirmant que « l'armée garantit la tenue d'une élection normale qui donne la présidence de la République à qui a été élu par le peuple à la majorité absolue ou par le Congrès réuni en séance plénière quand aucun candidat n'a obtenu plus de 50 % des voix. Notre doctrine et notre mission sont le soutien et le respect de la Constitution politique de l'État. » La droite – notamment les soutiens d'Alessandri qui espèrent un vote du Congrès en faveur de leur champion – dénonce, avec mauvaise foi, ces propos comme une interférence scandaleuse de l'armée dans l'action parlementaire[5].

L'inquiétude de Pinochet

Le soir du 4 septembre 1970, Augusto Pinochet, en tant que chef militaire de la région de Tarapacá, dans le nord du pays, surveille la bonne tenue du scrutin depuis la ville d'Iquique. Les résultats en faveur d'Allende l'inquiètent, pour le Chili et pour lui-même, persuadé que le nouveau gouvernement va remplacer l'essentiel de la hiérarchie de l'armée par des officiers sensibles aux thèses socialistes. Quelques jours plus tard, Schneider l'appelle à Santiago, et Pinochet se rend dans la capitale pensant que l'attend l'annonce de sa mise à la retraite. Vial raconte qu'il est reçu chaleureusement par Prats, le second de Schneider, puis par Schneider lui-même qui lui tient le discours suivant : « Écoute Augusto, si ces messieurs ne se mêlent pas des affaires de l'armée, nous n'aurons pas de problème. Allende m'a appelé pour me dire qu'il n'allait remplacer aucun général, tu peux donc rentrer tranquille à Iquique[6]. » Ce que fait Pinochet, tandis que les parlementaires commencent à compter leurs forces en vue d'un vote qui doit avoir lieu de 24 octobre, et que les États-Unis fomentent un complot en deux temps[7].

Washington à la manœuvre

Le président américain, Richard Nixon, ne veut pas de « ce fils de pute d'Allende[8] » au pouvoir au Chili et entend lui « botter le train[9] », selon ses propos révélés par la déclassification des enregistrements sonores qu'il réalisait dans le Bureau ovale. Nixon craint que le Chili ne devienne un « nouveau Cuba ». Il redoute une contagion socialiste en Amérique latine et ne supporte pas l'idée d'une nationalisation des mines de cuivre sans indemnisation des intérêts américains qui y sont encore attachés. Le 15 septembre 1970, il ordonne qu'on empêche le candidat démocratiquement élu de gouverner. De cette aversion va sortir une stratégie à deux voies que propose Henry Kissinger[10], avec la *Track One* (piste 1) et la *Track Two* (piste 2). La première, mise en place immédiatement sous la tutelle du Département d'État, consiste à tenter de convaincre les parlementaires chiliens de voter en faveur d'Alessandri, lequel serait alors censé se retirer pour permettre à Eduardo Frei, apparemment le Chilien préféré des Américains, de se représenter. L'ambassadeur des États-Unis à Santiago, Edward Korry, est à la manœuvre. Commence alors un jeu de poker menteur avec Frei refusant de se prononcer tant qu'Alessandri ne prendra pas l'engagement formel de se retirer, et Alessandri ne voulant rien promettre tant que Frei ne révélera pas ses intentions. Ce dernier hésite, car il connaît la réticence de larges secteurs de la démocratie chrétienne (DC) – notamment les plus jeunes et les partisans de Radomiro Tomic – à l'égard de ces combines d'arrière-cuisine. Tomic, finalement, négocie son soutien à Allende en échange d'amendements constitutionnels garantissant la démocratie. Allende, qui prône l'avènement du socialisme par la voie démocratique, se déclare tout à fait d'accord, et la *Track One* ne sert plus à rien. Washington ouvre donc la *Track Two*, sous la responsabilité de la CIA cette fois-ci, afin de convaincre l'armée chilienne de renverser Allende avant même la décision du Congrès.

L'assassinat du général Schneider

Des premiers contacts sont pris avec le général Camilo Valenzuela, chef de la garnison de Santiago, et l'amiral Hugo Tirado, ancien commandant en chef de la marine, qui proposent de séquestrer les quatre généraux les plus anciens de la hiérarchie militaire afin que le cinquième, Valenzuela, prenne le contrôle de l'armée, ferme le Congrès et confie le pouvoir à une junte dirigée par Tirado qui ordonnerait un exil de six mois à Frei en lui promettant un retour triomphal et sa réélection. Un autre groupe, composé d'une quarantaine d'anciens militaires et de jeunes militants nationalistes que dirige Roberto Viaux, propose à la CIA d'enlever Schneider, ce qui permettrait, selon eux, le soulèvement de l'armée. La CIA doute du succès de cette opération et Kissinger l'annule le 15 octobre. Le 22, Viaux, ignorant le message de Washington, tente avec son groupe d'enlever Schneider en bloquant sa voiture dans le quartier de Las Condes. Les assaillants brisent les vitres de l'automobile et voient Schneider sortir son pistolet. Ils lui tirent trois balles dans le corps avant de prendre la fuite. Le 24 octobre, les parlementaires, sous le choc de l'attaque contre le chef de l'armée, confirment la victoire de Salvador Allende. Le 25, le général Schneider meurt des suites de ses blessures à l'hôpital militaire de Santiago. Allende, Frei, Prats et de nombreuses personnalités civiles et militaires, parmi lesquelles Augusto Pinochet, se recueillent devant le cercueil de Schneider en écoutant l'homélie du cardinal Raúl Silva Henríquez qui salue le défunt et « son amour des nobles traditions républicaines et démocratiques du Chili ». Le 26 octobre, Frei nomme Carlos Prats commandant en chef de l'armée.

Le 3 novembre, Allende prend officiellement ses fonctions.

10

Allende et Pinochet, soldats de la guerre froide

Le moment qui se profile, c'est-à-dire les trois ans de la présidence d'Allende et sa fin tragique à l'issue d'un coup d'État militaire auquel va participer Pinochet, se comprend dans le cadre qui est le sien : la guerre froide. L'affrontement idéologique entre la version occidentale d'une démocratie liée au capitalisme et à l'économie libérale et la version communiste d'une société égalitaire sous l'hégémonie d'un parti unique et la gestion centralisée de l'économie fait de l'Amérique latine un nouveau champ de bataille avec la prise de pouvoir de Fidel Castro à Cuba, en janvier 1959. L'île, géographiquement proche des États-Unis, perturbe profondément Washington en devenant un État communiste quand Fidel Castro devient l'obligé de Moscou. Une dictature stalinienne et tropicale[1] s'installe rapidement à Cuba, ce qui n'empêche pas l'aura des révolutionnaires barbus, notamment Fidel et le Che, d'avoir un formidable impact sur la jeunesse latino-américaine. Dans l'ensemble du continent, la gauche se radicalise et la droite, en réponse, pour ne pas dire en réaction, fait de même. La première tente d'implanter quelques « foyers » révolutionnaires, la seconde réagit souvent avec l'appui des militaires.

Cette confrontation désormais quasi générale dans la région entre une gauche révolutionnaire et une droite tentée par les vertus d'une dictature militaire va se jouer aussi au Chili – pays où la démocratie est une tradition ancienne – d'une manière subtilement nouvelle. Chacun prend en compte, en effet, les leçons des échecs d'un passé récent. Ainsi Allende, grand bourgeois marxiste, socialiste très proche des communistes, nous le verrons, sait bien qu'il n'est pas question dans son pays d'armer le peuple et d'appeler à la révolution. En prônant *La Via Chilena al Socialismo* (« la voie chilienne vers le socialisme »), il affirme compatibles démocratie et socialisme. Il considère même que sa révolution par les urnes est le « premier nouveau modèle de construction du socialisme depuis 1917 », date de la révolution soviétique. La junte militaire, à la tête de laquelle s'impose Pinochet après le coup d'État de septembre 1973, prétend quant à elle ne pas remettre en cause la démocratie, mais la défendre. Et même si elle en viole toutes les règles et commet un grand nombre d'atrocités, elle s'installe comme une parenthèse désagréable, mais prétendument nécessaire, dans la continuité de la tradition démocratique chilienne. Et tandis qu'elle pratique la coercition politique la plus rigoureuse, elle promeut la liberté économique.

Dictature totalitaire ou régime autoritaire ?

Un grand intellectuel chilien, Carlos Huneeus, souligne cette dualité contradictoire et décrit dès lors le pouvoir de Pinochet et des militaires non pas comme une dictature totalitaire, mais comme « un régime autoritaire[2] ». Huneeus s'appuie sur le travail du sociologue espagnol Juan Linz, qui a écrit plusieurs ouvrages sur la nature des régimes totalitaires ou autoritaires[3]. Il juge les uns et les autres non démocratiques, mais différents. Voici sa définition des régimes autoritaires que cite Huneeus : « Des systèmes politiques dotés d'un pluralisme politique limité, sans principe de responsabilité, sans idéologie élaborée, dénués du soutien d'une mobilisation politique étendue (à l'exception de certains moments de leur évolution), et dans lesquels un leader (ou parfois un groupe réduit) exerce le pouvoir dans un cadre formellement mal défini, mais en réalité assez prévisible[4]. » Malgré toutes les horreurs commises, le régime de Pinochet, quelle que soit la qualification qu'on lui donne, ne cherche pas à maîtriser la totalité du fonctionnement de la société civile du moment que celle-ci ne menace pas son pouvoir politique et coercitif. Elle laisse en place une économie de marché et invite des économistes libéraux à l'améliorer et à la moderniser. Cette cohabitation entre un pouvoir fondé sur la force, la contrainte et la terreur et une société civile libre d'agir économiquement, religieusement et socialement du moment qu'elle reste soumise aux diktats politiques du pouvoir fait de ce régime une dictature, certes, mais d'un genre singulier. C'est une dictature parce qu'elle a anéanti les institutions de la démocratie – partis politiques, presse autonome, parlementarisme, justice indépendante –, mais elle n'est pas totalitaire comme le sont, par exemple, les dictatures cubaine ou soviétique qui ne délèguent aucun degré d'autonomie à leurs citoyens. Cette singularité chilienne est particulièrement notable quand le régime de Pinochet veut légitimer – ou protéger – son pouvoir en faisant adopter, en 1980, une constitution par un plébiscite. Celui-ci est douteux, notamment faute d'opposition active, mais enfin une constitution codifie généralement les institutions d'un État de droit, et le plébiscite légitime par un vote populaire, lui aussi sujet à caution, le texte adopté. Bref, comme Allende qui rêve de rendre compatibles démocratie et socialisme, Pinochet tente d'associer sa dictature avec son idée du droit. Enfin, il démontre encore son ambivalence entre force brute et légitimité populaire quand il accepte, en 1988, d'organiser sa fin politique éventuelle par le biais d'une consultation démocratique.

La démocratie comme référence

Ainsi, aussi bizarre que cela puisse paraître, les deux protagonistes du moment, Allende et Pinochet, se réfèrent avec révérence à la démocratie pour justifier leur action. Le premier veut faire de celle-ci l'outil inédit de l'avènement du socialisme qu'il considère comme un avenir heureux, même si l'histoire a déjà démontré qu'il éteint toutes les lumières des libertés dès qu'il s'installe au pouvoir. Le second, qui va s'avérer un dictateur féroce, se réfère à la démocratie qu'il suspend afin de pouvoir la sauver du sort désastreux qu'Allende lui promet. Un même prétexte démocratique, donc, cache deux illusions liberticides : c'est bien le seul point commun que l'on peut leur trouver.

Entre le militaire anticommuniste issu d'un milieu modeste et le grand bourgeois marxiste, Pinochet et Allende présentent en effet deux personnalités en opposition totale non seulement sur le plan politique, mais aussi personnel, social et culturel. Le général Pinochet est un homme ambitieux et déterminé, mais son univers intellectuel est plus étroit que celui du président Allende, et sa vie sociale plus étriquée. Allende est l'enfant d'une famille aisée, son père et son grand-père furent de grandes figures de la franc-maçonnerie chilienne. Le jeune Salvador a beaucoup de prestance et de charisme, il est toujours vêtu avec élégance et ses goûts sont raffinés, mais il éprouve aussi une empathie sincère à l'égard des classes défavorisées. Médecin, il établit un lien entre santé et niveau de vie, et reste préoccupé tout au long de sa carrière médicale puis politique par les questions sociales dans un pays pauvre et très inégalitaire. Allende est l'un des fondateurs du Parti socialiste chilien. Dès le début de son entrée en politique, il se tient proche des communistes, même quand le parti communiste entre dans la clandestinité, en 1948. Pinochet n'a ni l'envergure, ni l'audace, ni le raffinement d'Allende. Hermétique aux charmes de la vie civile, il n'exprime aucun intérêt pour l'art ou la littérature, même s'il se dit grand lecteur de livres d'histoire. Il fuit les conflits et cache ses éventuelles opinions. La seule qu'il s'autorise à révéler est son anticommunisme, forgé à l'époque où il dirige le camp de prisonniers de Pisagua, en janvier 1948[5]. On peut légitimement penser que le médiocre Pinochet tient là une idée juste et raisonnable, et que le bel esprit humaniste du docteur Allende s'aveugle devant la chimère du communisme et oublie la réalité des crimes commis en son nom[6]. Mais on peut aussi condamner une dictature militaire qui prétend défendre les libertés démocratiques tout en les étouffant pendant dix-sept années.

Cette opposition entre les deux hommes va marquer l'Histoire. Allende, politicien sincère mais sans maîtrise des événements qu'il provoque, sera après sa mort l'une des grandes figures héroïques de la gauche. Pinochet, plus rusé et instinctif, s'impose à la tête d'une junte militaire à la cruauté sans bornes. Il restera l'une des figures les plus détestées de la fin du XXe siècle. Mais dans ce tragique moment de l'histoire chilienne, et comme toujours dans l'Histoire et la vie, les zones grises contredisent les certitudes des esprits manichéens. Ainsi Allende n'est pas irréprochable. Par enthousiasme politique peut-être, ou par naïveté, il a été débordé par l'extrême gauche, n'a pas su maîtriser l'insécurité et l'instabilité économique, sociale et politique du moment, et a fait de la classe moyenne chilienne son ennemie. Pinochet, quant à lui, n'a pas su rester le légitimiste partisan de la doctrine Schneider qu'il a longtemps été, et s'il a rejoint à reculons les conjurés du coup d'État du 11 septembre 1973, une fois engagé dans l'action, il se révèle d'une férocité surprenante et prend vite goût au pouvoir absolu.

Pinochet comme Allende, enfin, ont bénéficié de soutiens extérieurs peu recommandables. On sait, par le Rapport Church du Sénat américain et les documents déclassifiés des États-Unis, tous les efforts et les turpitudes de l'administration Nixon et de la CIA pour tenter, en vain, de tuer dans l'œuf la candidature d'Allende, puis de déstabiliser sa présidence, cette fois-ci avec succès, en perturbant l'économie chilienne, en attisant la peur du chaos et en incitant l'armée à prendre le pouvoir[7].

Mais on parle moins souvent des efforts du KGB – les services soviétiques – pour aider Allende à conquérir le pouvoir et à le conserver.

11

Les secrets d'Allende

Les informations sur les liens entre les services soviétiques et Salvador Allende proviennent des archives d'un ancien membre du KGB, le commandant Vasili Mitrokhin[1], archiviste de l'organisation de 1972 à 1984 avec un libre accès à tous les documents. Il avait accumulé un grand nombre de dossiers secrets qu'il copiait à la main et dissimulait chaque soir dans ses chaussures avant de quitter son bureau. Chaque fin de semaine, il enterrait ces notes dans le jardin de sa datcha. Après la dislocation de l'Union soviétique, en décembre 1991, il prend contact, en mars 1992, avec l'ambassade du Royaume-Uni à Riga, capitale de la Lettonie. En décembre de la même année, le MI6* parvient à le faire entrer secrètement en Grande-Bretagne, avec sa femme et ses archives. Analysées par les services anglais puis l'ensemble de la communauté occidentale du renseignement,

* Le MI6 est le service d'espionnage britannique opérant sur des terrains étrangers. Le MI5 est le service de sécurité et de contre-espionnage qui opère sur le territoire du Royaume-Uni.

elles représentent quelque 25 000 pages sur les actions du KGB depuis Staline jusqu'à Gorbatchev. Le FBI américain les décrit comme « la plus complète et la plus étendue compilation d'informations secrètes jamais reçue d'aucune source ». Ces archives sont déposées à la bibliothèque du Churchill College, à l'université de Cambridge, où elles peuvent être consultées librement depuis 2014[2]. Avant d'être ouvertes au public, seul Christopher Andrew*, professeur d'histoire moderne et contemporaine à l'université de Cambridge, eut le droit de les lire et de les exploiter. Il est ainsi devenu, avec Mitrokhin, le coauteur d'un ouvrage en deux volumes détaillant ces documents jusqu'alors inconnus du grand public**.

Allende et le KGB

C'est dans la partie du deuxième volume[3] consacrée à l'action du KGB en Amérique latine que l'on rencontre le nom de Salvador Allende et le pseudonyme qui lui est attribué, *Leader*. Le fait d'avoir un nom de code, précisent les auteurs, ne signifie pas que l'intéressé soit un agent du KGB.

L'agence de renseignements soviétique commence à s'intéresser à Allende au début des années 1950, lorsque ce dernier s'oppose à l'interdiction du Parti communiste chilien prescrite par la « loi maudite » de défense permanente de la démocratie, adoptée en 1948 et abolie dix ans plus tard. Allende noue une

* Andrew est aussi devenu en 2003 « historien officiel » du MI5, le service de renseignements britannique, ce que lui ont reproché certains de ses élèves et collègues.

** *The Mitrokhin Archive, Vol. I : The KGB in Europe and the West* (Allen Lane, 1999 ; Penguin revised paperback edition, 2000), et *The Mitrokhin Archive Vol. II : The KGB and the World* (Allen Lane, 2005 ; Penguin revised paperback edition, 2006).

alliance avec le parti communiste entré dans la clandestinité et forme avec lui un *Frente de Liberación Nacional* (Front de libération nationale) sous la bannière duquel il se présente pour la première fois, en 1952, à l'élection présidentielle. Son score est modeste – 5,44 % des voix –, mais Moscou, un an plus tard, envoie tout de même à Santiago Svyatoslav Fyodorovich Kuznetsov, un agent du KGB, nom de code *Leonid*, qui prend un premier contact avec lui. En 1958, Allende se présente à nouveau à la tête d'une alliance des socialistes et des communistes, le *Frente de Acción Popular* (FRAP, Front d'action populaire). C'est le conservateur Jorge Alessandri qui l'emporte, mais avec seulement 35 000 voix d'avance sur Allende. En 1961, une mission commerciale soviétique est installée à Santiago qui offre une couverture au KGB. À partir de cette date, écrivent les auteurs, le dossier du KGB sur Allende évoque des « contacts systématiques » avec lui et rapporte que ce dernier se dit « prêt à coopérer de façon confidentielle et d'offrir toute l'aide jugée nécessaire puisqu'il se considère un ami de l'Union soviétique ». Le KGB crédite l'homme politique chilien, élevé au rang de « contact confidentiel », d'avoir facilité l'établissement de relations diplomatiques entre l'URSS et le Chili en 1964, ce qui a offert une présence légale du KGB à Santiago.

L'élection présidentielle de 1964, nous l'avons vu[4], donne l'avantage au chrétien-démocrate Eduardo Frei, avec le soutien financier de la CIA. L'agence américaine dépense aussi beaucoup d'argent pour discréditer Allende, qui arrive second, avec 39 % des voix, sous les couleurs du FRAP reconstitué pour l'occasion.

Le Parti communiste chilien, même s'il trouve opportun de rester allié à Allende, fait savoir au KGB, nous disent les auteurs, la piètre opinion qu'il a de lui : « Ses principaux traits de caractère sont l'arrogance, la vanité, le désir d'être glorifié et apparaître sous la lumière à n'importe quel prix. Il est également inconstant dans son attitude envers le parti communiste. *Leader* l'explique par son statut de chef du parti socialiste envers lequel il doit rester loyal. Il a visité la Chine à plusieurs reprises et place Mao Zedong sur le même plan que Marx, Engels et Lénine. »

Outre cette fâcheuse tendance pro-chinoise, le Parti communiste chilien reproche aussi à Allende d'être trop bourgeois, même si cette apparence peut être un atout pour ne pas effrayer la classe moyenne. Quand il visite La Havane en 1960, il fait l'objet de moqueries de la part de l'entourage de Fidel Castro pour « ses goûts aristocratiques : vins fins, objets d'art, costumes sur mesures et femmes élégantes ». Les auteurs du livre citent également l'écrivain colombien Gabriel García Márquez, fidèle ami de Castro, qui note chez Allende, grand séducteur, un côté « galant de la vieille école, mots doux parfumés et rendez-vous furtifs ».

Leader et *Leonid*

À l'élection présidentielle de 1970, Allende est le candidat d'un large rassemblement de partis de gauche – socialistes, communistes et radicaux, principalement – au sein de l'Unité populaire. La droite est divisée et Allende a des chances de l'emporter. Moscou décide alors de faire revenir à Santiago Kuznetsov, alias *Leonid*, le premier contact du KGB d'Allende dans les années 1950, qui était en poste à Mexico. Il est chargé de coordonner toutes les opérations secrètes susceptibles d'aider le candidat de l'Unité populaire à remporter l'élection. Il est bien sûr question d'argent : « Allende lança un appel personnel, sans doute via Kuznetsov, pour recevoir des fonds d'Union soviétique », écrivent les auteurs. Le Parti communiste chilien, comme tous les partis communistes d'Amérique latine, bénéficie clandestinement chaque année d'une contribution financière de Moscou. En 1970, l'Union soviétique est plus généreuse que d'habitude en lui envoyant 400 000 dollars. « Le Politburo, sans doute à la demande du KGB, transmit le 27 juin une allocation supplémentaire au Parti [...] et approuva également une subvention personnelle de 50 000 dollars à remettre directement à Allende. » Le Parti communiste chilien y ajouta, sur ses fonds propres, la somme de 100 000 dollars destinée à Allende, ajoutent les deux auteurs en citant les Mémoires de Luis Corvalán[5], ancien chef du PC chilien. Enfin, le KGB offre 18 000 dollars à un sénateur de gauche pour le dissuader de se présenter contre Allende. Ce dernier emporte la victoire le 4 septembre 1970. Une victoire fragile, mais le KGB est fier de son succès. Le 23 novembre, cependant, Yuri Andropov, chef du service de renseignements, s'inquiète devant le Comité central du Parti de ce que sera la décision du Congrès chilien le lendemain alors qu'Allende ne l'a emporté qu'avec quelque 39 000 voix de plus qu'Alessandri : « Allende fait toujours face à la lutte déterminée de ses opposants politiques, et des subventions substantielles pourraient être encore requises. Dans l'objectif de renforcer nos relations confidentielles avec Allende et d'établir les conditions de la continuation de notre coopération avec lui, il pourrait être utile, si le besoin s'en fait sentir, de lui donner une assistance matérielle de 30 000 dollars. »

Une fois élu, Allende maintient des contacts réguliers avec l'URSS, mais pas à travers l'ambassade. C'est Kuznetsov qui s'en charge, avec pour mission « d'exercer une influence favorable sur les décisions politiques du gouvernement chilien ». Les auteurs citent un document du dossier *Leader* du KGB : « Avec prudence, nous avons fait comprendre à Allende la nécessité de réorganiser l'armée chilienne et les services de renseignements, ainsi que la mise en place d'une relation entre ces services et ceux de l'Union soviétique. Allende a réagi positivement. »

À partir de 1972, le KGB semble moins enthousiaste quand il traite du Chili, alors que Leonid Brejnev et Richard Nixon ont entamé le processus de « détente » entre les deux puissances. « L'Amérique latine relève de la sphère des intérêts américains, note Andropov cité par Andrew et Mitrokhin. Les États-Unis nous ont permis d'agir en Pologne et en Tchécoslovaquie. Nous ne devons pas l'oublier. Notre politique à l'égard de l'Amérique latine doit rester prudente. » Le KGB, par ailleurs, s'inquiète de voir Allende ne rien faire pour consolider sa position en ne contrôlant ni les forces armées ni les services de renseignements chiliens.

En octobre 1972, une grève des camionneurs au Chili – soutenus par la CIA – paralyse l'économie pendant trois semaines, démontrant la fragilité de l'Unité populaire. La situation est à ce point chaotique que le *Sunday Times* de Londres titre : « Chili, l'effondrement d'une expérience marxiste ? », tandis que son journaliste David Holden estime que l'on peut douter de la survie politique d'Allende. « La colère, la peur et la détermination de se battre sont désormais évidentes, à droite comme à gauche » (cités par Andrew et Mitrokhin).

Le KGB s'emploie, en 1973, à limiter les dégâts et à tout faire pour consolider les forces appuyant le gouvernement, mais au bout du compte, comme nous le verrons, personne ne pourra sauver Allende.

12

Le populisme et ses illusions

Une fois officiellement nommé par le Congrès, le président de la République chilienne Salvador Allende confirme la nomination du général Carlos Prats au poste de commandant en chef de l'armée. Sur les conseils de Prats, il convoque ensuite Pinochet à la Moneda, le palais présidentiel, et lui propose le commandement de la garnison *Santiago.*

En vertu de la promesse du nouvel élu au général Schneider de ne pas toucher à la hiérarchie des forces armées, le président aurait tout aussi bien pu laisser à la tête de cette garnison, la plus importante et stratégique du pays, le général Orlando Urbina, connu pour ses idées de gauche. Il choisit pourtant de le remplacer par Pinochet parce que Prats – qui apprécie sa réputation de soldat fidèle, discret et compétent, sans idées ni opinions connues, sinon son adhésion à la doctrine Schneider – le lui suggère. Pour Prats, Pinochet est un numéro deux idéal, obéissant et méthodique. Il n'a jamais été mêlé aux disputes politiques qui ont parfois secoué l'institution militaire au cours de sa carrière. Il ne donne aucune raison de penser, ni à Allende, ni à la CIA qui l'a rangé dans la catégorie des constitutionnalistes, qu'il pourrait, en exerçant son commandement, devenir une menace pour le nouveau président. Allende, apparemment, ne le juge pas à la hauteur de pareilles ambitions. Il se montre même assez dédaigneux à l'égard de Pinochet, le traitant de *milico* (expression péjorative désignant un militaire) « qui passe son temps à ne penser qu'à des jeux de guerre[1] ».

L'ancien ministre de l'Intérieur d'Eduardo Frei, Edmundo Pérez Zujovic, est tué le 8 juin 1971 par un commando de la VOP (*Vanguardia Organizada del Pueblo*, l'Avant-garde organisée du peuple), un groupe anarchiste partisan du soulèvement armé et composé de membres dissidents du MIR, mouvement de « bourgeois pseudo-intellectuels[2] », selon eux. Cet assassinat provoque une grande émotion dans la société chilienne, et plus encore dans les rangs de la démocratie chrétienne. En tant que commandant de la garnison *Santiago,* Pinochet coordonne les services militaires et policiers, parmi lesquels le *Servicio de Investigaciones* chargé de la sécurité intérieure, en vue de démasquer les tueurs de Zujovic. Ces derniers, six hommes et trois femmes, sont découverts dans une maison située dans une impasse proche de l'hippodrome de Santiago. La zone est encerclée. À l'aube commence l'assaut de l'armée que Pinochet suit avec des jumelles, allongé sur un toit. L'un des leaders de la VOP, Arturo Rivera, se suicide durant l'attaque qui va durer deux heures. Son frère Ronaldo, qui tente de s'échapper par les toits, est tué par la rafale d'un fusil-mitrailleur.

De hauts responsables de la démocratie chrétienne avaient déjà dénoncé des liens anciens entre Eduardo Paredes, le nouveau directeur du *Servicio de Investigaciones* et ami d'Allende, avec les deux frères Rivera. Un sénateur démocrate-chrétien que cite Vial, Narciso Irureta, avait annoncé que sa famille politique « n'avait aucune confiance » dans la direction de ce service pour être « totalement politisé[3] ». Il s'ensuit une polémique sur la mort des Rivera qui aurait servi les intérêts de Paredes en éliminant les témoins gênants de sa collusion avec un groupe armé d'extrême gauche. Plusieurs années plus tard, Pinochet revient sur cet événement avec Correa et Subercaseaux. Pour les deux journalistes chiliennes, le jeune homme tué sur le toit était sorti un drapeau blanc à la main.

« Ce n'est pas vrai, rétorque l'interviewé, c'est une rumeur. Il ne portait aucun drapeau. Ce qu'il avait à la main, c'était un revolver. Bien sûr, maintenant, ils nous semblent tous tellement bons que l'on dirait des anges… Il régnait dans ce lieu une grande tension. On entendait des coups de feu d'armes courtes, des mitraillettes ou des armes de poing. La sortie de cet individu fut soudaine, et il ne l'avait pas signalée avec un drapeau, comme vous le prétendez[4]. »

Gonzalo Vial, dans une note de sa biographie de Pinochet, nous livre l'épilogue de cet événement intervenu le 16 juin. Le « théoricien » du groupe, Heriberto (« El Viejo ») Salazar « se rendit au quartier général d'*Investigaciones* de la rue Général-Mackenna, et à l'intérieur fit feu avec une arme automatique contre les policiers présents. Trois furent tués, deux immédiatement, un autre quelque temps plus tard. Puis Salazar se suicide en faisant sauter la ceinture de bâtons de dynamite qu'il portait cachée sur son corps[5] ».

Le plan Vuskovic

Selon le consensus au sein de l'Unité populaire, l'économie chilienne souffre de quatre défauts : « Elle est monopolistique, dépendante de l'étranger, oligarchique et capitalistique[6]. »

Sur cette base, et dès son arrivée au pouvoir, Allende met en route son « chemin chilien vers le socialisme » avec l'aide de son ministre de l'Économie, Pedro Vuskovic, qui en élabore le plan. Il semble indulgent d'écrire, comme beaucoup l'ont fait, que ce plan est d'inspiration keynésienne. En fait, il suit une feuille de route d'une orthodoxie marxiste léniniste irréprochable. Il suppose la nationalisation des secteurs clés de l'économie, tels le charbon, le salpêtre, le fer, l'acier, bien sûr les mines de cuivre, également le téléphone et les télécommunications, les banques et les principales industries. Ces mesures de nationalisation s'accompagnent d'une augmentation massive des salaires des plus modestes et des dépenses publiques. La hausse du pouvoir d'achat qui suit cette vaste redistribution des revenus en faveur des plus pauvres doit relancer la croissance d'autant plus facilement que, selon Vuskovic, l'industrie chilienne n'exploite pas toutes ses capacités de production en raison de « la nature monopolistique des entreprises capitalistes » et des « rigidités de la structure de distribution des revenus ». La nationalisation des entreprises étrangères, accusées de drainer l'économie chilienne, est également au programme. La réforme agraire entamée par Eduardo Frei doit être approfondie et conduite à son terme par le démantèlement des *latifundias* (les grandes propriétés agricoles) et la distribution des terres aux paysans. L'étatisation des banques et des grandes entreprises doit permettre à l'État de contrôler le crédit et la répartition des revenus. Ces mesures sont considérées comme une « première phase » destinée à obtenir l'appui des masses populaires permettant dans un deuxième temps « un passage réussi du capitalisme à l'économie socialiste ». Cette transition serait d'autant plus facile que le gouvernement projette aussi de supprimer la Chambre des députés et le Sénat pour les remplacer par une chambre unique nommée « Assemblée populaire* ». Il faudrait pour cela une réforme constitutionnelle validée par un plébiscite, mais le retour de la croissance, les distributions de terres et les augmentations de salaires pourraient offrir une majorité confortable à l'Unité populaire. En contrôlant l'économie et le pouvoir législatif, le gouvernement ne serait alors plus très loin de son objectif final : le socialisme par la voie démocratique. « Le contrôle de l'État, écrit Vuskovic, a pour ambition de détruire la base économique de l'impérialisme et de la classe dominante en mettant fin à la propriété privée des moyens de production[7]. »

Ces chimères d'une économie totalement étatisée auront assez vite des conséquences désastreuses, mais dans un premier temps, c'est-à-dire en 1971, leurs résultats sont tout à fait formidables, en partie grâce à une hausse notable des dépenses publiques pour financer un grand nombre d'actions sociales, allant de l'octroi de bourses scolaires aux enfants Mapuche, un peuple indigène du Chili, à la construction de 120 000 logements sociaux, en passant par la distribution de lait aux mères de famille pauvres, la gratuité des cantines scolaires, la hausse et l'universalité du salaire minimum à tout travailleur, même apprenti, l'augmentation du seuil d'imposition exonérant 35 % des contribuables. Les salaires montent et, surprise, l'inflation baisse, passant de 34,9 à 29,1 % entre 1970 et 1971, malgré une offre de monnaie en hausse de 100 %. Le PIB, quant à lui, affiche une croissance remarquable de 8,5 %. Fin 1971, l'optimisme domine, la prospérité semble de retour. Et c'est durant ce moment de grâce, le 10 novembre 1971, que débarque à Santiago un invité de marque : Fidel Castro.

---

* Ce projet sera finalement abandonné.

La visite de Fidel

Le protocole veut que Pinochet, en tant que chef de la garnison *Santiago*, accompagne et protège le dictateur cubain durant son séjour dans la capitale chilienne. Il existe plusieurs photos datant de cette visite montrant Castro et Pinochet côte à côte. Il ne faut pas y voir une quelconque affinité entre les deux hommes. Le premier, très loin d'être un antimilitariste, n'a rien contre ce général qui l'accompagne et qu'il ne connaît pas, cependant le second ronge son frein, obéit au protocole et reste courtois, mais n'en pense pas moins. Il s'arrange discrètement pour que les honneurs militaires ne soient jamais rendus au leader cubain.

Fidel Castro est inquiet. Il n'apprécie guère l'euphorie ambiante et les premiers succès d'Allende. Ce grand bourgeois chilien vient lui faire de l'ombre sur la scène internationale, et Castro, en économie comme en politique, n'aime pas la concurrence. Le héros du socialisme en Amérique latine, c'est lui. Il s'arroge le monopole de la révolution et juge la voie démocratique vers le socialisme une dérive idéologique fâcheuse et un projet inopérant. Il n'imagine pas un instant la bourgeoisie chilienne, et moins encore la CIA et Washington, observer passivement ce processus pacifique vers le socialisme. Pour le grand « martyrologue » du marxisme-léninisme qu'est Fidel Castro, le socialisme ne peut être conquis que par la force des armes et le sacrifice de leurs victimes. C'est d'ailleurs pour éviter l'échec d'une aventure jugée sans issue par le *líder máximo* que Cuba a entraîné sur son sol des centaines de militants du MIR à la lutte armée[8]. Certains de ces activistes chiliens, triés sur le volet, seront choisis pour former la garde rapprochée d'Allende, le GAP (« Groupe des amis du président »). Plusieurs d'entre eux resteront aux côtés d'Allende, retranchés dans le palais de la Moneda bombardé par l'aviation chilienne, le 11 septembre 1973, jour du coup d'État.

Un témoin de Jéhovah annonçant l'apocalypse

La visite de Castro doit durer dix jours, ce qui est déjà considéré comme très long, mais une fois sur place, le dictateur cubain décide de rester plus longtemps encore, et ne s'en ira qu'au bout de vingt-quatre jours. Ni Allende ni personne au Chili n'ose lui demander de bien vouloir rentrer chez lui. Bien sûr, chacune des apparitions de Fidel rassemble des foules de jeunes gens enthousiastes, et le leader cubain ne va pas cesser, en traversant le Chili du nord au sud, d'Iquique jusqu'à la Terre de Feu, d'attiser la flamme des plus radicaux, les inciter à la lutte, prêcher les vertus de la révolution et agacer Allende. Fidel, c'est vrai, ne facilite pas la tâche du président qui veut persuader la majorité du peuple chilien de la possibilité d'atteindre le socialisme avec un bulletin de vote, plutôt qu'un fusil à la main. Durant ce périple, le leader cubain apparaît, selon l'écrivain chilien Noberto Fuentes, « comme un témoin de Jéhovah annonçant l'apocalypse[9] ». Laquelle, d'ailleurs, va bientôt arriver. Le nombre d'agents cubains présents au Chili, la polarisation de la société, exacerbée par la longue visite de Castro, le sentiment qu'Allende est débordé sur sa gauche par des partisans de la lutte armée, vont fonder la peur de la droite chilienne de voir le pays devenir « un nouveau Cuba » et stimuler les partisans d'un coup d'État.

Une soirée d'au-revoir est organisée à l'ambassade cubaine de Santiago le 1er décembre. Ce soir-là, des milliers de femmes sortent dans la rue et tapent sur des casseroles vides pour protester contre le gouvernement et son embarrassant invité cubain. « C'est en l'honneur de Castro que furent inventés les *cacerolazos* des femmes de l'opposition », écrit Pedro Schwarze, auteur espagnol d'un article sur l'histoire des relations entre Fidel et le Chili[10].

Exaspéré, Allende voit avec plaisir « son ami Fidel » monter enfin dans l'avion pour rentrer à Cuba, le 4 décembre 1971. Deux jours plus tôt, le soir du 2 décembre, Fidel avait fait ses adieux aux milliers de Chiliens venus le voir au Stade national. « Je reviens à Cuba plus révolutionnaire, radical et extrémiste que je ne l'étais en arrivant ici », déclare-t-il. Cette annonce, pour les partisans de « la voie chilienne », sonne comme une menace voilée.

Pinochet se montre impassible durant cette fréquentation quasi quotidienne de Castro dans la capitale. Leur dernière journée ensemble est celle du 29 novembre, quand Fidel inaugure à San Miguel, un quartier au sud de Santiago, la statue de Che Guevara, « la première dans le monde », dit-il. Il serait amusant de se lancer ici dans la fiction, d'imaginer les sombres pensées de Pinochet au garde-à-vous devant la statue du révolutionnaire argentin, un monologue intérieur plein d'imprécations et de désolation. Tout ce que nous dit Pinochet du leader cubain est son souvenir d'un politicien « à la main dure » et « sans foi ni loi »[11], un « hâbleur » qui « parlait de tout et surtout de lui-même », avec des « idées fixes sur lesquelles il revenait sans cesse ». Il lui reconnaît cependant « beaucoup de charisme », mais, précise-t-il, « avec les civils »[12].

Pinochet chef d'état-major de l'armée

En janvier 1972, Prats nomme Pinochet chef d'état-major de l'armée, faisant de lui le numéro deux de l'institution. Il promet à Allende que Pinochet n'interférera pas dans ses décisions politiques, et pour s'assurer de la tranquillité du président, il met à la retraite les deux officiers les plus ouvertement hostiles à l'Unité populaire, le colonel Alberto Labbé, ancien directeur de l'École militaire, et le général Alfredo Canales. Le président avait donné carte blanche à Prats pour réorganiser l'armée comme il le souhaitait.

Lucía est ravie, pour une fois. Afin de rester en bons termes avec ceux qui peuvent décider du sort de son mari, elle cherche à nouer des relations cordiales avec Moy de Tohá, l'épouse du ministre de la Défense, José Tohá. « Elle n'avait aucune opinion politique, raconte l'épouse du ministre, elle n'exprimait rien, sinon son goût des questions domestiques, la maison, la cuisine, les plats qu'aimait Augusto et ceux qu'aimaient ses enfants. [...] Son attitude montrait qu'elle souhaitait aider la carrière de son mari, elle aurait été aimable avec n'importe qui au gouvernement. Je pense qu'elle n'a jamais perdu cet objectif de vue[13]. »

Tous les dimanches matin après la messe, nous raconte Matus, le couple Pinochet, un bouquet de fleurs ou une boîte de chocolats dans les mains, rend visite aux Tohá pour prendre l'apéritif avec eux. Suivi jadis dans les petites villes de garnison, ce rituel exaspère au plus haut point le ministre et son épouse qui comptent sur cette journée dominicale pour se retrouver en famille avec leurs enfants. Ces visites agacent également Prats qui juge être le seul, en tant que commandant en chef de l'armée, à pouvoir s'inviter chez le ministre, et seulement pour une raison urgente relative à son institution.

Le côté obséquieux et servile de Pinochet à l'égard de ceux qui tiennent son sort entre leurs mains sera évoqué, quelques années plus tard, par Orlando Letelier, ministre de la Défense quand Pinochet deviendra commandant en chef de l'armée : « Il était comme ce garçon coiffeur qui te brosse la veste et n'arrête pas de te la brosser tant que tu ne lui as pas donné son pourboire. Il n'arrêtait pas de vouloir m'aider à enfiler mon manteau, à porter ma serviette[14]. »

En septembre 1972, Pinochet et d'autres militaires sont invités au Mexique pour y célébrer la fête nationale, et le chef d'état-major chilien emmène son épouse et ses deux plus jeunes enfants (il fera un détour avec eux à Disneyland, en Floride). Durant son séjour mexicain, Pinochet est interviewé par un journaliste de Televisa sur « les bruits de bottes au Chili ». Le militaire lui répond sèchement que « l'armée chilienne respecte les institutions et son chef, le président, sans considération de ses idées politiques ».

13

Le chaos et ses désillusions

L'effet d'aubaine de la générosité étatique de l'année 1971 s'effondre tel un soufflet face aux impasses inhérentes à la stratégie économique choisie, que Dornbusch et Edwards qualifient de « macroéconomie populiste[1] ». L'extraordinaire expansion de la création de monnaie par une Banque centrale aux ordres du gouvernement (+ 173 % en 1972, + 413 % en 1973) provoque la chute brutale de l'escudo et une reprise de l'inflation (225 % en 1972, 606 % en 1973)[2]. De la croissance, le Chili passe brusquement à la récession avec un taux négatif de son PIB de 1,21 % en 1972, de 5,57 en 1973[3]. Face à cette hausse des prix et à la chute de l'activité économique, les salaires réels s'effondrent et les déficits publics s'élargissent (17,29 % en 1972, 18,23 % en 1973[4]).

Le chaos économique…

Selon les documents déclassifiés des archives secrètes des États-Unis, le président Richard Nixon avait demandé à la CIA, en 1970, de faire « crier l'économie chilienne[5] » afin

« d'empêcher Allende d'arriver au pouvoir ou faire en sorte qu'il soit destitué[6] ». La CIA s'y est employée, mais on peut s'interroger sur l'utilité de ces actions tant Allende et ses affiliés ont commis eux-mêmes l'essentiel des dégâts. Ainsi l'association d'une inflation très élevée à partir de 1972 et du blocage des prix a conduit mécaniquement à des pénuries et à de longues files d'attente de clients cherchant à s'approvisionner devant des magasins vides. Le marché noir, qui vend à des prix inaccessibles aux plus pauvres des produits de première nécessité comme le riz, l'huile, le sucre ou la farine, prend vite le relais d'un marché libre rendu inopérant par l'incurie économique de l'Unité populaire. Le gouvernement accuse alors « des groupes réactionnaires » et les « ennemis du peuple » d'organiser les pénuries et, fin 1972, met en place un Secrétariat national de distribution. Cet organisme est immédiatement soupçonné d'avoir pour fin cachée d'institutionnaliser le rationnement alimentaire dans l'ensemble du pays et sa création provoque une ruée sur les dernières marchandises encore disponibles. En avril 1972, ce Secrétariat développe dans les quartiers des JAP (*Juntas de Abastecimiento y Precios*, « Juntes d'approvisionnement et de contrôle des prix ») accusées par les opposants au régime de favoriser les affiliés de l'Unité populaire. Les pénuries s'aggravent donc et la confiance dans le gouvernement s'érode. En octobre 1972, l'Association des camionneurs appelle à une grève générale, compliquant plus encore, dans cette nation étirée du nord au sud sur quelque 4 300 kilomètres, la distribution des marchandises. Cette action, encouragée et financée par la CIA, paralyse le pays. Des associations patronales ou professionnelles – avocats, médecins, dentistes, ingénieurs – ainsi que des professeurs et des groupes d'étudiants se joignent au mouvement. La grève va durer vingt-quatre jours, et pendant ce moment difficile, les mauvaises nouvelles sont quotidiennes et relayées par les journaux de droite comme *El Mercurio*, que subventionne la CIA : prises de contrôle violentes de terres agricoles, d'ateliers, de fabriques, avec chaque jour des affrontements et des blessés, parfois des morts. Allende ordonne la réquisition de camions et d'autobus pour assurer le ravitaillement du pays, ce qui provoque de nouvelles violences, et quelque temps plus tard un jugement de la cour d'appel du Chili ordonne au gouvernement de rendre bus et camions à leurs propriétaires légitimes.

… Puis le chaos politique…

Pour tenter d'apaiser la droite, Allende décide, le 2 novembre 1972, de faire entrer quelques hiérarques militaires dans son gouvernement, formant ainsi ce qu'il appelle un cabinet *cívico-militar*. La vedette du jour est le commandant en chef de l'armée, le général Carlos Prats, qui devient ministre de l'Intérieur. Il est rejoint par le contre-amiral Ismael Huerta, qui reçoit le portefeuille des Travaux publics et des Transports, et par le général Claudio Sepúlveda, des Forces aériennes du Chili (FACH), chargé du ministère des Mines. Ce gouvernement, qui réunit trois chefs militaires et des ministres de l'Unité populaire, rassure l'opposition, mais inquiète l'extrême gauche, notamment le MIR, qui s'implante de plus en plus dans les milieux urbains. Un compromis a-t-il été négocié entre l'armée et Allende ? Est-ce la fin de la « voie chilienne vers le socialisme » ? Les radicaux parlent de « coup d'État blanc » et la presse s'interroge sur le programme du nouveau ministre de l'Intérieur. Quel est-il ? Celui de l'armée ? Celui de l'Unité populaire ? Prats affirme que l'entrée des militaires au gouvernement «ne signifie pas un engagement politique des forces armées, mais une action patriotique en faveur de la paix sociale[7] ». Cependant le soupçon naît, chez certains officiers, que Prats, obsédé par la crainte d'une guerre civile, compromet l'institution militaire au nom de ses propres idées et de ses éventuelles ambitions politiques[8].

Ce gouvernement ne va durer que quelques mois, jusqu'aux élections législatives de mars 1973. La droite rêve d'une majorité des deux tiers pour pouvoir censurer la présidence d'Allende, mais elle est loin du compte avec 54,6 % des voix. L'Unité populaire, réunie sous une liste unique, limite les dégâts avec un score honorable de 43,5 %. Pour s'appuyer sur une majorité plus solide, Allende tente de se rapprocher de la démocratie chrétienne, mais Eduardo Frei y est hostile, tandis qu'un autre dirigeant de la DC, Patricio Aylwin, veut bien discuter avec l'UP à condition de compter davantage de militaires au gouvernement de sorte que l'Unité populaire n'y soit plus majoritaire. Allende ne peut l'accepter. Il estime par ailleurs impossible un coup d'État tant que Prats reste à la tête de l'armée, car sans cette dernière, un putsch de la marine ou de l'aviation semble improbable. L'idée est qu'un affrontement entre des forces armées divisées se battant les unes contre les autres pourrait aboutir à une guerre civile et devrait, selon le raisonnement d'Allende, freiner les velléités putschistes des marins et des aviateurs. Le parti communiste approuve cette stratégie et lance une campagne intitulée «Non à la guerre civile ! ». Laquelle ne fait pas peur, apparemment, au dirigeant du parti socialiste Carlos Altamirano, qui ouvre une brèche dans l'unité de la coalition présidentielle: «Un coup d'État ne se combat pas par le dialogue, il s'écrase sous la force du peuple. »

Le 11 juin, la droite parlementaire du Parti national alliée à la démocratie chrétienne approuve – à une majorité simple, alors que la Constitution exige pour être amendée une majorité des deux tiers – une réforme constitutionnelle limitant les expropriations de terres et de propriétés, à laquelle Allende oppose son veto. Le Parti national publie alors un communiqué, sur une base juridique contestable, appelant le Congrès à la destitution du président : « M. Allende a violé de manière délibérée et systématique sa promesse de respecter la constitution et les lois. C'est cette promesse solennelle qui lui a permis d'être élu président du Chili par la majorité du Congrès national. […] Un examen rigoureux des abus de pouvoir du gouvernement auxquels ont été soumis les citoyens, de même que les pouvoirs publics et les institutions de la République, devrait conduire le Congrès national à considérer l'illégitimité des actions du gouvernement de l'Unité populaire. Le Congrès national exercerait ainsi sa responsabilité devant le peuple et devant l'Histoire. Il accomplirait son devoir et ne serait pas complice de la destruction de la République[9]. » Cet appel, nous le verrons, va être entendu.

… Et le chaos social

Pendant ce temps, la violence et l'insécurité inquiètent les Chiliens. Les querelles politiques auraient causé la mort d'une centaine de personnes sous la présidence d'Allende, victimes des affrontements de groupes d'extrême gauche, notamment le MIR, et d'extrême droite comme *Patria y Libertad*, d'assassinats, ou de la répression policière. Les étudiants s'en mêlent alors que se concocte dans les allées du pouvoir le projet d'une « École nationale unifiée » dont l'ambition serait de remplacer une éducation fondée sur les valeurs du capitalisme par celle de « l'homme nouveau », rêve guévariste d'un apprentissage du sacrifice et de l'égalitarisme.

La droite étudiante est une vieille tradition chilienne et la Fédération des étudiants de l'Université catholique, son fer de lance. Ils s'insurgent contre « l'endoctrinement marxiste » et défendent la « liberté de l'éducation », ce qui provoque la réaction des étudiants de gauche proches de l'organisation de la Jeunesse socialiste. Leurs comptes, eux aussi, se règlent sur la voie publique. Au chaos économique et politique s'ajoute le chaos social. Les pénuries, les distributions d'aliments et de médicaments par les JAP, souvent gérées par des militants communistes chiliens ou des « missionnaires » cubains, sont la source de frustrations, d'indignations et de bagarres. La colère de la classe moyenne s'exprime souvent par une demande d'intervention militaire, quand des gens viennent à la porte des casernes lancer des graines à la volée tout en caquetant comme des poules afin d'humilier les soldats pour leur inaction.

L'extrême tension du moment s'accompagne d'une bataille entre l'exécutif et la justice. En avril 1973, la Cour suprême accuse Allende de « tenter de soumettre le libre arbitre du pouvoir judiciaire aux nécessités politiques du gouvernement, à travers la recherche d'interprétations erronées des préceptes de la Constitution et des lois[10]. » Le Parlement bataille aussi contre le gouvernement sur la réforme constitutionnelle à laquelle Allende a opposé son veto. Enfin, une grève de mineurs de la mine de cuivre *El Teniente* va durer soixante-quatorze jours. Sans parler des insultes lancées tous les jours dans les rues contre les militaires en uniforme ou les membres du gouvernement.

L'incident Alejandrina Cox

C'est dans ce climat que le 27 juin 1973 un incident tragi-comique implique le général Prats. Vers 3 heures de l'après-midi, il est assis à côté de son chauffeur dans sa voiture de fonction et se dirige vers le ministère de la Défense en passant par l'avenue Costanera. Une petite Renault 5 roule un moment à son côté avec à son bord deux personnes (deux hommes, pense Prats) qui le regardent et semblent se moquer de lui. Le conducteur tire la langue à plusieurs reprises au chef de l'armée. Prats, dont les seules excuses pourraient être un état de fatigue extrême ou le souvenir de l'assassinat de René Schneider, baisse sa vitre, son pistolet à la main, et ordonne au conducteur de partir, mais ce dernier n'en fait rien. Furieux (ou effrayé ?), Prats tire sur l'aile gauche de la Renault. La petite voiture s'arrête, ainsi que celle de Prats. Ses deux occupants choqués sortent de leur véhicule, le général du sien. Le conducteur est en fait une conductrice, une femme aux cheveux courts nommée Alejandrina Cox Palma, accompagnée de son cousin, Juan Pablo Cox. Elle raconte à la presse que Prats, furieux, a pointé son arme sur son front en lui criant : « Excuse-toi, merde, ou je te tue[11]. » Prats, selon son récit, réalise qu'il fait face à une femme et lui présente ses excuses. Mais bientôt de nombreuses voitures se sont arrêtées, bloquant une partie de l'avenue et très vite une foule en colère insulte le militaire et l'accuse d'avoir voulu tuer cette femme. Sa voiture est rayée, ses pneus crevés. Un chauffeur de taxi s'arrête, reconnaît Prats et lui dit : « Mon général, ils vont vous lyncher, laissez-moi vous sortir de là. » Et Prats de partir à bord du taxi tandis que la jeune femme est conduite au commissariat où elle admet avoir tiré la langue au commandant en chef de l'armée, mais « pour le Chili et nos enfants ». Quatre heures et demie plus tard, elle sort libre, accompagnée d'un avocat.

Quant à Prats, il se rend à la Moneda dans l'après-midi et présente sa démission à Allende, qui, bien sûr, la refuse.

Le lendemain, toute la presse titre sur cet incident, mettant en question la stabilité mentale de Prats et sa capacité à diriger l'armée.

Le Tancazo

En 1973, l'armée chilienne juge la situation désastreuse. Tous ses soldats et officiers ne sont pas de vertueux adeptes de la doctrine Schneider.

Au cours du mois de juin, le commandant de la garnison *Santiago*, le général Mario Sepúlveda, découvre qu'un complot se fomente au sein de son régiment et alerte aussitôt l'état-major de l'armée et le ministre de la Défense José Tohá. Neuf personnes sont arrêtées et le ministre rend publique l'existence de la conspiration le soir du 28 juin. Le lendemain, le lieutenant-colonel Roberto Souper, qui vient d'apprendre qu'il va être privé de son commandement pour avoir participé à la conspiration, prend la tête d'une colonne de 16 chars d'assaut et d'environ 80 hommes du 2e bataillon blindé de Santiago. Commence alors ce qui restera dans l'Histoire comme le *Tancazo*, appelé parfois aussi *Tanquetazo**, « le coup des tanks ». Les insurgés descendent rapidement vers le centre par l'avenue Santa Rosa même si, curieusement, ils respectent les feux rouges aux carrefours et qu'un tankiste s'arrête dans une station-service pour faire le plein de carburant. Ils encerclent la Moneda, ainsi que le ministère de la Défense, tout proche. Deux minutes avant 9 heures, l'assaut commence, mais les chars ne tirent qu'avec leurs mitrailleuses,

* Pour éviter toute confusion entre le *Tacnazo* et le *Tancazo*.

faute de liquide de freinage pour le recul des canons. L'un des véhicules parvient à pénétrer dans la cour principale du ministère de la Défense. Un sergent est tué alors qu'il regarde par une fenêtre du neuvième étage. Dans la rue, une femme travaillant à la Banque centrale et un couple de passants sont tués par des feux croisés, 16 autres personnes sont blessées. Un cameraman argentin, Leonardo Henrichsen, filme un soldat qui le vise et le tue.

Très vite les loyalistes s'organisent sous la direction des généraux Prats, Sepúlveda, commandant de la garnison *Santiago*, Guillermo Pickering, commandant de l'Académie militaire, et leurs troupes se déploient autour des insurgés.

À 9h30, Salvador Allende, depuis sa résidence officielle de l'avenue Tomás Moro, à Las Condes, émet un appel radio au peuple : « Des éléments séditieux se sont levés. Un petit groupe de militaires factieux rompt avec la tradition de loyauté des forces armées. Le régiment blindé numéro 2 tire contre la Moneda. La garde du palais fait front. Prats a pris toutes les décisions nécessaires. J'appelle le peuple à prendre les usines, mais qu'il ne soit pas victime. Que le peuple sorte dans les rues, mais qu'il ne soit pas mitraillé. Qu'il agisse avec prudence et tous les éléments en main. Si le moment l'exige, le peuple aura des armes, mais j'ai confiance en les forces armées loyales au gouvernement. »

Pendant ce temps, Prats fait le tour des casernes de la capitale pour exhorter les soldats à lutter contre les insurgés. Inquiet que certains régiments attendent la suite des événements pour éventuellement rejoindre les séditieux, que des incidents éclatent en province entre des groupes de droite et de gauche, entre ouvriers et milices patronales, il veut étouffer le coup d'État avant midi. Il arrive au volant de sa voiture, s'arrête devant le palais présidentiel, sort, une mitraillette à la main, et rassemble trois de ses fidèles – le lieutenant-colonel Osvaldo Hernández, sous-directeur de l'École militaire, le capitaine Roger Vergara et le sergent Omar Vergara – pour s'adresser directement aux mutins afin d'éviter un bain de sang entre civils et militaires. « Ému, l'aumônier Villaroel nous donne l'absolution », écrit Prats dans ses Mémoires[12]. Les quatre officiers vont d'un tank à l'autre, Prats ordonnant aux mutins de se rendre aux forces de l'Académie militaire présentes sur les lieux. Seul un officier, le lieutenant Garay, résiste et pointe son arme sur le général. Un officier loyaliste, le commandant Osvaldo Zavala, surgit derrière Garay et plaque son revolver sur sa tempe. Garay baisse son arme et se rend.

Arrive Augusto Pinochet, casque de combat sur la tête, suivi d'importants renforts d'infanterie, en compagnie de José Tohá, le ministre de la Défense. À la vue de ces troupes, quelques tanks, dont celui de Souper, prennent la fuite. La place est dégagée. Prats entre dans la Moneda, inspecte les lieux et ressort par la porte nord près de laquelle se trouve Pinochet. Lequel, en le voyant, le prend dans ses bras[13]. Allende arrive au palais présidentiel vers midi, accueilli par Prats. Le soir de la même journée du 29 juin, Souper et les derniers mutins se rendent, encerclés dans une caserne par des unités du régiment *Tacna*. C'est la fin du *Tancazo*.

La conséquence immédiate de cette tentative de coup d'État – qui semble un « galop d'essai » avant le putsch du 11 septembre – est de donner du grain à moudre aux militaires hostiles au régime. Ils considèrent qu'Allende est affaibli, car son appel au peuple n'a obtenu aucun résultat. La suggestion du président d'armer le peuple si les circonstances l'exigeaient déplaît aux soldats. Tohá démissionne le 5 juillet, considérant ce *Tancazo* comme un échec personnel. Le soir même, plusieurs officiers, dont Pinochet, viennent le saluer et l'assurer de leur affection. Au cours de cette rencontre, Pinochet pleure. « Ça, personne ne me l'a raconté. Je l'ai vu pleurer », déclare, des années plus tard, Moy de Tohá à Alejandra Matus[14].

Après des pourparlers compliqués entre militaires et politiciens, Allende insiste et finit par convaincre les chefs des carabiniers d'entrer au gouvernement dans un cabinet dit de « sécurité nationale » face à l'urgence d'éviter une guerre civile ou un coup d'État. Ce gouvernement, qu'Allende considère comme « la dernière chance de la démocratie », est constitué le 9 août 1973 avec Carlos Prats à la Défense, l'amiral Raúl Montero aux Finances, le général des carabiniers (l'équivalent de notre gendarmerie) José Sepúlveda aux « Terres et Colonies », et César Ruiz, commandant en chef des forces aériennes, aux Travaux publics. Tous sont considérés comme légitimistes.

Les militaires qui ne le sont pas font savoir assez vite leur mécontentement de voir leurs hiérarchies compromises avec un gouvernement socialo-communiste aux abois. Le 21 août, Prats, souffrant de la grippe, et sans doute aussi d'épuisement, dort dans sa chambre après avoir déjeuné chez lui. Il est réveillé par une clameur sous ses fenêtres et le tintamarre de grains jetés sur les vitres. Sofía Cuthbert, son épouse, lui dit qu'environ 300 femmes se tiennent devant la porte de la maison, avenue Presidente Errázuriz, et demandent à déposer une lettre adressée à elle. Parmi ces manifestantes se trouvent les épouses de nombreux généraux, et toutes crient des insultes destinées à Prats : *Maricón ! Gallina !* (« pédé ! », « poule mouillée ! »). La lettre, que lit Prats dans son lit, commence par ces mots : « Sofía, en tant qu'épouses d'officiers et avant tout mères de famille, nous nous permettons de te demander de faire connaître à ton mari l'appel angoissé que nous lui adressons. Nos maris ne peuvent plus porter l'uniforme dont ils ont toujours été fiers, afin d'éviter les insultes. Des armes sont entrées dans nos maisons pour faire face aux dangers, et nos enfants pleurent. [...] L'incertitude à l'égard de l'avenir d'un pays qui progressait et qui, aujourd'hui, subit le délabrement le plus désastreux du monde ne nous permet pas de promettre la sécurité à nos enfants[15]... »

Prats, effondré de voir au bas de la lettre les signatures d'épouses de tant de généraux dont certains sont des amis de toute une vie, appelle les carabiniers pour protéger sa maison. Lucía Hiriart, la femme de Pinochet, rend visite à Sofía Cuthbert, un bouquet de fleurs à la main, pour lui faire part de sa solidarité. Plus tard, Pinochet lui-même, devenu commandant en chef de l'armée par intérim depuis que Prats a pris ses fonctions ministérielles, vient aussi lui rendre visite, sous les insultes de la foule dont l'ampleur a augmenté. La nuit venue, Allende et deux de ses ministres, Orlando Letelier et Fernando Flores, se rendent également chez les Prats, toujours sous les cris et les insultes.

Prats avoue son désarroi et sa surprise, Allende évoque une « sale manœuvre » indigne de soldats.

Le lendemain, le 22 août, Prats est dans son bureau dès la première heure avec Pinochet, qu'il a convoqué durant la nuit. « Augusto, lui dit-il, je suis prêt à oublier le triste épisode d'hier soir si les généraux me réaffirment expressément leur soutien. » Pinochet, manifestement affecté, réitère son indignation et promet de réunir les généraux pour leur faire savoir la demande de Prats. Ses démarches restent infructueuses. Ce même 22 août, la Chambre des députés condamne « les graves attaques contre l'ordre institutionnel et légal de la République » et accuse le gouvernement « d'avoir violé les lois en appliquant diverses mesures de contrôle dans le domaine économique et politique afin d'installer un système totalitaire, d'avoir violé les garanties constitutionnelles, d'avoir dirigé une campagne de diffamation contre la Cour suprême, d'avoir violé la liberté d'expression, d'avoir réprimé avec violence ses opposants politiques et tenté d'infiltrer politiquement les forces armées[16] ».

Le 23 août, effondré dans un fauteuil face à Allende, Prats, les yeux embués, demande au président d'accepter sa démission en tant que ministre et commandant en chef de l'armée. Plus tard, dans ses Mémoires, le général décrira ainsi la position qui fut la sienne : « J'ai vécu la situation paradoxale d'être un chef militaire en faveur de la prééminence des politiques sur les forces armées, et en même temps, face à la brusque aggravation de la situation interne, je me fis violence pour agir politiquement sans l'expérience, nécessaire dans ces batailles, acquise par les professionnels de la politique, au gouvernement et dans l'opposition. Tout cela avec l'ardent désir d'éviter que ma propre institution ne succombe à l'attraction de l'insurrection, action fatale pour la survie de l'État de droit[17]. »

Le président comprend que son ministre est au bout du rouleau. L'après-midi même, une fois officialisée la démission de Prats, il propose le poste de commandant en chef de l'armée à Pinochet, qui l'accepte.

Plus jeune, il n'avait osé en rêver.

14

L'impasse et l'indécision

Quand Augusto Pinochet prend ses fonctions de commandant en chef de l'armée, le Chili est dans une impasse. Le gouvernement de Salvador Allende, considéré comme illégitime par la Justice et le Parlement, cherche une sortie de secours. La société s'est radicalisée à gauche comme à droite. La vieille tradition prussienne de l'armée donnant au civil la primauté sur le militaire, dont Schneider et Prats* ont été les derniers représentants, s'effrite à grande vitesse.

Pour sortir de cette impasse, il n'existe que trois solutions : un plébiscite, une guerre civile ou un coup d'État militaire.

L'option du plébiscite

La première option apparaît la plus civilisée et la plus démocratique, et Salvador Allende l'explore depuis l'accusation d'« illégitimité » portée contre lui par la Justice et les

* Même si l'apolitisme de Prats a été contesté par certains de ses pairs et de nombreux subordonnés après son entrée au gouvernement d'Allende.

parlementaires de l'opposition. Ce plébiscite présente deux avantages pour le président : s'il lui est favorable, l'éventuel coup d'État militaire devient plus improbable pour venir contrarier la volonté du peuple. S'il lui est défavorable – et Allende pense qu'il le sera –, il lui offrira la possibilité d'une sortie digne et respectueuse des règles démocratiques. Le retour probable sur le devant de la scène de la démocratie chrétienne associée à la droite éviterait un putsch. Mais, comme souvent, Allende est à nouveau débordé sur sa gauche. Les principaux membres de l'Unité populaire sont les socialistes, de plus en plus radicaux sous la direction de leur secrétaire général Carlos Altamirano, audacieux avocat d'un peuple en armes face à un coup d'État qui semble, chez lui, attendu comme un accélérateur de l'Histoire. « Si le coup d'État a lieu, dit-il, le Chili sera un second Vietnam héroïque. » À ses côtés, les communistes paraissent beaucoup plus raisonnables. On trouve également au sein de l'UP les extrémistes du *Movimiento de Acción Popular Unitaria* (MAPU), auquel va s'ajouter une branche plus modérée, le MAPU *Obrero Campesino* (« ouvrier-paysan »), et un *Partido de Izquierda Radical* (Parti de la gauche radicale), dernier avatar du grand Parti radical d'autrefois. Cette nébuleuse d'une gauche chilienne, qui se cherche et se redéfinit durant la présidence Allende, va se diviser face au projet du plébiscite. Or, toutes les décisions de l'Unité populaire doivent être adoptées à l'unanimité et c'est pourquoi gouverner, pour Allende, n'a jamais été facile. Contre le plébiscite, le parti socialiste est vent debout, prétendant que l'organiser serait renoncer aux conquêtes et aux avancées de la gauche (renoncer au pouvoir, aussi, mais cela n'est pas dit). Le MAPU y est également hostile, seul le parti communiste l'approuve. Hors de l'UP, mais influent au sein du parti socialiste, le MIR conduit par Míguel Enríquez considère cette consultation comme une trahison du peuple et ses militants décident de ne plus appeler le président *compañero*, mais « Señor Allende », pour bien marquer leur distance à son égard. Tout cela semble aujourd'hui dérisoire quand on sait que le ministre de la Défense, Orlando Letelier, tente, avec succès mais trop tard, de persuader le parti socialiste de lever son veto dans la nuit du 10 au 11 septembre, alors que le putsch militaire entre déjà en action. La seule solution à la fois pacifique et démocratique est jetée par l'extrême gauche dans les poubelles de l'Histoire.

L'option de la guerre civile

La guerre civile fut l'obsession du général Carlos Prats. Et cette obsession est l'une des raisons de sa démission. Engagé auprès d'Allende, qui le considère comme le dernier rempart contre l'insurrection militaire, il a vu, notamment avec la manifestation des femmes d'officiers devant sa maison et les marques de défiance à son endroit de la part de la plupart des généraux, qu'il ne contrôlait plus la hiérarchie de l'armée de terre. Il sait aussi le désir d'action des deux autres armes, la marine et l'aviation, et que si celles-ci s'engageaient dans un putsch, il ne pourrait empêcher une partie de l'armée de les rejoindre, ni une autre de les combattre. Selon cette perspective d'une armée en désordre face à une insurrection, la situation sociale est si tendue qu'il ne fait aucun doute dans son esprit que des civils armés, de droite comme de gauche, entreront dans le conflit et déclencheront une guerre civile.

En démissionnant, non seulement Prats reconnaît son impuissance, mais lessive aussi sa conscience. Il ne veut pas, dit-il, avoir sur les mains le sang de 500 000, voire d'un million de personnes, son estimation des victimes d'une éventuelle guerre civile. Son départ entraîne celui des deux généraux à la tête de troupes à Santiago, Mario Sepúlveda, commandant de la garnison *Santiago*, et Guillermo Pickering, commandant de l'Académie militaire, au nom de la solidarité envers leur chef. Ces fidèles de Prats formaient avec lui un dispositif défensif efficace face à une sédition. Eux aussi savent qu'ils ne sont plus en mesure de tenir leurs soldats. Ces trois hommes se dégagent de leurs responsabilités dans un moment crucial. Sous prétexte d'éviter une guerre civile, ils prennent le risque de la déclencher, car sans eux l'armée de terre perd sa cohérence et sa fiabilité, et la capitale reste sans défense.

L'option du coup d'État

L'hypothèse d'un coup d'État est présente dans tous les esprits depuis le *Tacnazo* de Viaux, puis l'assassinat de Schneider, et plus récemment encore le *Tancazo* de Souper en juin. Dans le triste scénario de cette fin du mois d'août 1973, il peut apparaître comme la dernière chance non pas de la démocratie, comme certains le prétendent, mais au moins de la paix civile. Depuis l'échec du *Tancazo*, les généraux de l'armée de terre Óscar Bonilla, Javier Palacios, Sergio Nuño et Sergio Arellano, se réunissent régulièrement dans la maison de l'avocat Jorge Gamboa à Lo Curro, un quartier résidentiel au nord de Las Condes, avec les amiraux José Toribio Merino et Patricio Carvajal. Ils élaborent le plan d'un coup d'État. Vers la fin août, le chef des carabiniers, Arturo Yovane, les rejoint. Le général d'aviation Gustavo Leigh ne sera des leurs que le soir du 8 septembre, après une altercation avec le président Allende concernant une intervention musclée – avec échanges de tirs – de soldats de l'armée de l'air contre des militants d'extrême gauche opérant au sein d'une usine textile. Leigh signera son engagement dans le putsch le lendemain, le 9 septembre, en même temps que Pinochet, mais avec plus d'allant, comme nous allons le voir.

Si les trois forces armées, unies et coordonnées, et les carabiniers prenaient le pouvoir ensemble – comme l'a fait, de manière triomphale, en 1964, l'armée brésilienne face à une autre menace d'un « nouveau Cuba » –, une guerre civile n'aurait pas les moyens militaires d'exister. On estime alors les effectifs des forces de l'armée à 24 000 hommes, plus les 8 500 hommes de l'aviation et les 15 000 de la marine, et enfin 25 000 carabiniers équipés comme les soldats de l'infanterie. Pour prendre ce pouvoir, il faut évidemment que l'armée de terre, positionnée sur l'ensemble du territoire et prééminente en nombre de soldats et en armements, soit partie prenante du coup d'État. Cette situation met sur les plateaux de la balance deux options détestables, une guerre fratricide ou un *golpe* militaire. Et il faut choisir vite si l'on juge, comme le font la plupart des militaires et une part non négligeable de la société civile, que le départ d'Allende constitue la condition *sine qua non* pour sauver le Chili du communisme. Or chacun sait que le président, en dépit du veto de l'Unité populaire, a décidé d'organiser bientôt son plébiscite*. Celui-ci ouvrirait la voie à une troisième hypothèse : une éventuelle victoire du président et le Chili, dès lors, légitimement engagé sur la voie du communisme, là où ni l'armée ni, sans doute, une grande partie de la société civile[1], ne veut l'imaginer.

Augusto Pinochet, toujours si prudent et soucieux d'éviter de prendre parti dans les querelles des autres durant toute

---

* On sait aujourd'hui qu'il comptait l'annoncer le 11 septembre à 11 heures.

sa carrière, doit maintenant choisir son camp. Il a accepté le 22 août de succéder à Prats, l'Histoire ne lui offre plus d'échappatoire.

Dix-neuf jours

Le 23 août – dix-neuf jours avant le 11 septembre – commence pour Augusto Pinochet une nouvelle vie, celle de commandant en chef de l'armée, mais dans ses rêves juvéniles, il ne l'avait pas imaginée ainsi. Au lieu d'apparaître bienheureux de son nouvel et prestigieux emploi, il semble furieux à l'encontre des généraux qui ont trahi Prats et piétiné la doctrine Schneider. Il fait face à un effondrement de ce que les militaires chiliens appelaient, jusqu'alors avec révérence, *la verticalidad del mando*, « la verticalité du commandement ». Dès le premier jour, le réflexe de Pinochet est de tenter de rétablir celle-ci. Il nomme d'abord au poste de chef de l'état-major de l'armée le général Orlando Urbina. C'est un ami de Pinochet, mais aussi un proche d'Allende et, comme ce dernier, un fidèle franc-maçon. Le président note avec satisfaction cette première nomination. Pinochet convoque ensuite, dans la matinée, tous les généraux pour exiger d'eux le retour de la discipline et leur demander leur démission formelle. Il s'agit d'un rituel à chaque arrivée d'un nouveau commandant, qui peut ainsi réorganiser à sa guise la hiérarchie de l'armée, rituel auquel se plient tous les officiers, qui, pour la plupart d'entre eux, restent généralement en place. Mais cette fois-ci, cette demande est faite sur un ton autoritaire et dans un climat dramatique. Tous les officiers répondent affirmativement, sauf trois : Sergio Arellano Stark, dit *El Lobo* (« le loup »), qui sera bientôt l'artisan de la sinistre « caravane de la mort », Ramón Viveros

Durán, sous-directeur des carabiniers et futur ambassadeur de la junte en Égypte, et Javier Palacios, qui, le 11 septembre, sera à la tête des troupes qui prendront le contrôle de la Moneda. Courroucé, Pinochet évoque le départ de Prats et déclare que « le sang d'un général se lave avec le sang de généraux[2] ». À la fin de la réunion, Arellano va voir Pinochet et lui dit que si Allende veut sa tête, qu'il vienne la lui demander lui-même et il quittera alors l'armée. Le 26, la rumeur d'une destitution d'Arellano provoque une manifestation au sein même de l'École militaire.

Pinochet, par ailleurs, fait une tournée des régiments proches de la capitale qui s'avère désolante. À l'Académie de guerre, les officiers le reçoivent en chantant une chanson obscène, dans une autre caserne il est accueilli par un commandant tapant son poing droit dans la paume de sa main gauche en lui disant « nous sommes prêts, mon général ». Il est probable, enfin, que Letelier et Allende aient fait savoir à Pinochet qu'ils jugeaient plus prudent de ne pas décimer immédiatement la hiérarchie de l'armée de peur d'aggraver les tensions et d'accélérer la décision d'un putsch. Le « nettoyage », pensent-ils, se ferait au lendemain du plébiscite s'il s'avérait victorieux.

D'où, sans doute, le virage à 180 degrés que prend Pinochet le 27 août en annonçant à ses généraux à nouveau réunis qu'il suspendait ses demandes de démission. Ceux-ci perçoivent un changement de ton quand il évoque aussi la nécessité d'une plus grande unité entre les trois armes. Mais il ne dit rien sur les raisons de cette nécessité et finalement personne ne sait – et sans doute lui-même ne le sait pas encore, quoi qu'il en dise – dans quel camp il va se ranger.

Pinochet pire encore que Prats

Le 4 septembre correspond au troisième anniversaire de la victoire de Salvador Allende à l'élection présidentielle de 1970. Les chefs des trois armes et le directeur général du corps des carabiniers viennent, le matin, saluer le président comme si tout allait bien dans le meilleur des mondes. Le soir, quelque 800 000 personnes se rassemblent devant la Moneda, crient des slogans contre les éventuels putschistes, appellent « aux armes », et promettent que « même sans sucre et sans café nous sommes toujours la UP ». Allende salue la foule puis annonce à la télévision que « les travailleurs paralyseront le pays pour empêcher un coup d'État[3] ».

Le vendredi 7 septembre, l'amiral Merino, pour la marine, et le général Arellano, pour l'armée de terre, s'entendent sur la date et l'heure du coup d'État : le 11 septembre, à 6 heures du matin à Valparaíso, à 8 h 30 dans le reste du pays. Ce même jour du 11 septembre, la cour d'appel de Valparaíso doit se prononcer sur la levée de l'immunité de deux parlementaires, le sénateur Carlos Altamirano, secrétaire général du parti socialiste, et le député Óscar Guillermo Garretón, leader du MAPU, accusés d'avoir créé, avec le chef du MIR, Miguel Enríquez, des cellules subversives avec des sous-officiers de la marine. Des manifestations et des désordres sont attendus et constituent un bon prétexte pour justifier un renforcement des troupes dans la ville portuaire et à Santiago.

Beaucoup de ces conjurés se méfient de Pinochet, considéré comme un « légitimiste » historique et qui, jusqu'à présent, n'a rien dit ni fait laissant penser qu'il a choisi le camp des putschistes. Cette défiance est partagée par les secteurs les plus à droite de la société civile, notamment ceux appartenant à ce que l'on appelle au Chili le

*Gremialismo**, né de la vie associative des étudiants de droite et dont le principal idéologue est l'avocat Jaime Guzmán Errázuriz. Ce dernier considère Pinochet « sans doute pire encore que Prats[4] ». Certains militaires se demandent s'il faut vraiment informer Pinochet de leurs résolutions. Il est finalement décidé qu'Arellano prendra contact avec lui le lendemain, 8 septembre.

Le soir du samedi 8 septembre, le général Arellano, vêtu d'un costume civil, rencontre Augusto Pinochet chez lui pour lui demander s'il veut rejoindre les conjurés ou s'il préfère rester loyal à Allende. Dans ce dernier cas, précise-t-il, il devra assumer le risque d'une guerre civile avec une partie de l'armée se battant contre une autre. Arellano racontera plus tard à la journaliste Mónica González qu'après avoir exposé cette alternative à Pinochet, il lui précise que de toute façon, « avec ou sans lui, le coup d'État aura lieu le 11 septembre, et que ce serait un avenir funeste pour l'armée d'avoir un haut commandement qui aurait perdu son prestige et sa capacité d'exercer son autorité ». Pinochet reste silencieux. « Je lui ai parlé de la passion que nous inspirait la grande cause que nous avions embrassée », raconte Arellano, et soudain, frappant du poing l'accoudoir de son fauteuil, Pinochet s'exclame : « Je ne suis pas marxiste, merde ! » Arellano lui répond qu'il le sait bien et qu'il va le mettre en contact avec le général Gustavo Leigh – le chef des forces aériennes –, qui attend chez lui le résultat de cette conversation. Pinochet lui dit qu'il va l'appeler lui-même et Arellano se retire[5].

---

* Ce terme, en Amérique latine, est généralement associé au syndicalisme ou à la doctrine sociale de l'Église catholique, mais au Chili, il a un autre sens, celui d'une doctrine libérale conservatrice qui deviendra l'un des piliers civils de la dictature militaire.

En fait, Pinochet n'appelle pas Leigh et le lendemain, 9 septembre, il participe, accompagné d'Orlando Urbina, à une réunion à la résidence d'Allende, rue Tomás Moro. Cette réunion, qu'évoquent González dans son livre et Ekaizer dans le sien[6], porte sur l'état d'esprit dans les casernes et les mesures déjà prévues par Prats pour prévenir un éventuel putsch, connues sous le nom de *Plan Hercules* («plan Hercule»), établi par l'état-major de l'armée. Allende, selon Ekaizer, demande aux deux généraux d'élaborer un nouveau plan afin de coordonner les régiments de l'armée et les travailleurs pour arrêter toute tentative séditieuse. Il précise qu'il a également l'intention d'annoncer, dans les prochaines heures, l'organisation d'un plébiscite afin que le peuple décide du cours que devra suivre le gouvernement. Pinochet, selon González, ne dit pas au président que ce putsch n'est plus une éventualité, mais une certitude. Il ne lui fait pas part de sa discussion de la veille avec Arellano, ni de ses sentiments sans doute désolés concernant l'idée de mêler soldats et travailleurs, telle l'armée de l'an II de la Révolution française. Et il ne dit pas non plus à Leigh, qui vient le voir chez lui dans l'après-midi, qu'il a rencontré Allende dans la matinée.

Quand il se rend chez Pinochet pour obtenir une réponse définitive de sa part, Leigh tombe au beau milieu de la fête d'anniversaire de Jacqueline, la plus jeune des trois filles des Pinochet, qui célèbre ses 14 ans avec ses amies dans une maison pleine de ballons, de rubans, de restes de gâteau. Pinochet et Leigh s'isolent dans le bureau de la maison et le général d'aviation assure à son hôte que le coup aura bien lieu, même s'il refuse d'y participer. Prudent comme toujours, voire peureux, comme durant son enfance, Pinochet dit à Leigh : «Mais tu sais que nous pourrions y perdre la vie !» «Bien sûr que je le sais, lui répond Leigh, mais il n'y a pas d'alternative.»

Décidez, mon général ! Signez !

Pinochet hésite encore tandis qu'à la porte de la maison l'amiral Sergio Huidobro, accompagné d'un autre marin, le capitaine Arien González, appuie sur la sonnette et met un certain temps à être entendu en raison du bruit de la fête. Lucía Hiriart conduit finalement les deux hommes vers le bureau où ils retrouvent Leigh et Pinochet. Huidobro est porteur d'une courte lettre écrite par l'amiral José Toribio Merino, chef des conspirateurs de la marine chilienne, qu'il est chargé de remettre aux deux officiers afin qu'ils la signent ou qu'ils expliquent au verso les raisons de leur refus. « L'amiral Huidobro est autorisé à aborder et discuter de n'importe quel sujet avec vous », précise le texte. En guise de *post-scriptum*, Merino a écrit au dos de cette lettre deux phrases, l'une destinée à Gustavo Leigh, l'autre à Augusto Pinochet : « Gustavo, c'est la dernière chance ; Augusto, si tu ne mets pas avec nous toutes les forces de Santiago dès le premier instant, nous ne vivrons pas pour voir le futur. » Huidobro tend son stylo que Leigh saisit pour signer. Pinochet hésite encore, évoquant sa marge de manœuvre étroite, et les carabiniers et *Investigaciones* qui le suivent pas à pas. « Décidez, mon général ! Signez ! », lui lance Leigh, exaspéré. Pinochet farfouille dans son tiroir à la recherche de son tampon de commandant en chef qu'il ne trouve pas, refuse le stylo de Huidobro, va chercher le sien, et n'ayant aucun nouveau prétexte pour procrastiner encore, signe finalement la lettre, changeant son destin et celui du Chili.

15

Le coup d'État

En s'engageant aux côtés des putschistes, Pinochet ne s'est pas montré audacieux, mais prudent. Certes, comme il l'a fait remarquer à Leigh, le coup d'État peut échouer et ses dirigeants perdre la vie. Mais si les factieux l'emportaient sans lui, il serait du camp des vaincus et risquerait plus sûrement encore d'être tué ou contraint à l'exil. Avec l'armée rassemblée sous son commandement, en revanche, la victoire du coup d'État devient probable, et ce serait aussi la sienne. Tel est le pari de Pinochet, où la morale et les principes ne pèsent pas lourd. Une fois sa décision prise, il n'a plus d'autre option que de s'engager avec énergie dans le complot, pour assurer sa victoire et sauver sa peau.

Le lundi 10 septembre, il se rend tôt dans la matinée au ministère de la Défense au pied duquel se trouve la statue équestre d'un général devenu président entre 1841 et 1851, Manuel Bulnes, qui fit beaucoup pour établir un régime républicain et l'éducation publique. Le commandant en chef de l'armée vient annoncer à son ministre, Orlando Letelier, qu'il va cantonner dans la nuit les soldats de Santiago en prévision d'éventuelles émeutes que pourrait provoquer, le lendemain 11 septembre, la décision d'un juge de lever l'immunité parlementaire du sénateur Carlos Altamirano, secrétaire général du parti socialiste, et du député Óscar Guillermo Garretón, leader du MAPU. Letelier, nous dit Vial, autorise cette mesure « sans enthousiasme[1] ».

Pinochet le prudent

Toujours la prudence, chez Pinochet, voire la ruse, jusqu'au dernier instant quand, ce même 10 septembre dans l'après-midi, il téléphone à sa femme et lui demande de monter avec ses deux plus jeunes enfants, Marco Antonio et Jacqueline*, à l'École de haute montagne de l'armée, dans la commune de Los Andes, proche de la frontière avec l'Argentine, sous prétexte d'aller skier. Le commandant de cette école est un ami, le colonel Renato Cantuarias, ardent partisan de la doctrine Schneider, comme Pinochet l'avant-veille encore, et il ne cache pas ses sympathies pour l'Unité populaire. *A priori*, il semble curieux pour un putschiste de compter sur un légitimiste pour protéger sa famille, mais peut-être Pinochet pensait-il que si le coup d'État tournait mal, il pourrait sauter dans un hélicoptère et rejoindre Cantuarias à Los Andes, organiser de là avec lui une contre-offensive contre les insurgés et, une fois ceux-ci neutralisés, conserver sa position de commandant en chef de l'armée. Et si la déroute des

---

* Leur fille Lucía est restée chez elle, dans le quartier de Las Condes, avec son mari Hernán García ; leur fils Augusto Pinochet Hiriart, sous-lieutenant de l'armée, est en poste à Antofagasta, dans le nord du pays, et leur fille María Verónica vit à Panama avec son mari Juilo Ponce Lerou.

putschistes s'avérait certaine, mais tardive, Pinochet et les siens pourraient toujours rejoindre rapidement l'Argentine.

Comme nous allons le voir, le coup d'État est un succès. La famille Pinochet rentre à Santiago ; peu après, le colonel Cantuarias est arrêté, comme d'autres officiers ayant refusé de rejoindre les putschistes, et plus tard comme d'autres encore qui n'ont pas accepté de couvrir tortures et assassinats. Accusé d'avoir interdit le départ de ses troupes pour appuyer le coup d'État, Cantuarias est mis aux arrêts au sein de l'École militaire de Santiago. Le 3 octobre, l'armée annonce son « suicide ». Cantuarias avait 45 ans. Selon la version des insurgés, il aurait mis fin à ses jours à l'aide d'une arme de poing, ce qui semble improbable vu son statut de prisonnier. L'autopsie indique le trajet d'une balle « bucco-cranéo-encéphalique ». Deux autres hypothèses paraissent plus vraisemblables : soit on lui a ordonné de se tirer une balle dans la tête, soit il a été assassiné. L'« ami » Pinochet ne s'en est pas ému, du moins publiquement, mais le Rapport Rettig (issu du travail de la Commission nationale Vérité et Réconciliation), publié en 1991, considère Cantuarias comme l'une des très nombreuses victimes du régime militaire[2].

Pinochet n'a pas seulement envoyé sa femme et ses deux plus jeunes enfants à la montagne, il a également envoyé le chef de l'état-major de l'armée, Orlando Urbina, à Temuco, dans le sud du pays, sous prétexte de confirmer l'existence d'un foyer de guérilla dans la région. Il l'a fait sans doute pour deux raisons : la première est de répondre à la méfiance des conjurés, qui considèrent Urbina, numéro deux de l'armée, comme un légitimiste susceptible, selon eux, d'alerter Allende de l'imminence du coup d'État et dès lors, éventuellement, de le faire échouer. Pinochet trouve une solution en proposant de l'éloigner de Santiago le jour du putsch, ce qui rassure les conjurés. La deuxième raison est de permettre à Urbina de faire ce qu'a souvent fait Pinochet lui-même durant sa carrière : aller ailleurs, prendre littéralement ses distances, pour ne pas avoir à choisir son camp. D'une certaine façon, il le met à l'abri avant la tempête, comme il l'a fait avec sa femme Lucía et ses deux enfants. Connu pour être proche d'Allende, Urbina est aussi un ami de longue date de Pinochet – ils furent cadets ensemble. Il sera plus tard accusé par Orlando Letelier d'avoir joué « un double jeu » et de s'être comporté « comme un traître ». Il restera, après le coup d'État, un confident de Pinochet et quand il quittera l'armée, en 1978, ce dernier lui offrira une sinécure en le nommant vice-président de la Codelco, la *Corporación Nacional del Cobre*, une entreprise gérée par l'État chilien et le plus gros producteur de cuivre du monde.

Dans l'après-midi du 10 septembre, Pinochet, putschiste de la dernière heure, cherche le moyen de restaurer sa légitimité en tentant, avec un certain succès, de rétablir le sentiment d'un retour à la verticalité du commandement dans une armée qui ne sait plus trop, depuis quelques semaines, à qui elle doit obéir. Il réunit au ministère les généraux Raúl Benavides, commandant des Instituts militaires, Herman Brady, commandant de la garnison *Santiago*, Sergio Arellano, l'un des principaux artisans du coup d'État, Augusto Lutz, chef des services d'intelligence, et Gustavo Álvarez, chef de la direction du personnel de l'armée, qui sera en charge des communications durant le coup d'État. Tous jurent secret et loyauté, et Pinochet assigne à chacun sa tâche. Il s'agit pour l'essentiel de mobiliser toutes les garnisons des provinces afin qu'elles suivent le *Plan Hercules* élaboré par l'état-major dans le but de défendre les institutions démocratiques, et révisé en juin 1973 au lendemain du *Tancazo*. Destiné à protéger Allende, il est tout à fait opérationnel aussi pour le renverser. Et tandis que l'armée sera mobilisée sur l'ensemble du territoire, il s'agira à Santiago de contrôler le périmètre de la Moneda et la « ceinture industrielle » de la capitale.

Une nuit sans sommeil

Personne ne dort bien dans la nuit du 10 au 11 septembre. Allende est dans sa résidence officielle, au numéro 200 de la rue Tomás Moro à Las Condes, entouré de ses collaborateurs les plus proches – Augusto « el Perro » Olivares*, un célèbre journaliste chilien ami du président, Joan Garcés, un juriste et politologue espagnol qui fut l'un de ses conseillers dès l'élection de 1970, Orlando Letelier, ministre de la Défense, Carlos Briones, ministre de l'Intérieur. Ils retouchent une dernière fois un projet de discours du président annonçant l'organisation d'un plébiscite qu'il prévoit de prononcer dans la matinée du 11 à 11 heures. Dès la soirée du 10, Miriam Contreras, surnommée *la Payita*, secrétaire personnelle et maîtresse notoire d'Allende depuis plusieurs années, appelle la rue Tomás Moro depuis la Moneda pour annoncer que deux camions transportant des troupes ont quitté la ville de Los Andes en direction de Santiago. Elle rappelle vers 23 heures, toujours depuis la Moneda où parviennent de nombreuses rumeurs de mouvements de troupes, pour préciser que des camions venant du régiment *Guardia Vieja* et de la garnison de San Felipe se dirigent vers Santiago. Encore une nouvelle rumeur, comme presque tous les jours ? Ou une

---

* Augusto « el Perro » (« le Chien ») Olivares va se suicider, comme Allende, durant l'assaut de la Moneda.

information fiable ? Letelier, à la demande du président, téléphone à Brady qui le rappelle pour le rassurer avec beaucoup d'aplomb. Après vérification, aucun mouvement de troupes n'est à signaler, dit-il. Allende, vers 2 heures du matin, conseille à ses hôtes d'aller dormir.

Pinochet est seul chez lui et cherche le sommeil jusqu'à l'aube, puis renonce, fait sa gymnastique matinale, se douche, se rase et se recouche car il est encore beaucoup trop tôt. Puis il se lève à nouveau pour se retrouver, vers 6 h 30, sanglé dans son uniforme bien avant l'heure convenue. Le téléphone sonne. Quand il réalise qu'il s'agit d'un appel de la résidence du président, il prend une voix somnolente, prétend se réveiller et demande qu'on le rappelle un peu plus tard. Le téléphone sonne à nouveau, il ne répond pas. Pinochet est très inquiet. Il se demande pourquoi Allende l'a fait appeler. Sait-il déjà qu'un coup d'État se prépare et qu'il a rejoint les conjurés ?

À Valparaíso, sous couvert de manœuvres annuelles avec la marine des États-Unis nommées *Unitas XIV*, la flotte a pris la mer le 10 septembre à 16 heures en direction du nord, puis fait demi-tour et revient se positionner à l'aube du 11 face à la ville déjà sous le contrôle des soldats de l'infanterie de marine. Plusieurs navires américains croisent au grand large à hauteur de Valparaíso et communiquent avec Washington.

À minuit, le vice-amiral José Toribio Merino, l'un des principaux artisans du putsch, ancien directeur des services secrets de la marine chilienne, puis commandant de la première zone navale, celle de Valparaíso, s'autoproclame commandant en chef de la marine, poste jusqu'alors occupé par l'amiral légitimiste Raúl Montero Cornejo. Les conjurés qui le soutiennent se servent un whisky et portent un toast au succès de leur entreprise.

À 4h30, à Santiago, un commando de la marine s'introduit au domicile de l'amiral Montero qui se réveille pour apprendre qu'il n'est plus le commandant en chef de son institution. Les hommes coupent son téléphone et rendent sa voiture inutilisable.

Toujours à 4h30, mais à Valparaíso, commence l'opération *Silence* qui consiste à couper les lignes de communication entre Valparaíso et Santiago, à faire taire les radios locales favorables à l'Unité populaire – quatorze stations de radio et trois chaînes de télévision de la région sont aux mains des militaires à 5h45 – et à mettre en place un réseau fiable de communication entre toutes les forces armées et l'état-major de la Défense nationale.

Il est 6h30 quand Sergio Arellano, qui n'a pas beaucoup dormi lui non plus, s'installe au ministère de la Défense où il retrouve le vice-amiral Patricio Carvajal qui va coordonner toutes les actions menées par les insurgés, le général d'aviation Nicanor Díaz Estrada, le général Herman Brady, « frère » maçon d'Allende, mais néanmoins putschiste, commandant de la 2e division de l'armée et de la garnison *Santiago*, et le général Sergio Nuño. Tous sont membres de l'état-major de la Défense nationale. Ils révisent ensemble les actions à mener dans les prochaines heures. Leur feuille de route est connue de tous : le *Plan Hercules*.

Sur la base d'aviation *Carriel Sur*, à Concepción, quatre appareils *Hawker Hunter* de fabrication britannique décollent à 7h30 avec pour mission de détruire les antennes de transmission de plusieurs stations de radio liées à l'Unité populaire, puis de revenir à leur base en attendant un nouvel ordre du général Leigh.

Allende est réveillé par un appel téléphonique lui annonçant qu'il se passe quelque chose à Valparaíso. Il réveille à son tour Letelier pour lui demander qu'il se renseigne, lequel tente d'appeler sans succès Montero, dont la ligne de téléphone a été coupée, puis Pinochet dont le majordome annonce qu'il n'est pas chez lui, et enfin Leigh, qui ne répond pas. Il contacte finalement son bureau, espérant parler à son secrétaire, et c'est le vice-amiral Carvajal qui lui répond et lui explique que cette histoire de mouvements de navires et de troupes est infondée.

Un peu avant 7 heures du matin, Allende a le pressentiment d'une catastrophe imminente et décide de quitter sa résidence pour le palais de la Moneda. Vêtu d'un pull à col roulé et d'une veste de tweed, il est accompagné d'Augusto Olivares et de Joan Garcés. La voiture du président est escortée par celle des carabiniers assurant sa protection et trois autres du GAP (*Grupo de los Amigos del Presidente*, « Groupe des amis du président ») dont les passagers vérifient le bon fonctionnement de leurs armes, parmi lesquelles se trouvent une quarantaine de fusils d'assaut AK 47 offerts par Fidel Castro lors de sa visite au Chili en 1971[3]. Comme à chacun de ses déplacements, le président est à bord d'une Fiat 125 bleu nuit, le même modèle de la même couleur que les autres voitures qui l'accompagnent, afin que personne ne sache dans quel véhicule il se trouve.

Orlando Letelier arrive au ministère de la défense à 7 h 30 avec l'intention de reprendre le contrôle de la situation. Il est reçu par son secrétaire, le lieutenant-colonel Sergio González, qui l'informe qu'il n'est plus ministre et le mène au bureau d'Arellano, lequel le fait conduire par une patrouille à la caserne du régiment *Tacna*. Il est le premier prisonnier des putschistes.

Le Pinochet du jour décisif

Avec un peu de retard, ce qui ne manque pas d'inquiéter les insurgés – cela pourrait suggérer un ultime instant d'hésitation –, Augusto Pinochet arrive à 7 h 40 au centre de commandement des communications militaires de Peñalolén (une banlieue au sud-est de Santiago). En fait, son retard s'explique par un arrêt au domicile de sa fille aînée Lucía, pour l'embrasser et lui demander de rester prudente et de ne pas sortir de chez elle durant la journée. Manifestement nerveux et tendu, Pinochet s'assure que toutes les liaisons sont bien établies avec les autres branches des forces armées. Son aide de camp, le commandant Osvaldo Zabala, qui était aussi celui de Carlos Prats, lui annonce qu'il désapprouve le coup d'État. Pinochet ordonne aussitôt qu'il soit fait prisonnier.

Pinochet, officieusement *primus inter pares* des conjurés au titre du poids de l'armée de terre, doit néanmoins trouver sa place dans le déroulement du putsch, et ce n'est pas évident. On lui confie bien le « poste numéro 1 » du centre de communications de l'armée – le poste 2 est pour Leigh, le 3 revient à l'Académie militaire, le 5 au ministère de la Défense, quant au 4, destiné aux carabiniers, il n'est pas encore activé en raison des incertitudes concernant l'engagement de ces derniers. Mais la primauté de ce poste numéro 1 est illusoire, car tout est placé sous la direction de l'état-major rassemblé au ministère de Défense, avec, au poste 5, le vice-amiral Patricio Carvajal qui coordonne les forces tout au long de la journée. Si Pinochet contrôle son institution, l'armée de terre, les carabiniers, aviateurs et marins répondent à leurs propres chefs et non à lui. Son ralliement tardif s'avère un handicap qu'il doit surmonter. La marine reste la plus engagée et c'est elle qui a le mieux préparé l'affaire, depuis le plus longtemps, en liaison avec les services secrets de la marine américaine. C'est ainsi que Carvajal se trouve naturellement à la manœuvre, et non Pinochet. Le vice-amiral ne fait rien qui puisse froisser ce dernier. Il l'informe, le consulte, l'interroge régulièrement. Le commandant en chef de l'armée de terre donne plus souvent son avis que des ordres. Il n'est pas marginalisé, mais il n'est pas non plus le protagoniste de ce 11 septembre qu'il qualifiera plus tard de « jour décisif* ».

Bien sûr, l'armée de terre, qui compte 24 000 hommes à travers le pays, joue un rôle essentiel au niveau national. Elle prend le contrôle des régions et emprisonne un grand nombre de personnalités locales connues pour leur actions politiques ou syndicales en faveur de l'Unité populaire, mais le 11 septembre le coup a pour théâtre essentiel Santiago et trois forces vont y jouer ce jour-là un rôle décisif : la marine, qui contrôle Valparaíso avant le lever du jour ; les carabiniers, qui se rangent finalement, dans leur majorité, du côté des putschistes au cours de la matinée ; l'aviation, qui, vers midi, bombarde le palais de la Moneda et conduit Allende à se suicider. L'armée de terre termine l'affaire en lançant un assaut sur un palais détruit, sans défense, et dont le maître est mort.

Pinochet, tout au long de la journée, suit les événements plus souvent qu'il ne les dirige.

La dernière bataille d'Allende

Vers 7 h 30, Allende, à la Moneda, tente d'appeler quatre personnes : Pinochet, qui ne répond pas ; Urbina, injoignable pour avoir été envoyé la veille par ce dernier dans le sud

---

* Titre d'un livre de Pinochet, *El Dia Decisivo*, paru en 1979.

du pays (Allende, toujours persuadé que ces deux hommes lui sont restés fidèles, se demande s'ils n'ont pas été faits prisonniers par les putschistes) ; Carvajal, qui ne répond pas non plus, mais Herman Brady, oui, qui continue de mentir avec beaucoup de naturel au président, lui affirmant n'être au courant d'aucun mouvement de troupes dans la capitale.

Presque au même moment, le directeur général des carabiniers, José María Sepúlveda, s'assure que le déploiement de petits engins blindés autour de la Moneda est effectué, comme l'a demandé le président. Il assure à celui-ci que ses hommes lui resteront fidèles. Il ignore cependant qu'il ne les contrôle plus. La plupart d'entre eux se sont ralliés au putsch et se trouvent désormais sous les ordres des généraux César Mendoza et Arturo Yovane.

Allende décide de parler à la radio *Corporación*, qui appartient au parti socialiste, et annonce un soulèvement de la marine à Valparaíso. Il demande aux travailleurs d'occuper leurs postes de travail et de rester « calmes et sereins ». De toute façon, ajoute-t-il, « je suis là, dans le palais du gouvernement et j'y resterai pour défendre le gouvernement que je représente par la volonté du peuple ».

À peine terminée cette courte allocution, les quatre avions *Hawker Hunter* de l'escadrille que commande le capitaine Mario López Tobar, alias *Libra*, percent la couche de nuages et descendent vers la ville en se positionnant en éventail pour tirer sur leurs cibles respectives. Tobar vise l'antenne de la radio *Corporación* et la détruit.

L'annonce officielle du coup d'État

À 8 h 42, via les stations de radio *Minería* et *Agricultura*, formant une autoproclamée *Cadena Democrática* (« Chaîne démocratique»), le lieutenant Roberto Guillard, au cinquième étage du ministère de la Défense, entame d'une voix grave la lecture du premier communiqué de la junte militaire :

«Santiago, 11 septembre 1973. Compte tenu :

1/ de la très grave crise économique, sociale et morale qui est en train de détruire le pays ;

2/ de l'incapacité du gouvernement d'adopter les mesures permettant d'arrêter le processus et le développement du chaos ;

3/ de la constante augmentation du nombre de groupes armés paramilitaires, organisés et entraînés par les partis politiques de l'Unité populaire qui conduiront le peuple chilien vers une guerre civile inévitable, les forces armées et les carabiniers du Chili déclarent :

1/ que le président de la République confie immédiatement ses fonctions aux forces armées et aux carabiniers du Chili ;

2/ que les forces armées et le corps des carabiniers du Chili sont unis pour mener à bien et de façon responsable leur mission historique de lutter pour libérer la patrie du joug marxiste et de restaurer l'ordre et le fonctionnement des institutions.

3/ Les travailleurs du Chili peuvent être assurés que les conquêtes économiques et sociales qu'ils ont obtenues jusqu'à ce jour ne connaîtront aucune modification fondamentale.

4/ La presse, les radios et les chaînes de télévision liées à l'Unité populaire doivent suspendre leurs activités d'information à partir de maintenant. Dans le cas contraire, elles seront punies par les forces aériennes et l'armée de terre.

5/ La population de Santiago doit rester chez elle afin d'éviter des victimes innocentes.

Signé par : Augusto Pinochet Ugarte, général de l'armée, commandant en chef de l'armée ; Toribio Merino Castro, amiral, commandant en chef de la marine ; Gustavo Leigh Guzmán, général d'aviation, commandant en chef des forces aériennes du Chili ; et César Mendoza Durán, général, directeur général des carabiniers du Chili.»

Carvajal juge qu'il est temps de parler au président et il réitère au téléphone l'offre déjà transmise par l'intermédiaire de l'aide de camp de l'armée de l'air, Roberto Sánchez : un avion est à la disposition d'Allende pour qu'il quitte le pays avec sa famille.

« Le président ne se rend pas ! » répond Allende.

Après avoir raccroché, ce dernier réunit ses trois aides de camp militaires, Sánchez, le lieutenant-colonel Sergio Badiola pour l'armée de terre, et le commandant Jorge Grez pour la marine. Sánchez lui signale que s'il n'accepte pas l'offre qui lui est faite, l'aviation va bombarder la Moneda. Allende reste un long moment silencieux, une mitraillette à la main.

« Dites à vos commandants en chef que je ne vais pas sortir d'ici, et que je ne vais pas me rendre. S'ils veulent ma démission, qu'ils viennent ici me la demander. Qu'ils aient le courage de le faire personnellement. Vivant, je ne sortirai pas d'ici, même s'ils nous bombardent. »

Plus tard, dans une interview que cite Mónica González, Roberto Sánchez décrit la scène : « Allende avait dans ses mains une mitraillette. Il fit le geste de la pointer sous son menton. Oui, dit-il, je vais me suicider, parce qu'ils ne me sortiront pas d'ici vivant. Il m'a regardé : Je vous remercie, commandant Sánchez, pour cette proposition, mais dites au général Leigh que je ne vais pas monter dans son avion, que je ne vais pas quitter le pays et que je ne vais pas me rendre[4]. »

Allende salue ses trois aides de camp, qui quittent alors la Moneda – peu après 10 heures, selon les souvenirs de Sánchez – et rejoignent le ministère de la Défense pour faire part à Carvajal du refus d'Allende de se rendre et de son défi aux trois commandants en chef de venir eux-mêmes lui demander sa démission.

Carvajal contacte Pinochet pour l'en informer.

« Tu sais que ce type est tordu, rétorque Pinochet. C'est tout le contraire. S'il le veut, qu'il vienne au ministère se rendre aux trois commandants en chef.

— Je lui ai parlé personnellement. Je lui ai demandé sa démission au nom des trois commandants en chef. Il m'a répondu tout un tas de galimatias.

— À 11 heures, ils vont tous se retrouver en l'air et ils verront ce qui va se passer.

— Si les femmes évacuent la Moneda, ce sera facile de la prendre d'assaut.

— Une fois bombardée par l'aviation, on l'attaque avec le [régiment] *Buin* et l'école d'infanterie. Il faut le dire à Brady[5]. »

Peu après 10 heures, Roberto Guillard reprend le micro de la chaîne des radios en faveur du coup d'État et annonce que, sans reddition, la Moneda sera bombardée à 11 heures. Allende offre à toutes les personnes présentes à ses côtés et aux carabiniers qui lui sont restés fidèles de s'en aller, en laissant leurs armes qui pourront servir à ceux qui restent. Un officier tend son casque à Allende, qui le met sur sa tête. Les carabiniers partent, mais sur les 18 détectives membres du service *Investigaciones* venus en renfort au début de la matinée, tous, sauf un, décident d'accomplir leur devoir et de rester sur place. Les membres du GAP restent aussi. Au total, 42 personnes continuent de lutter auprès du président.

Vers 10 h 30, alors que les carabiniers se sont retirés, laissant sans protection la Moneda, une courte bataille d'artillerie commence. Les tanks tirent sur le palais, suivis par les petits engins blindés des carabiniers et les soldats de l'infanterie. Depuis les fenêtres du palais, les membres du GAP répondent à l'attaque par un feu nourri, de même que les francs-tireurs installés sur les toits d'immeubles autour de la Moneda.

Carvajal annonce à Pinochet que les occupants du palais présidentiel demandent à négocier. Ce dernier, pour la première fois, révèle sa soudaine férocité.

« Reddition inconditionnelle, pas de négociation. Reddition inconditionnelle, trompette Pinochet.

— Très bien, bien reçu, répond Carvajal. Reddition inconditionnelle et nous le faisons prisonnier en lui offrant, disons, rien d'autre que la vie sauve.

— La vie et son intégrité physique, et aussitôt on l'envoie ailleurs.

— Bien reçu, répond Carvajal. Donc on maintient l'offre de le sortir du pays.

— On maintient l'offre de le sortir du pays, confirme Pinochet… et l'avion tombe, mon vieux, en plein vol. (Rires.) »

Après plusieurs échanges de coups de feu, les soldats et les tanks se retirent pour laisser le champ libre à l'aviation.

L'au revoir d'Allende

Entre-temps, un ingénieur et deux journalistes de *Radio Magallanes* réparent l'antenne détruite par l'aviation militaire et permettent ainsi au président Allende d'envoyer un dernier et émouvant message à ses concitoyens. Allende parle d'une voix calme, sans notes :

« Compatriotes, il est possible qu'ils coupent toutes les radios, et je vous dis au revoir.

Peut-être est-ce ma dernière chance de m'adresser à vous. L'aviation militaire a bombardé les antennes de *Radio Portales* et de *Radio Corporación*. Mes paroles n'expriment pas l'amertume, mais la déception et elles vont constituer le châtiment moral de ceux qui ont trahi leur promesse, soldats du Chili, commandants en chef, l'amiral Merino qui s'est autoproclamé, le général Mendoza, général félon qui, hier encore, jurait sa solidarité et qui lui aussi s'est nommé directeur général des carabiniers. Face à cette situation, je dois dire aux travailleurs : je ne vais pas me rendre. Dans ce moment historique, je paierai de ma vie la loyauté du peuple. Et je leur dis aussi que je suis certain que la graine que nous avons semée et qui se trouve dans la conscience de milliers et de milliers de Chiliens ne pourra pas être définitivement déracinée. Au nom des valeurs les plus sacrées du peuple, au nom de la patrie, je vous appelle à garder confiance. L'Histoire ne s'arrête pas, ni par la répression ni par le crime. Ce moment aura une fin. Il est dur et difficile. Il est possible qu'ils nous dominent, mais ses lendemains seront ceux du peuple, ceux des travailleurs. L'humanité progresse pour conquérir une vie meilleure.

Travailleurs de ma patrie, je veux vous remercier de votre loyauté, de la confiance que vous avez placée dans un homme qui ne fut que l'interprète de vos grands désirs de justice, qui a promis de tenir sa parole, de respecter la Constitution et la loi, et c'est ce que j'ai fait.

Ce moment est définitif, le dernier qui me permet de m'adresser à vous. Il faut que vous reteniez la leçon. Le capital étranger, l'impérialisme uni à la réaction ont créé le climat qui a conduit les forces armées à rompre avec leur tradition, celle qu'avait soulignée Schneider et réaffirmé le commandant Araya, victimes du même secteur social que celui qui sera aujourd'hui dans l'espoir de conquérir le pouvoir, avec l'aide d'une main étrangère, et continuer à défendre ses profits et ses privilèges. Je m'adresse avant tout à la modeste femme de notre terre, à la paysanne qui a cru en nous, à l'ouvrière qui a travaillé davantage, à la mère qui savait notre préoccupation pour les enfants. Je m'adresse aux professionnels de la patrie, aux professionnels patriotes, à ceux qui, depuis des jours, travaillaient contre une sédition bienvenue dans les cercles des classes défendant les avantages d'une société capitaliste. Je m'adresse à la jeunesse, à ceux qui ont chanté et offert leur allégresse et leur esprit de lutte. Je m'adresse à l'homme du Chili, à l'ouvrier, au paysan, à l'intellectuel, à ceux qui seront persécutés parce dans notre pays le fascisme est là depuis longtemps, présent dans les attentats terroristes, faisant sauter les ponts, coupant les voies ferrées, détruisant les oléoducs, face au silence de ceux qui avaient l'obligation d'agir. Ils se sont compromis.

L'Histoire les jugera.

Sans doute *Radio Magallanes* a été réduite au silence et vous n'entendrez pas le métal de ma voix tranquille. Tant pis, vous continuerez à m'entendre. Je serai toujours près de vous, et vous vous souviendrez de moi, au moins, comme un homme digne qui fut loyal à sa patrie. Le peuple doit se défendre, mais pas se sacrifier. Le peuple ne doit pas se laisser détruire, ni se laisser mitrailler, et il ne doit pas non plus se laisser humilier.

Travailleurs de ma patrie, j'ai foi en le Chili et en son destin. D'autres hommes viendront après ce moment gris et amer alors que la trahison prétend s'imposer. Sachez que, plus tôt que prévu, s'ouvriront les grandes avenues par lesquelles passe l'homme libre pour construire une société meilleure. Vive le Chili ! Vive le peuple ! Vivent les travailleurs !

Ce sont mes dernières paroles, avec la certitude que le sacrifice ne sera pas vain. Je suis sûr qu'il y aura au moins une sanction morale qui punira la félonie, le manque de courage et la trahison. »

Le bombardement de la Moneda

Quelques minutes avant midi, deux *Hawker Hunter* bombardent la Moneda à coups de roquette. Ils réalisent quatre assauts successifs, les dégâts causés sont considérables. Une autre attaque se porte sur la résidence présidentielle de Tomás Moro où se trouve l'épouse d'Allende, Hortensia Bussi, qui survit au bombardement et se réfugie chez l'avocat socialiste Felipe Herrera*. L'un des deux aviateurs de l'attaque de Tomás Moro se trompe de cible et atteint l'hôpital de sa propre institution, celui des forces aériennes chiliennes, voisin de la résidence présidentielle. Ce tireur maladroit s'appelle Gustavo Leigh Yates, fils du général Leigh.

Des hélicoptères ont neutralisé les derniers tireurs installés sur les toits des immeubles et l'artillerie prend le relais des avions. À 14 heures, la Moneda est en flammes, mais en son sein résistent encore quelques personnes dont on ignore, aujourd'hui encore, le nombre précis. Le général Javier Palacios décide une demi-heure plus tard de prendre le contrôle du bâtiment avec ses hommes de l'École d'infanterie. Les soldats progressent jusqu'au premier étage. Palacios crie à l'adresse d'Allende, réfugié avec ses derniers soutiens, au deuxième : « Président, le premier étage est pris par les militaires. Vous devez descendre et vous rendre. »

Mais le président ne se rend pas. Il se suicide en tirant, dans la base de son menton, deux balles de son fusil d'assaut, un

---

* Hortensia Bussi fut conduite dans un avion militaire à l'enterrement secret de son mari à Valparaíso. Le cercueil était scellé et elle ne put voir le visage du défunt. Elle partit aussitôt en exil au Mexique et ne rentra au Chili qu'en 1988.

AK 47*. Que cet AK 47 fût ou non celui que lui avait offert Fidel Castro apparaît anecdotique et incertain, même si l'affirmer comme l'ont fait les assaillants ajoute une petite touche anticastriste au drame qui s'est déroulé dans la Moneda. Le suicide d'Allende fut également et longtemps contesté, mais une ultime autopsie, en 2011, confirma sa réalité[6].

Quand Palacios découvre le corps du président, il en informe Carvajal dans le langage laconique des militaires : « Mission accomplie. Moneda prise. Président mort. »

---

* Les experts expliquent l'existence de deux balles par le fait que l'arme était en position automatique.

16

Le Pinochet nouveau

Comment expliquer qu'un personnage conventionnel, réservé, prudent, sans charisme, intellectuellement besogneux, toujours obéissant et souvent obséquieux à l'endroit de ses supérieurs, puisse devenir du jour au lendemain un dictateur habile et cruel ? Comment cet éternel second arrive-t-il soudain à diriger seul et avec zèle une junte militaire rejointe à la dernière heure et censée être collective ? Comment a-t-il pu rassembler pour lui-même en si peu de temps tous les attributs du pouvoir absolu et s'y maintenir sans encombre pendant près de dix-sept années ?

Pinochet approche de ses 58 ans lors du coup d'État (il fêtera cet anniversaire le 25 novembre 1973), dont quarante années passées dans l'armée, le seul milieu professionnel qu'il ait jamais connu. Quarante ans sans histoire, pendant lesquels il passe presque inaperçu, allant d'une garnison à l'autre, promu au fil du temps, constant et discipliné, impressionné par les « Prussiens », ses supérieurs légitimistes. Il déroule sa carrière en évitant d'être exposé au moindre conflit et suit instinctivement la ligne suggérée par l'un des ses premiers mentors, le colonel Portales, son tuteur à l'École militaire de

Santiago, qui lui avait conseillé pour éviter tout ennui « de se fondre dans la masse des anonymes ». C'est incité par sa femme, Lucía Hiriart, qu'il devient officier d'état-major et se forge une réputation de militaire académique en publiant un livre sur la géopolitique, qui serait aujourd'hui oublié s'il n'avait eu pour auteur l'un des hommes les plus détestés du XXe siècle finissant. Augusto Pinochet n'a jamais avoué qu'une seule opinion politique : son anticommunisme, un sentiment sans originalité dans une institution conservatrice comme l'armée chilienne. Pinochet aurait-il avancé masqué pendant quarante ans, cachant son jeu, ses intentions et sa personnalité même ? Pareille constance dans l'hypocrisie paraît inconcevable, même s'il s'est souvent montré capable de dissimulation.

Il semble plus raisonnable de penser qu'un homme ayant passé sa vie à obéir aux ordres des autres découvre avec plaisir que les ordres sont désormais les siens. Ce goût du commandement va aiguiser son appétit pour le pouvoir. D'autre part, la peur de perdre, la rage de l'emporter, le sentiment de jouer son va-tout expliquent sa férocité durant l'exécution du putsch, ses tristes blagues sur le crash de l'avion qui aurait pu transporter Allende et les siens vers l'exil, ou ce conseil dédaigneux, une fois confirmé le décès d'Allende, de mettre le corps de ce dernier dans « une caisse pour qu'on l'enterre à Cuba ». Avec cette révélation soudaine que le pouvoir absolu est à portée de main dans la soirée du 11 septembre, Pinochet va tout faire pour éliminer ses concurrents réels ou potentiels et devenir d'abord le chef de la junte, puis le chef de l'État chilien. Il réussit son entreprise de façon véloce et l'on ne parlera bientôt plus du « régime militaire », mais du « régime de Pinochet », lequel aurait même reposé sur une pensée cohérente : le « pinochétisme ». Nous verrons cela bientôt.

De la junte militaire au régime Pinochet

Selon Verónica Valdivia Ortiz de Zárate, professeur d'histoire contemporaine du Chili à l'université de Santiago, cette personnalisation du régime militaire en faveur de Pinochet fut un processus étalé sur cinq années, jusqu'au plébiscite de 1978 qui va conférer au dictateur – malgré les conditions plus que douteuses de son organisation – une légitimité populaire. Cette personnification, écrit-elle, est due à trois éléments distincts : « En premier lieu, le rapide isolement international du nouveau gouvernement, lié aux graves violations des droits de l'homme. Il permet la cohésion des militaires et de l'armée autour de la junte et de son président. En deuxième lieu, les relations de Pinochet avec le noyau dur des putschistes. N'y appartenant pas, il est obligé de mettre en œuvre des stratégies visant à renforcer sa position à l'intérieur de l'armée et de la junte. Celles-ci rejoignent les intérêts des partisans civils du régime qui cherchent à identifier le membre de la junte qui leur permettra de mettre en œuvre leur projet politique. En troisième lieu, le phénomène est lié à la pensée politique de l'armée au moment du coup d'État qui permet d'éviter une démobilisation totale de la société. Les partisans du nouveau régime sont incités à créer des réseaux de soutien au nouveau pouvoir en place. Orientés vers les femmes, les jeunes et les syndicalistes, ces réseaux sociaux sont instrumentalisés par le chef de l'État[1]. »

La prise de pouvoir au sein de la junte

La cohésion de la junte est mise en question dès le premier jour, quand le général Leigh se déclare le plus ancien des quatre commandants pour avoir été nommé chef de l'aviation cinq jours avant que Pinochet ne fût désigné à la tête de l'armée de terre. Ce dernier répond que l'ancienneté qui compte est celle de l'institution, or c'est l'armée de terre la plus ancienne. L'amiral Merino, qui a connu Pinochet depuis l'école des Pères français de Valparaíso, l'approuve. Il reste fidèle à son vieux camarade et pense que ce dernier a plus de légitimité à devenir le *primus inter pares* que lui-même, l'aviateur Leigh ou le carabinier Mendoza. Avec l'appui de Merino, donc, l'acquiescement de Mendoza et l'acceptation résignée de Leigh, Pinochet l'emporte et le premier décret-loi de la junte militaire lui confère la présidence de celle-ci. Il est verbalement entendu entre les conjurés que cette présidence sera tournante, selon le modèle adopté par la dictature militaire du Brésil. Une telle procédure rejoint l'hypothèse de la CIA[2], qui n'a pas participé au coup d'État mais l'a suivi de très près[3]. En réalité, il n'en sera rien. Pinochet saura convaincre les conjurés et ses soutiens que la situation du régime militaire est encore trop fragile pour la réorganiser à intervalles réguliers, lesquels représenteraient autant de moments délicats et compliqués porteurs de risques nombreux.

Pinochet a réussi sa première manœuvre, mais n'a pas été très doué, quelques jours plus tard, pour soigner son image. Le 18 septembre, les quatre commandants assistent à un *Te Deum* à l'église de la *Gratitud Nacional*, un nom prometteur pour les nouveaux dirigeants du pays. Trois anciens présidents de la République chilienne, le radical Gabriel González Videla, le nationaliste Jorge Alessandri, le chrétien-démocrate Eduardo Frei assistent à la cérémonie et leur présence est perçue comme l'expression de leur consentement devant le coup d'État. Le cardinal Raúl Silva Henríquez, quant à lui, bénit sans trop d'état d'âme[4] les quatre militaires auteurs d'un putsch sanglant une semaine plus tôt, suivi de brutalités inouïes[5]. Un photographe hollandais, Chas Gerretsen, qui travaille pour l'agence Gamma et le magazine *Time*, s'approche du groupe et le photographie dans un plan serré. Un voisin de Pinochet lui conseille à voix basse d'ôter ses lunettes de soleil. « Je suis Pinochet », répond-il d'un ton rude. Gerretsen réalise une photo qui fera le tour du monde, sur laquelle le chef de la junte, les bras croisés et le menton levé, a la tête d'un tueur[6].

Et ce visage de tueur devient vite à l'étranger l'image symbolique du régime et de ses militaires dont les actions répressives d'une odieuse violence sont condamnées de façon universelle, à l'exception notable du Brésil où règne également une dictature militaire. La Moneda en feu, des hommes allongés à plat ventre sur un trottoir proche du palais présidentiel sous la garde de soldats armés alors qu'un tank menace de les écraser, les images poignantes de prisonniers du Stade national de Santiago devenu une prison à ciel ouvert, un centre de torture et d'exécutions sommaires, enfin l'existence d'une « caravane de la mort » qui parcourt le pays du sud au nord pour éliminer tout opposant réel ou présumé, tout cela choque et émeut l'opinion occidentale alors que la junte, les militaires et leurs soutiens civils pensent que la patrie est entrée dans une guerre contre le communisme dont la première bataille vient d'être gagnée.

L'impossible conquête de l'opinion internationale

Le ministre des Affaires étrangères chilien, le vice-amiral Ismael Huerta, tente de convaincre l'opinion des pays démocratiques, dans un discours au siège des Nations Unies prononcé le 8 octobre 1973, que le coup d'État a pour seule origine les errements de l'Unité populaire. « Mon pays, dit-il, pendant plus d'un siècle et demi d'indépendance, a été un exemple de civisme. Il n'a pas toléré les dictatures et n'a connu ni le racisme ni le totalitarisme. Ses forces armées, éminemment apolitiques et professionnelles, ont été un exemple pour le monde. Nous qui portons l'uniforme sommes fiers de cette tradition. » Puis le ministre évoque « le commencement de l'expérience socialiste » pour souligner que tous les partis politiques chiliens ont soutenu loyalement le gouvernement légal, notamment lors de la nationalisation des mines de cuivre, et que les forces armées lui ont toujours prêté leur soutien quand la demande en était faite. « Mais ces attitudes généreuses, démocratiques et désintéressées n'ont pas su détourner – sinon parfois ralentir, pour de brefs instants – la volonté de l'Unité populaire de pousser le pays vers l'abîme dans son ardeur à consolider un pouvoir tyrannique. Et le Chili, seul, sans l'aide ni l'inspiration de personne, une fois sa patience épuisée, a mis en jeu sa bravoure, son énergie et les ressources intérieures qui caractérisent notre peuple, et a su réagir et mettre fin, avant qu'il ne soit trop tard, à un système totalitaire qui a subjugué tant de nations dans le monde[7]. »

Si la plaidoirie de Huerta n'a pas été écoutée par des étrangers horrifiés par la violence des militaires chiliens, elle a été entendue par ces derniers et leurs soutiens civils au Chili. Cette argumentation de la « légitime défense » contre la menace communiste (« éradiquer le cancer marxiste de notre patrie », déclarait le général Leigh quelques heures après la fin du coup d'État) va souder autour de la junte et de son président tous les partisans, nombreux, du putsch militaire. Pinochet, à cet égard, devient soudain lyrique pour décrire ce qu'il appelle « la geste » du 11 septembre dans un discours prononcé le 11 octobre 1973 et faisant le point de ce premier mois au pouvoir. « La geste du 11 septembre, dit-il, a fait entrer le Chili dans la bataille des peuples amoureux de la liberté contre la dictature marxiste. C'est avec le même esprit libertaire que celui qui a animé les Tchécoslovaques et les Hongrois en combattant un ennemi puissant et sans clémence, que se sont mobilisées les consciences des Chiliens pour vaincre le marxisme international[8]. »

Le Plan Zeta

Le 18 septembre 1973, le correspondant à Valparaíso du *Mercurio* et de *Las Últimas Noticias*, le journaliste Julio Arroyo Kuhn, publie un scoop qui lui a été soufflé par une source de la marine de guerre : « Un plan destiné à décapiter la hiérarchie militaire et à éliminer l'opposition au gouvernement d'Allende a été découvert dans les archives du palais présidentiel, selon une bonne source », écrit Kuhn dans *Las Últimas Noticias*. Il se fait plus précis dans son article du *Mercurio* : « L'ouverture du coffre-fort du sous-secrétaire de l'Intérieur* a permis de découvrir un plan minutieux qui devait être réalisé le 17 septembre par l'assassinat simultané des chefs des forces armées, des politiciens de l'opposition, des journalistes et des professionnels en désaccord avec le gouvernement déposé. » On ne sait si ce journaliste fut naïf et instrumentalisé, ou s'il participa volontairement à un exercice de propagande qui a relevé de ce que nous appellerions aujourd'hui une *fake news*, mais ce qu'il annonce renforce la légitimité et l'opportunité du coup d'État. Tout le monde au Chili apprend alors l'existence d'un *Plan Zeta* (« Plan Z ») censé instaurer une République populaire démocratique du Chili. Cette nouvelle est officialisée le 30 octobre 1973 avec la

* Il s'agit de Daniel Vergara.

publication par le secrétariat général du gouvernement d'un Livre blanc, *Libro Blanco del cambio de gobierno en Chile*[9], dont l'un des auteurs est Gonzalo Vial Correa, le biographe chilien de Pinochet, qui a travaillé sous l'étroite supervision du vice-amiral Carvajal. Il a mis en avant son expertise d'historien pour affirmer que rien ne prouvait que les documents trouvés par les militaires dans les archives des partis de l'Unité populaire et du MIR étaient des faux[10]. Le livre détaille, à partir de la page 41, ce prétendu « Plan Z » dont l'existence n'a jamais été démontrée.

Selon les archives déclassées de la CIA, le « Plan Z » ne fut rien d'autre que l'instrument d'une guerre psychologique des forces armées pour affaiblir le marxisme au Chili et justifier la persécution de ses opposants. En septembre 2000, la CIA a répondu, en vertu de « l'amendement Hinchey[11] », à trois questions posées par les parlementaires américains : la mort d'Allende, l'éventuelle aide offerte à Pinochet pour devenir président de la République, le rôle des agents américains dans les violations des droits humains sous le régime de Pinochet. La CIA assure qu'elle n'a joué aucun rôle dans la mort d'Allende ni dans l'ascension de Pinochet à la présidence, même si elle a « activement soutenu la junte militaire après la chute d'Allende ». Concernant Pinochet, elle précise que plusieurs de ses agents partageaient « les réserves des États-Unis à l'égard de sa poursuite obsessionnelle du pouvoir ». Enfin, elle admet que parmi les officiers chiliens qui ont mené la répression contre les opposants du nouveau régime se trouvaient « des contacts et des agents chiliens de la CIA ou de l'armée américaine », et que l'Agence a dénoncé ces abus en vertu des règles de l'époque et émis des reproches à l'encontre de ces agents. Ce texte aborde également le « Plan Z » que la CIA a jugé être « un acte de désinformation initié par la junte pour améliorer son image et justifier ses activités». Les affirmations selon lesquelles le «Plan Z» serait une opération conjointe de la CIA avec le Chili «sont fausses, affirme le texte, bien que des officiers chiliens avec lesquels la CIA était en contact avant le coup d'État de 1973 aient participé à la rédaction du Livre blanc[12]».

Toujours est-il que ce «Plan Z» a joué son rôle. Plusieurs chrétiens-démocrates de l'époque ont considéré comme vraies les allégations du Livre blanc, de même qu'une partie de la société civile. La junte, surtout Pinochet, a fait de cette affaire une source nouvelle de légitimité de son autorité.

La figure de Diego Portales

Le gouvernement militaire, qui a mis le feu à la Moneda, décide de s'installer dans un immeuble – une tour moderne de 23 étages proche du centre – nommé *Edificio Diego Portales.* Ce nom, choisi avant que n'existe la junte, est un hommage à un politicien du XIXe siècle qui fut, après les troubles accompagnant l'indépendance du pays, le grand défenseur du rétablissement de l'ordre social et de l'autorité. Homme d'affaires de Valparaíso devenu dictateur civil au début du XIXe siècle, Portales est considéré comme le fondateur de la pensée républicaine et laïque du Chili[13]. Ce que l'on appelle encore aujourd'hui avec révérence *el Portalismo* prône l'alliance de l'autorité politique et de l'aristocratie des affaires, qui, selon Portales, garantit l'ordre et la tranquillité sociale. Il est difficile de ne pas voir en Augusto Pinochet un digne héritier de Portales dont les principes n'ont jamais été totalement étrangers à la dictature. Ainsi, une déclaration commune de la junte sur le service public, publiée le 5 décembre 1973, fait-elle appel à la mémoire de Portales : «La junte de gouvernement partage l'inspiration portalienne qui donna toute sa grandeur à notre patrie : la passion pour le service public, l'autorité inflexible et impartiale, l'amour de l'ordre et de l'efficacité [...] son exigence [celle de Portales] d'une fonction publique qui soit un service à la fois authentique et désintéressé, son insistance à vouloir qu'il soit exercé par "des hommes qui sont de véritables modèles de vertu et de patriotisme et ainsi conduisent les citoyens sur le chemin de l'ordre et des vertus" acquiert aujourd'hui une priorité pleine et urgente[14]. »

Un peu plus tard, le 24 janvier 1974, l'amiral Merino, lui aussi, rend hommage à Portales, « cet homme d'État pragmatique qui a réveillé la conscience nationale, ce guide visionnaire qui – se faisant l'écho du découragement des citoyens, de leur désir d'un véritable changement – sut lever la voix, de façon virile, une voix qui résonne encore, pour crier "assez" au chaos et à la corruption, aux caudillos et à la désorientation, aux remugles de la basse politique et à l'égoïsme de quelques audacieux[15] ».

La junte et ses soutiens civils

Contrairement à d'autres dictateurs, Augusto Pinochet ne cherche pas à consolider sa position en créant un nouveau parti politique qui aurait pu rassembler ses affiliés, peut-être en raison du mépris qu'il éprouve à l'égard des partis, ou par fidélité à la tradition apolitique des forces armées qui fut la sienne. Deux autres raisons, que souligne Carlos Huneeus, expliquent aussi le refus de la création d'un parti favorable à la junte : le fait que les partis politiques sont l'objet « d'une forte aversion de groupes de droite qui ont collaboré activement avec les nouveaux gouvernants[16] », et parce qu'un parti « pinochétiste » « pourrait constituer un interlocuteur valide concernant les compétences exclusives de la junte[17] ». Or Pinochet, même s'il s'avérera libéral sur le plan économique, ne l'est pas en politique. Dans ce dernier domaine, qu'il contrôle d'une main de fer, il déteste la concurrence.

Mais la junte ne néglige pas pour autant ses soutiens civils, tous ceux qui ont espéré que l'armée les sortirait du déclin économique et du chaos social, ceux et celles qui jetaient des graines à la porte des casernes en caquetant comme des poules pour dénoncer la réserve des soldats à sortir du chemin apolitique et légitimiste, ou qui faisaient la queue en silence devant des portes closes de magasins vides en attendant l'hypothétique arrivée d'un camion plein. Ils sont à la fois heureux de savoir que leur pays a échappé au socialisme, et inquiets pour leur démocratie. Toutes les règles et les institutions de celle-ci, dès le début du régime militaire, sont remisées dans les placards de l'Histoire. La Constitution de 1925 est suspendue, le couvre-feu décrété ainsi que l'état de siège et la loi martiale qui permet de fusiller sans procès quiconque est arrêté en possession d'une arme. Les deux assemblées parlementaires sont fermées, les partis ayant appartenu à l'Unité populaire interdits, l'activité des autres « suspendue », la censure instaurée, et seuls une chaîne de télévision (*Canal 13*, propriété de l'Université catholique) et deux quotidiens (*El Mercurio* et *La Tercera*) sont tolérés. L'autorité judiciaire reste épargnée par ce zèle totalitaire, mais dès le 28 septembre, alors que les quatre commandants se présentent devant la Cour suprême pour institutionnaliser l'existence de la junte, son président, le juge Enrique Urrutia Manzano, légitimise le putsch en déclarant « sa satisfaction du pronunciamiento militaire et du changement de régime ».

Pour garder les démocrates dans le camp du nouveau pouvoir, Pinochet cherche à les rassurer, notamment sur le plan social, car il n'oublie pas ceux qui ont bien aimé le gouvernement Allende et sa générosité : « Dès le premier instant le gouvernement a signalé qu'en aucun moment les conquêtes sociales des travailleurs ne seront remises en cause. Mais nous devons affronter de toutes parts la crise la plus profonde et sérieuse jamais connue par le pays depuis son indépendance. La vérité crue est que cette crise n'est pas terminée, elle ne fait que commencer. Et nous devons en être pleinement conscients. Dès lors, nous ne promettons et n'offrons que nos sacrifices et nos efforts personnels, et en même temps nous demandons et exigeons l'effort et le sacrifice de tous les Chiliens pour consolider la paix et la justice sociale au sein de notre peuple[18]. »

L'embrigadement des femmes et de la jeunesse

Deux groupes de la société civile ont joué un rôle particulier contre le régime d'Allende, les femmes de la classe moyenne, qui ont manifesté avec « la marche des casseroles vides » dès 1971, et les jeunes étudiants « grémialistes » de l'Université catholique qui ont lutté contre les réformes de l'éducation envisagées par l'Unité Populaire. À ces deux groupes s'agrègent de nombreux chefs de petites entreprises et même certains syndicalistes effrayés par les expropriations et l'éventualité d'un régime communiste au Chili. C'est sur ces groupes sociaux que vont s'appuyer les militaires. Ces derniers, écrit Ortiz de Zárate, « ont une pensée corporatiste et la conviction d'être à la tête d'une croisade morale. [...] Ils croient en une société organisée, mais dépolitisée, ce qui implique que la reconstruction du pays ne peut se faire avec les partis politiques. Ils pensent trouver chez ces jeunes “décontaminés” l'idéalisme avec lequel ils se perçoivent eux-mêmes[19]». Et ainsi le général Leigh – dans un discours ponctué de quelques allusions mystiques, mettant par exemple sur les plateaux d'une même balance le bien-être économique et «le sentiment spirituel qui est l'âme du Chili» – propose à la jeunesse chilienne de jouer son rôle dans le soutien moral du nouveau régime en quête d'une renaissance nationale: «Aujourd'hui s'ouvre devant vous, jeunesse chilienne, des perspectives qui nous rappellent l'époque de ces jeunes hommes qui furent les pères de notre patrie et les forgerons de notre république. Leurs figures illuminent la mission que Dieu a mis entre nos mains et fondent l'espérance d'un peuple qui ne se rendit jamais sous la menace et qui aujourd'hui marche résolument vers de hautes et meilleures destinées[20].»

Pour les femmes, les militaires semblent penser qu'il s'agit d'une affaire... de femmes, et voici donc d'abord les épouses des officiers, puis celles des maires et des hauts fonctionnaires, embrigadées sans échappatoire par Lucía Hiriart de Pinochet, qui se comporte déjà comme la première dame du pays alors que son mari n'est pas encore chef de l'État. Lucía préside un nombre considérable de comités – dont certains existaient déjà avant la dictature, notamment la CEMA *(Centro de la Madre)* destinée à aider les mères chiliennes depuis 1957, durant la présidence de Carlos Ibáñez del Campo. Lucía préside également les comités d'aide communautaire, le Secrétariat national de la femme, la Corporation nationale du cancer, les centres des dames en vert (qui travaillent dans les départements hospitaliers spécialisés dans le cancer), la Corporation des dames de la défense nationale, le Comité Alborada (logements sociaux), la Fondation 11 septembre, le mouvement civique SOL (pour solidarité, ordre et liberté), le comité consultatif des jardins d'enfants[21]. Toutes ces associations de volontaires accomplissent un travail social auprès des mères de familles modestes ou très pauvres qui vont former, avec les anciennes marcheuses des casseroles vides de la bourgeoisie, une base élargie de femmes qui porteront la bonne parole « pinochétiste » au sein de leurs foyers.

17

Le dictateur en sa maison

Augusto Pinochet et Lucía Hiriart ne changent pas leurs habitudes de vie quotidienne durant les deux premières années de la dictature. Ils habitent toujours dans la maison de la rue Laura de Noves, dans l'élégant quartier de Las Condes, achetée en 1964 au prix de toute leur épargne accumulée au cours des ans. Sous un porche, leur voiture, une Peugeot bien lustrée mais apparemment inutile car l'armée a mis deux Mercedes à la disposition de la famille.

Augusto et Lucía déjeunent parfois avec les soldats responsables de leur sécurité, ce qui, plus tard, n'arrivera plus jamais. Certains d'entre eux sont chargés de la protection des deux plus jeunes enfants du couple qui vivent encore sous leur toit, Marco Antonio et Jacqueline, âgés respectivement de 16 et 14 ans le jour du coup d'État. Le premier juge alors sa liberté trop restreinte, même si ses gardes du corps sont des hommes jeunes qui s'habillent comme des collégiens afin d'apparaître aux autres élèves comme un groupe d'amis plutôt qu'une garde rapprochée. Cependant, l'adolescent se révèle vite fier d'être le fils « intouchable » du chef de l'État[1]. Jacqueline, quant à elle, s'avère plus rebelle que son frère aîné, mais n'a pas d'autre choix, après quelques tentatives de fugues sans succès, que de renoncer à ses promenades entre copines dans les rues de la ville.

Au cours de ces deux premières années, la maison réservée aux commandants en chef de l'armée, située sur l'avenue Presidente Errázuriz, bien plus spacieuse et luxueuse que celle de Laura de Noves, reste inoccupée, sauf à l'occasion de quelques réceptions protocolaires. L'idée, à cette époque, est de montrer aux Chiliens que le chef de la junte reste le même militaire que jadis, austère et sans ostentation. Lucía, qui pourtant n'aime ni l'austérité ni la discrétion, joue avec talent le rôle de « femme de soldat ». Dans une interview au journal *El Mercurio*, elle montre sa maison à la journaliste Ada Mongillo et cette dernière semble séduite en évoquant « un bungalow accueillant qui reflète dans tous ses détails la personnalité équilibrée et agréable de Lucía ». L'épouse de Pinochet est présentée dans cet article comme une femme « d'une profonde formation religieuse, qui ne cesse de remercier Dieu pour tout ce que lui a donné la vie ». Lucía affirme que les nouvelles fonctions de Pinochet ne vont rien changer : « Nous allons continuer à vivre normalement, comme nous l'avons toujours fait. Nous n'allons pas changer de maison. [...] Il faut d'abord penser à la renaissance du Chili, espérer que reviennent la confiance et la foi, même si je comprends combien il va être difficile d'oublier ce qui nous paraît être aujourd'hui un cauchemar[2]. » Lucía, très contente de cet article, va bientôt embaucher la journaliste comme assistante personnelle et conseillère officieuse pour la mode et les bonnes manières.

Malgré les efforts de son épouse, Pinochet garde des goûts simples et confie à ses amis les plus proches sa crainte de ne pas être à la hauteur de la position qui est désormais la sienne. Il sait qu'il n'a ni la culture ni l'héritage social de ses prédécesseurs à la présidence de la République et laisse deviner un complexe d'infériorité. Peu de temps après le coup d'État, il fait une confidence à l'un de ses vieux camarades, l'ancien général Fernando Lyon, lui avouant être conscient de ses limites, et savoir comment le considèrent certains militaires qu'il a admirés. Ainsi l'ancien commandant en chef de l'armée, René Schneider, assassiné en 1970, le jugeait, dit-il, « un général de peu d'envergure intellectuelle[3] ».

Au grand regret de Lucía, le fait d'avoir été désigné président de la République n'a pas conduit son mari à devenir plus « distingué ». « Un soir de l'été de 1976, nous racontent les auteurs de *La Familia*[4], le général Pinochet déjeunait dans le palais de Cerro Castillo, la résidence d'été des chefs de l'État chiliens dans la station balnéaire de Viña del Mar, quand l'un de ses gardes du corps entendit ce sévère rappel à l'ordre de sa femme : "Tu es le président, Augusto, fais-toi à l'idée de manger du crabe et du caviar." Le garde n'entendit aucune réponse de l'homme le plus puissant du pays. Il ne s'en étonna pas, car Pinochet préférait ne pas discuter avec Lucía Hiriart et gardait le silence quand elle l'accablait de reproches pour de diverses et fréquentes raisons. [...] Dans cette vieille maison des années 1930, face à l'océan Pacifique, le chef du gouvernement avait demandé une poule au pot à l'ancienne, comme celle que lui préparait, avec plaisir, sa mère, doña Avelina, quand il était un enfant à Valparaíso. »

À son attaché de presse, Federico Willoughby, qui lui avait suggéré un jour de tenter de contrôler l'ambition de Lucía, Pinochet répondit qu'il préférerait « affronter une brigade sur un champ de bataille que sa propre épouse[5] ».

Et le président continue, avec ses vieux amis, de manger ce qui lui plaît dès que Lucía a le dos tourné. Dans son bureau de l'immeuble *Diego Portales*, siège du gouvernement, il lui arrive souvent de demander à sa secrétaire, Mónica Ananías, de lui apporter pour le déjeuner une portion de *pichanga*, plat chilien très populaire, un jambon de viande de bœuf séchée accompagné de légumes.

De la normalité à l'extravagance

Dès le début de 1976, et malgré les promesses d'une vie « normale », la famille Pinochet emménage dans la vaste maison de l'avenue Presidente Errázuriz où règne « la Lucía » – qu'il convient désormais d'appeler « señora Lucía ». Celle-ci a remodelé de fond en comble, depuis la rénovation du toit jusqu'au changement des parquets, le nouveau domicile des Pinochet afin qu'il soit « digne d'un président[6] ». L'épouse du dictateur, par ailleurs, a restructuré la CEMA comme un vaste parti politique féminin à sa disposition, avec les épouses des trois autres commandants de la junte et celles des officiers et des maires enrôlées sans qu'elles puissent y échapper. Toutes sont dites « volontaires » en faveur de la cause de la « mère chilienne » et de la « dignité de la famille » et, pour beaucoup, du bon déroulement de la carrière de leurs maris. Ces « volontaires » seront 45 000 en 1978 et, sous la houlette de Lucía, elles porteront son double message en faveur de la droite dure et du catholicisme intégriste.

Augusto Pinochet n'est peut-être pas très sophistiqué dans ses manières, mais il aime le pouvoir et ses privilèges. Pour bien marquer la différence entre lui et les trois autres commandants de la junte après sa désignation comme président de la République, il décide de réserver à son usage exclusif la loge présidentielle du théâtre municipal, ce qui agace ses trois camarades. Fin 1974, en attendant la restauration du palais de la Moneda détruit par le coup d'État, il entreprend aussi un vaste réaménagement des bureaux de l'immeuble *Diego Portales* et choisit les deux derniers étages pour la présidence. Lucía, bientôt, aura elle aussi son propre étage, juste en dessous. Elle va y disposer d'un coiffeur, d'une maquilleuse et d'un photographe toujours disponibles, ainsi que d'une large penderie où elle trouvera de quoi changer de tenue quatre fois par jour[7]. Quand Pinochet s'installera à la Moneda, en mars 1981, Lucía disposera d'une aile du palais à son usage exclusif.

La « première dame » de cette étrange république est très attachée au colonel Manuel Contreras, le patron de la DINA* qui sait la tenir en haleine en lui décrivant des complots réels ou supposés contre sa personne, son mari ou sa famille. Lucía lui demande aussi des détails sur la vie quotidienne de ses enfants et toutes les rumeurs et les méchancetés qui circulent sur elle au sein même du *Diego Portales*. Elle surveille de très près les femmes qui tournent un peu trop souvent autour de son mari. Mais des incartades d'Augusto, l'habile Contreras ne dit jamais rien.

La fidélité conjugale semble chez Lucía une obsession constante et, souvent informée par ses « volontaires » de la CEMA, elle dénonce à Augusto avec colère tous les ministres ou officiers infidèles à leurs épouses. Son mari, résigné, et sans doute désireux de se faire pardonner ses fautes passées (« et d'autres pas si anciennes », ajoute Alejandra Matus[8]), prend sa plume et destitue ou éloigne les coupables.

Lucía reste si attachée au colonel Contreras, si dépendante de sa surveillance, de ses confidences et de sa sollicitude, qu'elle ne peut plus se passer de lui. En 1977, après l'assassinat à Washington d'Orlando Letelier par la DINA,

---

* *Dirección de Inteligencia Nacional.* En français : Direction nationale du renseignement.

Pinochet, sous la pression américaine, dissout cette organisation et démet Contreras tout en le nommant général en guise de consolation. Lucía est si fâchée qu'elle quitte le domicile conjugal, ce qu'elle n'avait jamais plus fait depuis l'affaire de Quito. Son absence va durer deux semaines. Selon un haut fonctionnaire que cite Alejandra Matus[9], Pinochet doit demander la médiation d'une haute autorité ecclésiastique pour que Lucía consente à revenir au foyer, dans la maison de l'avenue Errázuriz.

La reine du shopping

Ce goût du pouvoir que vont partager, chacun à sa manière, Lucía et Augusto, va s'exprimer progressivement au fil des années. Tous les deux, marqués par une vie jusqu'alors étriquée, sont soudain subjugués par les nouveaux et nombreux privilèges qui leur sont octroyés en tant que chef de l'État et «première dame» de la République. Plus tard, c'est l'argent qui va les stimuler, notamment quand ils commencent à fréquenter une élite civile fortunée, polyglotte et éduquée dont ils s'approchent avec l'entrée des *Chicago boys* et des «grémialistes» au gouvernement.

Ce changement d'attitude est manifeste lors du premier voyage officiel du couple présidentiel. Il a lieu à Asunción, capitale du Paraguay, pays dirigé par un autre dictateur, Alfredo Stroessner. Selon les révélations de l'affaire des comptes secrets de la banque Riggs[10], le couple Pinochet emporte avec lui un million et demi de dollars américains en guise d'argent de poche. Alejandra Matus, la biographe de Lucía Hiriart, cite une journaliste – elle a choisi de rester anonyme – qui a, parmi d'autres, suivi ce voyage pour la presse chilienne et a vite compris que la politique n'en était pas la priorité. « Nous avons séjourné cinq jours dans ce pays, et il n'y eut qu'une ou deux rencontres entre les chefs d'État. Le reste du temps fut consacré aux promenades et au shopping. La señora Lucía s'est révélée une consommatrice hors du commun. Elle adorait les manteaux, les chapeaux, je me souviens qu'elle acheta des tas d'articles artisanaux comme des étoles brodées, par exemple, ce genre de choses lui plaisait beaucoup. Je ne sais même pas combien d'étoles elle a rapportées, parce que quand quelque chose lui plaisait, elle n'en achetait pas une, mais dix[11]. »

Un autre voyage officiel du couple Pinochet, à Madrid en novembre 1975, à l'occasion des obsèques du dictateur espagnol, le « généralissime » Francisco Franco, va marquer un avant et un après. Il s'agit pour eux de leur premier voyage officiel en Europe, un moment fondateur. Il leur semble entrer enfin avec les honneurs dans la cour des grands. À leur arrivée à l'aéroport de Madrid, le 22 novembre, les Pinochet, accompagnés de fonctionnaires et de 40 agents de la DINA dirigés par leur chef, Manuel Contreras, ont été accueillis par le prince Juan Carlos, futur roi d'Espagne, et son épouse Sofía qu'ils ont trouvés charmants et attentionnés. Ils sont luxueusement logés à l'hôtel Ritz, le plus élégant de la capitale espagnole. Lucía, bien sûr, ne peut s'empêcher de faire quelques emplettes et les autorités font discrètement ouvrir un ou deux magasins de luxe à son intention exclusive, alors que tous sont fermés pour cause de deuil national. Pinochet et sa femme, qui jugent le défunt Franco comme le modèle parfait du chef d'État autoritaire, sont pleins de dévotion pour sa personne et son histoire, et constatent combien sa mort semble susciter affliction et chagrin chez les Espagnols. La vérité est qu'ils n'ont pas le temps – ni sans doute le désir – de sonder les cœurs, car ils doivent réduire leur visite à trois jours, alors que plusieurs dirigeants européens refusent de participer aux cérémonies officielles en compagnie du dictateur chilien. Ce dernier va donc partir le 25 novembre – jour de son soixantième anniversaire –, juste après la messe des funérailles à laquelle il assiste drapé dans une large cape grise et portant sa grand-croix du Mérite militaire espagnol que lui a octroyée Franco deux mois plus tôt.

Ce séjour est court, mais émouvant. Et il donne l'occasion à Pinochet de régler avec discrétion quelques affaires pendantes. Si l'on en croit le témoignage de l'agent de la DINA Michael Townley, Pinochet, accompagné de Contreras, rencontre à Madrid Stefano Delle Chiaie, chef d'un groupe fasciste italien, *Movimiento Italiano Avanguardia Nazionale*, dont les militants viennent de tenter, sans succès, de tuer à Rome l'ancien vice-président chilien Bernardo Leighton. Pinochet et Contreras s'entretiennent avec lui, toujours selon Townley, du projet d'assassiner le socialiste chilien Carlos Altamirano, en exil à Madrid. Ce projet va échouer en 1976, pour avoir été découvert à temps par les services espagnols.

La routine et ses exceptions

La vie dans la maison de la rue Presidente Errázuriz, dans laquelle la famille Pinochet s'installe après son réaménagement en 1976, est marquée par la routine propre aux militaires. Comme à son habitude, Pinochet continue à se lever tôt, à 6 heures, fait sa séance de gymnastique de toujours, puis, une heure plus tard, part à son bureau, dans l'immeuble *Diego Portales* où le conduit généralement son confident, ami et espion personnel Manuel Contreras. Vers 10 heures, c'est au tour de Lucía de partir travailler.

Marco Antonio et Jacqueline se sont levés après le départ de leur père, prennent leur petit déjeuner avec leurs gardes du corps et s'en vont au collège avant le réveil de leur mère. Quand ils reviennent chez eux, en fin d'après-midi, ils se retrouvent souvent dans la salle de cinéma aménagée dans un sous-sol de la maison, puis dînent sans attendre leur mère qui rentre vers 21 heures. Ils voient leur père plus rarement encore. Parfois, ils lui rendent visite à son bureau et Pinochet interrompt aussitôt ses activités pour leur consacrer un peu de temps. Lui rentre vers 22 heures et dîne seul ou avec Lucía, avant de se retirer dans son bureau où livres d'histoire et biographies politiques et militaires, qu'il collectionne, s'alignent dans les bibliothèques couvrant les murs de la pièce. Il faut attendre les fins de semaine pour que les deux adolescents voient leurs parents, sauf quand ces derniers ont des engagements majeurs. À partir de 1978, la famille tente de passer ses week-ends ensemble dans une hacienda à Bucalemu, à 140 kilomètres au sud-ouest de Santiago. La propriété, qui borde l'océan Pacifique, vient d'être acquise par l'armée pour les loisirs de Pinochet. Ce dernier aime tant cette région qu'il décide, en 1994, d'y acheter un terrain de 51 hectares et d'y construire une maison qu'il va appeler Los Boldos.

L'ensemble de la famille se réunit à plusieurs reprises au cours de l'année. D'abord à Noël, avenue Errázuriz. Les trois enfants les plus âgés, Lucía fille, Augusto junior, María Verónica, leurs conjoints et leur progéniture retrouvent alors parents et grands-parents, ainsi que Marco Antonio et Jacqueline. Tous ont l'air de bien s'entendre et sourient pour la traditionnelle photographie familiale. Les disputes viendront plus tard, comme une explosion de colère, de rancœurs et de ressentiments, avec la détention d'Augusto à Londres, puis les scandales financiers familiaux.

Une année, Augusto le gentil grand-père offre à ses petits-enfants des panoplies de soldats de commando, avec treillis, fusils en plastique et casques de combat. Les parents ont-ils jugé ce choix malencontreux ? Toujours est-il que plus tard, « papy » Pinochet va opter pour la distribution d'enveloppes contenant des sommes d'argent considérables, entre 50 000 et 100 000 pesos[12], soit, à l'époque, l'équivalent de 10 000 et 20 000 dollars américains[13], ce qui semble ravir parents et enfants.

Une autre rencontre, à la fois familiale et sociale, est le réveillon du 31 décembre au Cerro Castillo, à Viña del Mar, au cours duquel les invités portent smoking et robe longue. Pinochet, en uniforme de gala, un verre de champagne à la main, aspire le grand air de l'été austral sur la terrasse donnant sur le Pacifique et souhaite une heureuse année à ses invités. Quelques minutes plus tard, au douzième coup de minuit, tout le monde regarde et écoute dans un silence religieux l'enregistrement des vœux télévisés du chef de l'État à la nation. Puis Lucía et Augusto ouvrent le bal.

Des rendez-vous familiaux ont également lieu à l'occasion des anniversaires d'Augusto, le 25 novembre, et de Lucía, le 10 décembre. Le 23 août, on commémore aussi en famille la nomination de Pinochet comme commandant en chef de l'armée. Enfin, personne n'oublie de célébrer chaque année la « geste » du 11 septembre.

« Maraca ! »

Lucía, reine de la CEMA, a beau chanter les louanges des mères et de la famille chilienne, elle-même est particulièrement négligente à l'égard de ses deux derniers enfants, tout en restant obsédée par leur sécurité. Elle compte sur leurs jeunes gardes du corps pour les protéger avec abnégation.

Marco Antonio hésite avec eux entre complicité et rébellion. Quand il a l'âge d'aller à l'université, il ne termine aucune des études qu'il entreprend, ce qui désole Pinochet. Jacqueline, sans aucun doute la fille préférée du dictateur, ne brille pas non plus sur les bancs des écoles et renonce à suivre des études supérieures. Elle connaît ses premières amours avec l'un de ses gardes et a ensuite d'autres liaisons avec des jeunes gens invités aux fêtes organisées pendant les vacances à la montagne l'hiver et à Los Boldos l'été. Pour Lucía l'intégriste, chaque flirt de sa fille est un scandale. Selon un garde du corps de la famille cité par Alejandra Matus, Lucía traite Jacqueline de *maraca*[14], « putain ». Augusto, quant à lui, pardonne tout à sa plus jeune fille née au moment de sa réconciliation avec Lucía, à son retour d'Équateur. Il lui porte une affection particulière qui génère chez ses autres enfants une indéniable jalousie. Il la reçoit avec plaisir, jusqu'à la fin de sa vie, avec les neuf enfants de ses trois mariages successifs. Jacqueline va toujours rester financièrement et affectivement dépendante de ses parents.

Marco Antonio, que Lucía tente de protéger face aux colères de son père qu'il suscite très souvent, se montre un jeune homme sans contrôle et sans limites. Un soir, il est à l'origine d'un drame épouvantable quand, à 17 ans, il conduit sans permis une voiture qu'il ne maîtrise pas et provoque un accident. Le garçon s'en sort indemne, mais l'amie qui l'accompagnait, Natalia Ducci, meurt sur le coup. La sécurité tente de maquiller l'affaire et jette le corps de la jeune fille dans une carrière, tandis que Lucía et Augusto chargent Contreras d'expédier Marco Antonio, sous un faux nom, aux États-Unis. Cette triste histoire hantera le garçon pendant longtemps.

D'autres histoires suivront, un peu plus tard, politiques et conflictuelles, avec Augusto prisonnier à Londres, puis quand viendra l'heure des comptes bancaires, lesquels, comme nous le verrons, sont nombreux, bien remplis, secrets, et ouverts à l'étranger.

18

L'imitation de la démocratie

Un intellectuel civil, Jaime Guzmán, va jouer un rôle déterminant pour « institutionnaliser » ce qui deviendra « le régime de Pinochet ». Ce personnage hors du commun, à la fois bizarre et brillant, identifie très tôt Pinochet comme l'homme qui va refonder un Chili qui n'existe plus, austère, frugal, catholique et romain, autoritaire, avec un peuple rassemblé autour d'un chef dans une société fraternelle, corporatiste et décontaminée des partis politiques. Guzmán est un jeune juriste constitutionnaliste de l'Université catholique et fondateur du *Movimiento Gremial* de cette université, animé par des étudiants conservateurs et des nationalistes. Catholique très dévot – il va à la messe et communie tous les jours –, admirateur du dictateur espagnol Francisco Franco et proche de l'ancien président Jorge Alessandri, Guzmán hésite entre la prêtrise et des études de droit pour finalement choisir cette dernière voie. Il entre à l'Université catholique au jeune âge de 16 ans, et en devient président des élèves en 1966. Plus tard, il divisera sa vie professionnelle entre journalisme – d'un genre polémique – et enseignement du droit, tout en soutenant la candidature d'Alessandri à la présidence de la République en 1970. Le 26 septembre 1973, Augusto Pinochet lui propose le poste de conseiller juridique de la junte. Un peu plus tard, il rejoint la Commission Ortúzar – ainsi nommée car elle est présidée par un avocat, Enrique Ortúzar – chargée par Pinochet, désireux d'une légitimité d'ordre quasi démocratique, de préparer le projet d'une nouvelle constitution censée légitimer la junte militaire. Dès ce moment, Guzmán devient l'un des plus influents idéologues de cette junte, le rédacteur des principaux discours de Pinochet, l'un de ses plus proches conseillers et, enfin, un infatigable rédacteur au sein de la Commission où il retrouve, parmi d'autres membres, son vieil ami Jorge Alessandri.

République bananière

Guzmán fait partie de ceux qui poussent Pinochet à s'imposer au sein de la junte comme chef de l'exécutif. En juin 1974, le jeune juriste sort de ses cartons un décret-loi qui plaît à Pinochet et va prendre le numéro 527 sur la liste des décisions formelles de la junte. Ce décret désigne le général comme « chef suprême de la nation ». Les autres membres de la junte n'ont connaissance du texte que quelques minutes avant la cérémonie de sa proclamation. Leigh, furieux, refuse de le signer, une dispute s'ensuit entre les quatre commandants et Pinochet, exaspéré, tape du poing sur le plateau en verre de la table de réunion avec une telle rage qu'il vole en éclats. Face à la colère de Pinochet, dont la main est ensanglantée, Leigh cède et signe le décret-loi. Voilà pour le premier acte de cette sinistre comédie. L'acte deux est plus réjouissant car, très vite, Pinochet et ses amis « grémialistes » s'aperçoivent que ce nouveau titre ronflant n'apporte à son titulaire aucun avantage politique. Le Chili n'a jamais connu de chef suprême, ni dans son histoire ni dans ses traditions. Pour les Chiliens, celui qui dirige la nation ne peut être que président de la République. Des blagues circulent dans ce pays austère et en cette triste période. Elles sont souvent venues de Leigh ou relayées par lui[1], sur le caractère « tropical » du titre. « Chef suprême de la nation », c'est vrai, fait un peu république bananière, général Tapioca des aventures de Tintin.

Il n'existe qu'une seule sortie à cette situation ridicule : par le haut. En décembre 1974, Guzmán se remet au travail et élabore le décret-loi n° 806 qui stipule que le président de la junte est aussi président de la République. Cette fois-ci, les trois autres commandants en chef se sont résignés à jouer les utilités aux ordres de Pinochet, qui concentre dès lors sur sa personne l'ensemble des pouvoirs d'un chef de l'exécutif. Désormais, la junte doit se contenter de son office d'organe législatif de fait, et comme Pinochet en reste le chef, il contrôle également la production réglementaire du régime.

Le plébiscite de 1978

Chaque année depuis 1974, l'Assemblée générale de l'ONU condamne le Chili, accusé de maltraiter les droits humains, sujet de notre prochain chapitre. Rien ne change en 1977 et cela exaspère Pinochet, qui, au lieu d'être attentif à cette question, décide d'organiser, le 4 janvier 1978, un plébiscite pour démontrer au monde qu'il n'a rien compris du Chili. Une fois ce projet connu, Héctor Humeres, le contrôleur de la République – institution de la démocratie qui a survécu au coup d'État – en charge de se prononcer sur la légalité des décisions des autorités publiques déclare qu'aucune loi ou article constitutionnel ne permet au gouvernement militaire et à son président d'organiser pareille consultation. À la surprise générale, Pinochet ne dit rien. Il sait que le temps joue pour lui. L'interdiction de Humeres est émise le 28 décembre 1977 et, par un heureux hasard, le contrôleur doit prendre sa retraite le 2 janvier 1978. La bureaucratie chilienne peut faire des miracles si Pinochet le lui demande : tous les papiers nécessaires à la mise à la retraite de Humeres sont rassemblés en vingt-quatre heures et ce dernier quitte son poste dès le 29 décembre. Le 30, son successeur est nommé en la personne de Sergio Fernández Fernández, avocat, homme de confiance de Pinochet qui l'a nommé ministre du Travail et de la Prévision sociale. C'est un « grémialiste » proche de Jaime Gúzman et de Sergio de Castro, personnage dont nous parlerons bientôt. Le 2 janvier 1978, Fernández Fernández ne trouve aucune objection à ce plébiscite et autorise son organisation. Laquelle bat sans doute un record mondial de vélocité électorale puisque la consultation a lieu deux jours plus tard. Pourquoi traîner puisque les registres électoraux ont été détruits en 1973 ? Chacun, avec sa carte d'identité, peut donc aller dans le bureau de vote de son choix. Les électeurs doivent répondre par oui ou par non à cette phrase, qui comporte en réalité deux affirmations : « Face à l'agression internationale lancée contre notre patrie, je soutiens le général Pinochet dans sa défense de la dignité du Chili, et je réaffirme la légitimité du gouvernement de la République à diriger de façon souveraine le processus d'institutionnalisation du Chili. »

Le vote est obligatoire et plus de 5,3 millions d'électeurs (pour une population qui comptait alors 10,7 millions d'habitants[2]) mettent un bulletin dans l'urne. Le résultat s'avère une consécration pour Pinochet : 78,6 % des votants ont choisi le joli bulletin « oui » aux couleurs du drapeau national tandis que 21,4 % ont préféré le triste bulletin du « non » bordé de noir comme un faire-part de décès. Bien sûr, ce résultat est atteint dans des conditions éminemment douteuses non seulement sur le plan technique, en l'absence de registres, mais surtout politique avec l'état de siège encore en vigueur, sans opposition, sans partis politiques, sans affiches sur les murs, sans réunions publiques, sans journaux et médias indépendants. Les bureaux de vote sont sous le contrôle de citoyens désignés par les autorités. Mais enfin, le résultat est là, qui n'intéresse personne à l'étranger en raison du peu de crédibilité du scrutin et de la nature du régime, mais qui confirme au Chili que Pinochet reste bien le chef incontesté du pays.

Pour ressembler à un vrai démocrate, il ne lui manque plus qu'une nouvelle Constitution taillée sur mesure par la Commission Ortúzar. Ce sera chose faite en 1980.

19

La stratégie de la barbarie

Le caractère immédiat, puis systématique et, plus tard, organisé de la barbarie, dont plus de 40 000 personnes vont être les victimes, démontre que la violence fait partie intégrante de la stratégie d'Augusto Pinochet. Elle n'est pas un accident, ou la lubie de quelques-uns, des fous furieux isolés et sans contrôle, elle relève à la fois d'une volonté dictatoriale, d'une pensée messianique, d'une organisation spécialisée, la DINA, la police secrète du régime militaire, et d'une coopération internationale avec l'opération Condor*.

Les conjurés du 11 septembre ont décrété que le Chili sous Allende était en guerre avec lui-même. Selon ce scénario, une faction – le gouvernement de l'Unité populaire et ses affilés – avait décidé de transformer un pays conservateur, catholique et traditionaliste, fier de son histoire et de sa démocratie, en une dictature communiste imposée non par les urnes,

---

* L'opération Condor, sujet du chapitre suivant, est une alliance des dictatures du Cône Sud de l'Amérique latine pour l'échange de renseignements et de prisonniers politiques. Elle devient effective à la fin de l'année 1974.

malgré les discours sur « la voie chilienne vers le socialisme » d'Allende, mais par la démagogie associée à la violence. La guerre étant le métier des soldats, ils décident de la faire eux aussi, et il faut comprendre, pour analyser la réalité qui vient, que le 11 septembre n'est pour eux que la première bataille d'un long conflit.

S'il fallait trouver une analogie historique de leurs intentions, on pourrait penser à la *Reconquista* espagnole contre les derniers bastions arabes. Cette guerre de reconquête a perduré au-delà de son ultime victoire, la prise de Grenade en 1492, car son enjeu n'était pas seulement de chasser les derniers Maures de la péninsule Ibérique, mais aussi d'effacer leurs traces, les mœurs et les lois, une religion et des mosquées, des modes de vie et d'exercice du pouvoir exogènes au monde chrétien. Avec l'expulsion des Maures, puis des Juifs, et le harcèlement des convertis auxquels on proposait du jambon pour s'assurer qu'ils avaient bien embrassé la chrétienté, les rois catholiques ont mené le projet du retour d'une Espagne perdue. Les militaires chiliens restent en guerre après le coup d'État pour des raisons analogues. Le conflit, selon eux, n'est pas terminé. Il ne fait que commencer. Reste encore, comme l'avait déclaré le général Leigh, à « extirper le cancer marxiste » dont toutes les mauvaises cellules continuent à contaminer le corps social du pays, et ce, « jusqu'à ses ultimes conséquences », que l'on est en droit d'interpréter comme un appel à tuer tous les marxistes chiliens. Il s'agit bien là d'une autre « reconquête », qui s'opère à travers une guerre totale, sans pitié ni quartier. On tue l'ennemi pour le retour d'un Chili perdu.

Cette vision messianique et ce projet dans la durée sont le mieux exprimés par Leigh dans son discours à la jeunesse déjà évoqué[1] : « Nous ne sommes pas un simple régime de transition entre deux gouvernements politiques. Nous ne sommes pas ici pour nous contenter d'administrer le pays pendant quelques années et le rendre ensuite aux mêmes politiciens qui furent les responsables d'une destruction virtuelle et progressive de notre patrie. Nous n'assumons pas la charge du gouvernement par plaisir. Nous le faisons pour un impératif suprême : sauver le Chili[2]. »

Le désordre nouveau

Ces intentions éthérées d'un Chili purifié, « décontaminé » du marxisme, se sont transformées sur le champ de bataille en actions désolantes et détestables, dans une brutalité sauvage et sans contrôle dès les toutes premières heures du coup d'État.

De jeunes soldats, certains âgés d'à peine 18 ans, sont envoyés, armés jusqu'aux dents, vers Santiago, à l'aube du 11 septembre, sans savoir ce qu'ils vont y faire. Le magazine chilien *The Clinic*[*] en a retrouvé quelques-uns, trente ans plus tard, qui racontent ce jour de leur premier combat, et c'est épouvantable. « Ils étaient trois mille, ils ont coupé des rues, tiré des coups de feu, ils ont violé des femmes, ils ont tué des gens et certains d'entre eux ont été tués aussi, en agissant sous les ordres des généraux putschistes de Pinochet[3]. » Ce sont des gamins. Certains pleurent quand ils se retrouvent séparés de leurs camarades, ou quand ils comprennent qu'ils vont aller au combat. Une fois le jour levé, un capitaine leur explique enfin ce qui se passe. « Il nous a dit que l'armée allait prendre le pouvoir, il n'a pas parlé de coup d'État, mais à la fin il a crié : *Viva Chile, mierda !* » L'officier invite

---

* Le nom de ce magazine évoque la clinique privée de Londres dans laquelle Pinochet sera arrêté le 6 octobre 1998.

les jeunes recrues qui ne sont pas d'accord à faire un pas en avant. Personne ne bouge. Un aumônier vient bénir ces petits soldats, certains éclatent encore en sanglots. Ils sont alors répartis dans Santiago et partent en guerre. « Les instructions que leur donnent leurs supérieurs sont simples. S'ils voient quelqu'un qui leur semble bizarre, ils lui tirent dessus d'abord, puis en l'air ensuite. Si une enquête est faite plus tard, personne ne pourra déterminer qui a tiré le premier. »

À 10 heures, Gaspar Sánchez, petit délinquant avant de rejoindre l'armée, se trouve sur la place de la Constitution. « Ce qu'il voit en face de lui, c'est une guerre, et ça lui plaît bien. Il tire sur la Moneda, et aussi sur un chien errant encore sur les lieux. "Il m'a aboyé dessus. Pah pah pah, et voilà !" » Des tanks et d'autres soldats tirent également sur le palais présidentiel. En tout, quelque 50 000 projectiles sont lancés contre cet édifice centenaire.

Un autre groupe arrive à pied par l'avenue Alameda et, au croisement avec la rue Lord Cochrane, les soldats sont arrêtés par un barrage de tirs venus de l'immeuble du ministère des Travaux publics. Ils se trouvent dans la ligne de mire des francs-tireurs du GAP, armés d'AK 47. Le sergent Primero Ramón Toro Ibáñez, 37 ans, tombe, une balle dans la tête. Il était chef de la section du soldat Juan Molina, un garçon de 18 ans.

Toute la journée, la section de Molina, désormais dirigée par Agustín Luna, le second de Toro Ibáñez, se tient non loin de la Moneda après le bombardement du palais et ne fait pas grand-chose. Les jeunes garçons comprennent qu'Allende est mort quand ils voient une ambulance emporter un corps enveloppé dans une grande cape. Puis ils attendent des ordres qui ne viennent pas. Soudain, à 17 heures, les tirs reprennent depuis le ministère des Travaux publics et l'hôtel Carrera. Luna, 22 ans, reçoit une balle dans le cou et meurt aussitôt.

« Cette journée du 11 septembre se clôt avec 26 morts à Santiago, écrivent les deux auteurs de l'article. En dehors de la Moneda, le seul lieu où l'on s'est battu est La Legua, une banlieue ouvrière de la capitale. Dans tout le pays, on compte 36 morts. À la fin de l'année, 1 823 personnes auront perdu la vie. »

« Vers le 15 septembre, raconte Gaspar Sánchez, on nous a envoyés à Mapocho [une autre banlieue de Santiago] pour ramasser les morts et les mettre dans un camion. J'ai ramassé environ 4 personnes. Elles étaient coupées en deux, sans bras ni jambes. C'étaient des civils. On les a emballées dans des sacs et posées dans le camion. Je ne sais pas ce qu'ils en ont fait. »

À la même époque, le soldat Sergio, 18 ans, garde les prisonniers du régiment des *Ingenieros*, entassés dans des wagons. « Certains de mes compagnons, dit-il, sortaient les prisonniers des toilettes en les faisant marcher "au pas du nain", c'est-à-dire accroupis et les mains sur la nuque. Ces détenus étaient des professeurs, des médecins, des travailleurs. Pour les femmes, c'était pire encore, elles étaient dans des wagons séparées des hommes. Là-dedans, ils violaient n'importe quelle femme. La nuit, on entendait leurs cris. »

Ces jeunes soldats, auxquels on conseille de « tirer d'abord et de poser des questions ensuite », n'ont plus le sens des limites à ne pas dépasser. Ils sont à peine sortis de l'enfance et mus par l'instinct, mais aussi l'émotion. « Un jour, raconte Sánchez, qui gardait en janvier 1974 les prisonniers du Stade national[4], les officiers nous ont demandé de convaincre un monsieur de s'enfuir. Nous lui avons conseillé de passer par l'endroit qu'on nous avait indiqué, et lui, pour nous remercier, nous a donné des cigarettes. Moi, je ne savais pas ce qui allait se passer, j'ai agi de bonne foi. Et puis j'ai vu qu'ils le tuaient avec une rafale, il s'est pris sept balles dans le corps. J'ai pleuré. »

Un autre événement l'a longtemps poursuivi. « C'était toujours au stade. Il y avait une blonde très jolie qui avait jeté de l'acide au visage d'un officier. Comme punition, on nous avait ordonné de la violer, et on devait le faire tous les jours. On faisait la queue. Elle était attachée. C'était un ordre. Et puis on était jeunes, ça nous plaisait quand même. À l'époque, je n'ai eu aucun remord. Maintenant si. Certaines nuits, ça me réveille. »

Après les sauvageons, laissés à eux-mêmes dans le grand tourbillon de leur première « guerre », va vite venir une violence plus codifiée, ordonnée, sans doute plus impardonnable encore que celle de jeunes soldats étourdis par la peur et le plaisir morbide de leur puissance de feu.

La bureaucratie de la violence

« La prédisposition de Pinochet en faveur de l'usage de la violence peut être comprise comme une manière de casser son image d'un homme qui n'avait pas participé aux débuts de la conspiration. Il avait travaillé avec le général Prats et s'était tenu à la marge de la préparation du putsch, vacillant jusqu'au dernier moment », remarque Carlos Huneeus[5]. Face à lui se tient un adversaire potentiel, le général Leigh, homme éloquent, considéré comme le principal responsable de la « libération » de la patrie pour avoir ordonné à ses avions de bombarder la Moneda. Comme nous l'avons vu, Leigh tente de s'imposer comme le *primus inter pares* des conjurés, mais ce rôle est finalement confié à Pinochet. Ce dernier, bien décidé à contrôler l'ensemble des informations utiles à ses nouvelles fonctions, va créer, dès novembre 1973, une officine de renseignements de l'armée qui deviendra officiellement, en juin 1974, une administration indépendante au service de la junte, la DINA. Cette « prédisposition à la violence » de Pinochet qu'évoque Huneeus s'avère aussi l'élément central d'une stratégie de légitimation *a posteriori* du putsch et de ses conséquences. Pour cela, Pinochet a besoin d'une guerre, mais elle n'existe pas. Le soir du 11 septembre, l'ensemble du pays est sous le contrôle des forces armées, à l'exception de quelques foyers de résistance qui seront vite éteints. Si la guerre n'existe pas, il faut l'inventer, et pour la crédibiliser, lui donner des ennemis, mais ils ont tous disparu vers la fin septembre. L'immense majorité des cadres dirigeants des socialistes, des communistes, du MIR et d'autres groupes extrémistes présents à Santiago le 11 septembre sont vite arrêtés, souvent tués ou en quête d'un asile dans une ambassade. En province, en revanche, tout est beaucoup plus calme. De nombreux officiers font savoir que leur région est sous contrôle, sans opposition notable. Des dirigeants politiques et des syndicalistes locaux ont été faits prisonniers, d'autres, se sachant recherchés, se sont rendus spontanément aux autorités militaires, et les « conseils de guerre » ont prononcé des sentences jugées beaucoup trop clémentes par le président de la junte.

La caravane de la mort

Avant même que la DINA ne puisse démontrer son immense capacité de nuisance, Pinochet charge un officier d'infanterie prestigieux, l'un des premiers artisans du coup d'État, le général Sergio Arellano Stark, *El Lobo*, d'être son « délégué » dans les provinces. Il doit y « accélérer et unifier les critères d'administration de la justice » concernant les prisonniers politiques. Le 30 septembre 1973, Arellano et quelques officiers qui ont sa confiance s'envolent dans un hélicoptère militaire *Puma* – un appareil de fabrication française, soit dit en passant – en direction de Tacna, une ville située à 260 kilomètres au sud de Santiago. Ce voyage d'Arellano et de ses officiers va durer du 4 au 19 octobre. On l'appellera bientôt la « caravane de la mort ». Celle-ci va de ville en ville, du sud jusqu'au grand nord, à Valdivia, Linares, Cauquenes, La Serena, Copiapó, Antofagasta, Calama. Les officiers vont torturer et tuer sommairement 72 détenus[6], certains déjà jugés et condamnés à des peines de prison parfois légères. Peter Kornbluh, directeur de la documentation sur le Chili pour la *National Security Archive* à Washington et auteur du livre *The Pinochet File*, déjà cité, déclare que l'équipe d'Arellano forme « le premier et le plus important peloton d'exécution » du début de la dictature militaire. Selon Kornbluh, le but était « d'éliminer les dirigeants politiques locaux qui n'avaient rien fait d'autre que de participer à la démocratie que représentait Allende à l'époque. Il fallait aussi envoyer un message fort aux commandants militaires locaux : la coexistence pacifique avec la gauche dans leur région n'était plus tolérée[7] ».

À chaque étape, le sinistre scénario se reproduit. Arellano demande à voir les listes de détenus et leur jugement éventuel par le tribunal militaire local transformé en « conseil de guerre » et coche au crayon rouge des noms sur cette liste : des personnes qui doivent être immédiatement éliminées, soit par les soldats de la garnison locale, soit par des membres de la suite d'Arellano, après une séance de torture par ces derniers en quête de renseignements. Une fois fusillées, les victimes sont enterrées dans des fosses communes, ou jetées dans des puits de mines ou, au nord, laissées à l'abandon dans le désert d'Atacama. Parmi elles se trouvent des avocats, des enseignants, des journalistes, des médecins, des syndicalistes. « Les victimes sont des dirigeants politiques de base, des travailleurs ou des professeurs. Quarante d'entre eux étaient militants d'un parti, en majorité du parti socialiste. À La Serena, par exemple, l'une des personnes exécutées était le directeur de l'école de musique du siège local de l'université du Chili, Jorge Peña, militant socialiste sans participation politique active et fils d'un médecin réputé de la ville », écrit Carlos Huneeus[8].

En bons bureaucrates, les militaires se couvrent pour justifier ces exécutions, et Arellano veut des papiers en ordre. Les tribunaux militaires confirment alors de nouvelles sentences qu'ils n'ont jamais prononcées, et les rapports des commandants locaux racontent tous plus ou moins la même histoire : un camion militaire en panne, des prisonniers qui tentent de s'enfuir, ou qui se rebellent, et les soldats qui les mitraillent.

Dans les régions du Nord où les mines sont nombreuses, comme les partisans d'Allende, les tueurs de la caravane s'avèrent particulièrement cruels. On le sait grâce au témoignage du général Joaquín Lagos, commandant de la 1re division de l'armée à Antofagasta, bouleversé par ce qui s'était passé à son insu sur le territoire qu'il était censé contrôler : l'exécution de 53 prisonniers le 19 octobre 1973. En 2001, il a raconté à la chaîne de télévision nationale chilienne à la fois la procédure – une délégation de pouvoirs, tirée de la poche d'Arellano, signée Pinochet, président de la junte et commandant en chef de l'armée – et l'horreur que fut la venue de cette « caravane de la mort » sur le territoire de son commandement. « Ils ont crevé les yeux des prisonniers avec des dagues, ils leur ont cassé les mâchoires et les jambes, et ils les ont tués lentement, d'abord une rafale dans les jambes, puis une autre dans leurs organes sexuels, puis au cœur. Tout cela avec des mitraillettes.

Ils les ont mis en morceaux. Ils n'étaient même plus des corps humains. Je voulais qu'on reconstitue leurs corps pour qu'ils reposent de façon plus décente, mais ce fut impossible[9]. »

Aux lendemains du 11 septembre, les militaires au pouvoir ont prétendu avoir évité une guerre civile au Chili. Mais elle existe bel et bien, et ce sont eux qui l'ont déclenchée.

La DINA

Cet organisme fut créé quelques jours après le coup d'État pour combattre le marxisme et informer la junte des développements de son action. Très vite, il se transforme en officine au service exclusif de Pinochet en raison de la proximité de son chef, le colonel Manuel Contreras, avec le président de la junte qu'il voit pratiquement tous les jours. Contreras recrute un grand nombre de personnes appartenant aux trois institutions des forces armées et des carabiniers. L'organisme compte aussi des civils, souvent issus du mouvement d'extrême droite *Patria y Libertad* qui avait reçu des financements de la CIA à l'époque du *Tancazo*. La DINA sera le principal acteur de la violence institutionnalisée. En vertu du décret-loi n° 52, elle a le droit de détenir un individu aussi longtemps qu'elle le juge nécessaire tant que dure l'état d'urgence, lequel s'éternise pendant presque toute la présidence de Pinochet. « La DINA doit être vue comme une agence qui jouit d'un pouvoir pratiquement sans limites. En réalité, elle pouvait violer tous les droits personnels les plus élémentaires, dissimuler ses actions, et assurer son impunité », écrit dans son rapport la Commission Vérité et Réconciliation[10]. La CIA elle-même s'est inquiétée de la violence du nouveau régime à l'encontre de ses opposants. Dans un document déclassifié le 19 septembre 2000, l'agence américaine déclare avoir vu en Contreras, en avril 1975, « le principal obstacle à une politique raisonnable des droits humains par la junte, mais un comité rassemblant plusieurs agences américaines *(an interagency committee)* a ordonné à la CIA de poursuivre sa relation avec Contreras ». En mai et juin 1975, selon un autre document déclassifié à la même date, « des éléments au sein de la CIA ont recommandé d'établir une relation rémunérée avec Contreras afin d'obtenir des informations basées sur sa position singulière et son accès à Pinochet[11] ».

La création officielle de la DINA, en juin 1974, intervient à une époque où se dessinent de façon de plus en plus claire les modalités du régime, ses buts et sa durée. On sait désormais qu'il est dirigé non pas tant par la junte que par son président, Pinochet, et que ce dernier a réussi à convaincre ses pairs qu'une présidence tournante fragiliserait le gouvernement et générerait une agitation bureaucratique inutile. On sait aussi, depuis un discours, en mars 1974, de Pinochet à l'occasion des six premiers mois de la junte, qu'elle n'est pas prête à rendre le pouvoir aux civils. Son président annonce qu'aucun calendrier n'est encore fixé pour pareille hypothèse et critique vertement la démocratie chrétienne, jusqu'alors seule alternative démocratique envisageable dans le contexte politique du moment. La création de la DINA vient confirmer la consolidation du pouvoir militaire et de son chef, Augusto Pinochet. Ce dernier est le grand ordonnateur d'un Chili qu'il veut en guerre, avec d'un côté les bons, de l'autre les méchants Chiliens, ces derniers constituant une résistance imaginaire et menant une guerre « non déclarée et hypocrite » à laquelle il convient de riposter.

Pinochet, pour qui Cuba est l'image parfaite du mal en Amérique latine, se rend-il compte qu'il utilise les mêmes méthodes qu'a employées Fidel Castro pour consolider son pouvoir ? Violence, exécutions sommaires, camps de détention, police politique sans le contrôle d'une justice indépendante, désignation d'un ennemi fantasmé, décrit comme implacable, qui génère une paranoïa bienvenue dans la population permettant de traiter tout opposant politique de traître à la patrie… Augusto, nouveau *líder máximo* ? Toutes les dictatures se ressemblent-elles ? Nous tenterons de répondre à ces questions dans le chapitre 24.

La torture systématique

La DINA, nous dit le Rapport Rettig, est l'organisme responsable de la plupart des « disparitions » de détenus entre 1974 et 1977[12]. En effaçant les corps, on espère effacer les crimes. D'autres services d'intelligence, attachés à la marine ou à l'aviation, opèrent selon à peu près les mêmes méthodes que la DINA, mais avec une moindre ampleur. Celle-ci compte de nombreux centres de détention, la plupart dans la région de Santiago, mais aussi sur l'ensemble du territoire national. L'un d'eux est resté plus tristement célèbre que les autres, la villa Grimaldi, à Peñalolén. Environ 4 500 personnes y ont été détenues entre 1974 et 1977, au moins 240 y ont été tuées ou sont portées disparues. Dans la villa Grimaldi comme dans beaucoup d'autres centres de détention, la pratique de la torture est systématique. Nous citons, ici encore, le Rapport Rettig[13] : la *parilla* (le « grill ») consiste à attacher un détenu à un cadre métallique et à appliquer des décharges électriques sur les parties les plus sensibles du corps. Avec la « pendaison », le détenu est attaché par les poignets sans que ses pieds touchent le sol, ou par les poignets et les chevilles. Les suppliciés restent ainsi suspendus pendant de longues périodes, soumis à des chocs électriques ou des vexations diverses. Parfois des gardes s'accrochent à eux pour aggraver encore leurs douleurs. Le *submarino* («sous-marin») consiste à étouffer un détenu en lui plongeant la tête dans de l'eau, généralement sale, jusqu'à l'asphyxie, ou à obtenir la même détresse respiratoire en enfermant le visage dans un sac plastique – c'est le *submarino seco* («sous-marin sec»). On leur administre des coups de toutes sortes, avec les mains, les pieds, des chaînes ou d'autres instruments susceptibles de provoquer des lésions et même, parfois, la mort. Quant au *teléfono* («téléphone»), il consiste en des coups portés à plat sur les oreilles et responsables de nombreuses lésions auditives, parfois permanentes. Le rapport révèle également que quand ces méthodes s'avèrent inefficaces, d'autres, exigeant l'autorisation d'un officier, sont mises en œuvre. La torture «psychologique» consiste à séquestrer un parent du détenu interrogé et à le torturer et le violer sous les yeux du prisonnier, ou de menacer de le faire. Des traumatismes sont provoqués par une blessure par balle ou des coupures, voire, dans certaines occasions, la fracture des jambes du détenu en faisant passer un camion sur celles-ci. Selon les établissements de détention, viols ou abus sexuels sont soit habituels soit exceptionnels, et alors accomplis par des gardiens ou des subalternes sans que les officiers le sachent. Enfin, note le rapport, en de rares occasions, des actes extrêmes sont pratiqués par des officiers, «sous l'effet de la colère ou du sadisme. Parmi ceux-ci se trouvent la brûlure du corps avec un liquide bouillant ou l'accomplissement d'actes aberrants avec l'emploi d'animaux».

La violence, comme toujours, apparaît extrêmement efficace dans l'immédiat. «Contreras, écrit Huneeus, a réussi à démanteler le parti communiste, à affaiblir considérablement l'organisation clandestine du parti socialiste et à détruire le MIR[14]. » Ces succès renforcent la confiance de Pinochet envers le chef de la DINA, qui a instauré un climat de terreur dans tout le pays, affectant aussi bien les opposants au régime militaire que les hauts fonctionnaires du gouvernement, alors que la DINA enquête sur leurs vies privées et professionnelles. Même l'Église catholique n'est pas épargnée par le zèle de cette police politique omnipotente qui considère la défense des droits humains des prêtres comme une collaboration déguisée avec les marxistes. Ses agents suivent pas à pas évêques et curés considérés comme de dangereux ennemis de la patrie.

Grâce au travail de Contreras, Pinochet affirme un jour que « rien ne bouge au Chili, pas même la feuille d'un arbre, sans que j'en sois informé ». Une phrase qui sera retournée contre lui plus tard, quand il niera devant des juges, contre toute évidence, avoir connu les actions de ses agents les plus proches.

20

L'opération Condor

Dès ses origines, le champ d'action de la DINA s'étend au-delà des frontières nationales du Chili. Son ennemi, le communisme, prône l'internationalisme. Elle suit son exemple.

Le matin du 30 novembre 1974, à Buenos Aires, la capitale argentine, le général Carlos Prats et son épouse, Sofía Cuthbert, sont tués par l'explosion de leur voiture sous laquelle une bombe a été placée par un Américain agent de la DINA, Michael Townley.

L'ancien commandant en chef de l'armée chilienne, dont Pinochet a été proche, avait choisi l'exil à Buenos Aires après le coup d'État du 11 septembre. Pour avoir été ministre et vice-président du gouvernement de Salvador Allende, il savait l'aversion qu'il suscitait chez de nombreux officiers chiliens qui l'accusaient d'avoir compromis l'institution militaire. Prats, apparemment, ne posait aucun danger immédiat à la junte chilienne. Il se savait surveillé par des agents de la DINA et envisageait de s'éloigner. Partir à Madrid était une option : l'université de la capitale espagnole lui proposait d'y donner un cours pendant une année. Le passeport de Prats étant caduque et celui de sa femme ayant été confisqué par les autorités chiliennes lors de son départ en Argentine, le couple avait demandé au consulat du Chili à Buenos Aires de nouveaux passeports qu'il ne reçut jamais.

On sait aujourd'hui, par les suites judiciaires de ce crime, notamment les confessions de Townley à la juge argentine María Servini de Cubría, que l'ordre d'assassiner Prats a été donné par le colonel Pedro Espinoza Bravo, le second de Contreras, au chef du « Département extérieur » de la DINA, le commandant Raúl Iturriaga Neumann. « J'ai eu plusieurs conversations avec le colonel Pedro Espinoza, raconte Townley. Au début, il disait que le général Prats pouvait poser problème, devenir une menace et je lui ai demandé si je pouvais l'aider... On a parlé de l'importance de Prats dans la structure politique du Chili, de possibles activités de l'opposition, ces conversations ont continué et, au fil des semaines, elles sont devenues des questions comme "penses-tu que tu pourrais nous aider ?", "crois-tu que tu pourrais faire telle ou telle chose ?" et finalement je lui ai dit : "Oui, je vais essayer[1]." » Depuis, il a été établi que Townley a reçu l'assistance d'agents chiliens de la DINA à Buenos Aires. Ces derniers ont utilisé des voitures de l'armée argentine portant des plaques de la direction fédérale de la police de Buenos Aires, ce qui démontre un lien entre les services chiliens et argentins.

« Dictateurs sans frontières »

Audacieuse et spectaculaire, cette opération a probablement été mise en œuvre par Pinochet lui-même – Contreras a toujours déclaré avec insistance à la justice chilienne que

« Pinochet était celui dont je recevais les ordres et les dispositions que je devais exécuter ». Et elle relève de l'ambition de dépasser les frontières du Chili pour éliminer à l'étranger des personnes représentant une menace potentielle pour le régime militaire. Cette pratique va rapidement se structurer autour d'une entreprise extraordinaire, l'opération Condor. Il s'agit d'une sorte d'association de « dictateurs sans frontières », un « Mercosur de la terreur », pour reprendre l'expression d'un journaliste brésilien, Nilson Cesar Mariano, auteur d'un livre sur ce sujet[2].

La CIA fut très vite au courant de cette association de dictatures locales : « Au cours de l'année qui a suivi le coup d'État, la CIA et d'autres agences gouvernementales connaissaient l'existence de coopérations bilatérales entre les services de renseignements régionaux pour surveiller les activités d'opposants politiques et, dans au moins quelques cas, tuer ces derniers. Il s'agit d'actions antérieures à l'opération Condor, un arrangement sur les échanges d'informations entre, notamment, le Chili, l'Argentine, le Brésil, le Paraguay et l'Uruguay, établi en 1975[3]. »

L'opération Condor est initiée le 29 octobre 1975, quand Contreras convoque à Santiago une « réunion de travail » des responsables des services secrets du Cône Sud, lequel, en cette triste époque, ne connaît que des dictatures militaires. Cette réunion se tient entre le 25 novembre et le 1er décembre de la même année. Contreras, qui fut en 1967 l'un des élèves de l'École des Amériques* – une académie militaire des États-Unis apprenant à ses élèves sud-américains les techniques

* À l'époque, cette institution était située à Fort Gulick, au Panama. Depuis 1984, elle est située à Fort Benning, dans l'État américain de Géorgie.

de lutte contre la subversion[4] –, retrouve parmi les participants d'anciens camarades de classe. Considérant que « la subversion ne reconnaît ni frontières ni pays », les responsables présents décident d'établir une « banque de données » comprenant les noms des personnes, organisations et activités liées « directement ou indirectement » aux mouvements d'opposition. Il est également prévu de mettre sur pied un « centre de communication moderne et alerte » *(moderna y agil)* doté de téléphones déformant les voix et d'un code alphabétique permettant de crypter les communications par courrier ou par télex. Il est décidé de maintenir un échange constant d'informations, d'intensifier la surveillance des frontières, de permettre des interrogatoires communs de prisonniers. Les questions bassement matérielles ne sont pas non plus négligées puisqu'il est demandé aux pays intéressés de facturer le coût des transferts de prisonniers.

Les archives de la terreur

Tout ce que l'on sait sur l'opération Condor est exposé dans ce qu'il est convenu d'appeler aujourd'hui « les archives de la terreur », découvertes au Paraguay et désormais réunies au siège de la Cour suprême à Asunción, capitale du pays. C'est un juge local, José Agustin Fernández, qui les a trouvées, le 22 décembre 1992, au *Departamento de investigaciones* de la police, dans la ville de Lambaré, à une vingtaine de kilomètres d'Asunción. Le juge, qui agissait sur la foi d'un renseignement confidentiel, découvrit une montagne de vieux papiers et de dossiers en désordre, une masse inestimable de documents relatant l'histoire de la répression – 760 livres, 115 dossiers, 181 carnets, 204 caisses de documents, 574 feuillets épars, 8 369 fiches de détention, 1 800 cartes d'identité,

10 000 photographies. Dans une interview au journal de Santiago *La Epoca* publiée en 1993, il expliquait qu'il n'avait pas voulu laisser ces documents aux mains de la police après les avoir découverts de peur qu'elle ne les détruise. « Alors, avec l'aide d'un camion du journal d'Asunción *Diario de noticias*, nous avons emporté tous ces papiers dans mon bureau, et je les ai plus tard déposés au palais de justice[5]. »

Ce sont, en tout, quatre tonnes de documents qui constituent ces « archives de la terreur ». On y découvre les détails de l'opération Condor, la confirmation de l'arrestation et de la mort de militants disparus, et les preuves d'échanges de prisonniers entre différents pays, notamment l'Argentine, le Chili et l'Uruguay. Pour ce terrorisme d'État, « il n'existait pas de frontières géographiques, seulement des frontières idéologiques », écrira Jair Krischke, responsable brésilien du Mouvement pour la justice et les droits humains. Et son propos fait écho à cette déclaration terrifiante du lieutenant-colonel argentin Hugo Ildebrando Pacarelli dans un journal de Buenos Aires, *La Razon*, le 12 juillet 1976 : « La lutte que nous menons ne connaît aucune limite morale ou naturelle, elle va bien au-delà du bien et du mal[6]. »

L'opération Condor ne fit qu'institutionnaliser une relation déjà existante entre les services des pays du Cône Sud où les coups d'État successifs avaient jeté sur les routes de l'exil près de 4 millions de réfugiés. Au Paraguay, le général Alfredo Stroessner dirigeait son pays d'une main de fer depuis déjà une décennie quand, en 1964, un groupe de militaires mit un terme à la démocratie au Brésil. En 1971, le général Hugo Banzer menait un coup d'État en Bolivie. En 1973, ce fut au tour du Chili de connaître un régime militaire, tandis qu'en Uruguay le président Juan María Bordaberry dissolvait le Parlement et ouvrait la voie à la dictature. En Argentine, enfin, le retour et la mort de Juan Perón et la présidence de sa femme Isabel avaient conduit au coup d'État militaire de 1976. On estime que près de 36000 personnes ont été victimes de ces années noires en Argentine.

L'internationale du crime

Dans une lettre au juge espagnol Baltasar Garzón* datée d'octobre 1998, l'association argentine des Mères de la place de Mai donne plusieurs exemples de la coordination des forces de répression dans la région : cinq réfugiés uruguayens sont arrêtés à Buenos Aires dans les premiers jours de septembre 1974 et leurs corps retrouvés une semaine plus tard dans les environs de Montevideo, la capitale de l'Uruguay. En novembre de la même année, le Chilien William Beausire est arrêté à l'aéroport d'Ezeiza, près de Buenos Aires, alors qu'il se trouve en transit vers l'Europe. Un an plus tard, deux exilés paraguayens sont interpellés à Buenos Aires par des policiers du Paraguay qui les conduisent à Asunción. Les Mères de la place de Mai citent également le cas d'un Chilien, Jorge Isaac Fuentes Alarcón, arrêté par la police du Paraguay en 1975, alors que, venant d'Argentine, il traversait la frontière. Il est conduit à Santiago, séquestré dans la tristement célèbre villa Grimaldi, pour ne jamais réapparaître. Le 11 juin 1976, à Buenos Aires, des hommes armés pénètrent dans les hôtels Hilton et Pino où se trouvent, sous la protection de l'ONU, 110 réfugiés politiques et leurs familles ; 26 personnes sont séquestrées parmi lesquelles

---

* Le juge Garzón devient célèbre dans le monde entier pour avoir lancé, le 10 octobre 1998, un mandat d'arrêt international contre Pinochet qui a abouti à l'arrestation de ce dernier lors d'un séjour à Londres.

vingt-trois Chiliens, deux Paraguayens, un Uruguayen. En avril 1976, trois Uruguayens sont arrêtés à Buenos Aires. Le corps de l'un d'eux est retrouvé criblé de balles dans une banlieue de la ville. Les corps des deux autres sont repêchés dans les eaux du Río de la Plata. Toujours en avril 1976, sept militants chiliens sont arrêtés à Buenos Aires. En mai, on retrouve en Argentine les corps de trois hommes politiques uruguayens : le sénateur Zelmar Michelini, l'ancien président de la Chambre des représentants Héctor Gutiérrez Ruiz, et William Whitelaw, dirigeant du *Frente Amplio*, dont l'épouse est également assassinée. En mai 1976, c'est l'ancien président de Bolivie, le général Juan José Torres, qui est arrêté par un groupe d'hommes armés à Buenos Aires. Le ministre de l'Intérieur argentin parle alors d'un « auto-enlèvement » mené à des fins de propagande. Le corps de Torres est retrouvé quelques jours plus tard à 90 kilomètres de Buenos Aires. En juin de la même année, trente exilés uruguayens, dont la fille du sénateur Michelini, sont séquestrés dans la capitale argentine. Et la liste continue…

Leighton et Letelier

Les porte-couteaux de l'opération Condor sont parfois sortis du Cône Sud, leur zone traditionnelle d'action.

Bernardo Leighton, ancien vice-président de la République chilienne, dirigeant de la démocratie chrétienne, s'est dit prêt à collaborer avec la gauche pour le rétablissement de la démocratie dans son pays. Accusé « d'activités antichiliennes », il se réfugie à Rome avec sa femme, Anita. Le 6 octobre 1975, alors que le couple rentre chez lui à pied, deux tueurs s'approchent et tirent. Leighton est touché au front et la balle ressort par son oreille gauche. Son épouse est blessée à la poitrine. Tous deux ont survécu à leurs blessures après de lourdes interventions chirurgicales. Il fut établi que le crime avait été organisé par l'Américain Michael Townley avec l'aide de deux néofascistes italiens. Comme nous l'avons vu dans le chapitre 18, on sait que Pinochet et Contreras, à Madrid pour les obsèques de Franco en novembre 1975, y rencontrent le néofasciste italien Stefano Delle Chiaie[7].

À peine un an plus tard, le 21 septembre 1976, à 9 heures du matin, la Chevrolet dans laquelle se trouvent l'ancien ministre d'Allende Orlando Letelier, son assistante américaine Ronnie Moffitt et le mari de celle-ci, Michael Moffitt, explose au cœur de Washington, sur Massachusetts Avenue, le long de laquelle s'alignent de nombreuses ambassades. Letelier et Ronni Moffitt sont tués sur le coup, Michael Moffitt survivra à ses blessures.

Après avoir été arrêté par les putschistes, puis détenu et torturé, et enfin libéré sous la pression internationale, Letelier avait trouvé refuge à Washington où il avait été ambassadeur du Chili sous Allende. Il travaillait dans un « think tank », *The Institute for Policy Studies*, et donnait des cours à l'*American University* de la ville. Le général Pinochet venait de lui retirer sa nationalité chilienne pour avoir « mené à l'étranger une campagne tendant à l'isolement politique, économique et culturel du Chili », et pour avoir tenté « d'influencer la politique extérieure nord-américaine en demandant l'arrêt total de l'aide militaire des États-Unis au Chili ». Encore une fois, Michael Townley est à la manœuvre, avec l'aide de cinq exilés cubains. C'est lui qui a posé la bombe sous la voiture de Letelier et qui l'a déclenchée à distance grâce à une télécommande.

Cet assassinat signe la fin de la DINA, remplacée en 1977 par la CNI *(Central Nacional de Informaciones)*. À Contreras succède le général à la retraite Odlanier Mena, qui, à la tête de cette nouvelle organisation, continue les pratiques de son prédécesseur, mais de façon un peu plus sélective. Les États-Unis ne peuvent tolérer une action si brutale au cœur de leur capitale, qui a causé de surcroît la mort d'une citoyenne américaine. Une procédure est ouverte et, en 1978, de fortes pressions diplomatiques conduisent le Chili à extrader Townley vers les États-Unis, où il négocie des aveux avec la justice américaine contre une peine réduite – quatre-vingt-quatre mois de prison – puis l'octroi du statut de témoin protégé.

Après la fin de la dictature, Contreras et Mena seront condamnés par la justice chilienne. En 1998, Pinochet, quant à lui, connaît ses premiers ennuis avec la justice quand Garzón dit vouloir l'entendre à la fois sur la mort de quatre citoyens espagnols mentionnés dans le Rapport Rettig, et sur la base du rapport de Robert Scherrer, agent du FBI à Buenos Aires, qui détaille dans un câble secret, le 28 septembre 1976, l'organisation de l'opération Condor. Il révèle ce qu'il appelle « la phase la plus secrète de l'organisation : la formation d'équipes spéciales des pays membres habilitées à voyager n'importe où dans le monde pour des opérations punitives, allant jusqu'à l'assassinat, contre des terroristes ou des sympathisants d'organisations terroristes[8] ».

La dernière victime de l'opération Condor

Paradoxalement, celui qui fut sans doute la dernière victime de l'opération Condor fut aussi l'un de ses plus sinistres artisans, le chimiste Eugenio Berrios. Et sa mort prouve que l'opération Condor a survécu, pendant quelque temps encore, à la dictature. Berrios fut chargé par la DINA de fabriquer du gaz sarin dont les effets pouvaient être confondus avec ceux d'une crise cardiaque. Il travailla notamment à l'élaboration d'une bouteille de parfum Chanel N° 5 contenant le gaz mortel qu'un agent féminin de la DINA, supposée séduire Letelier, devait utiliser pour tuer l'opposant. Finalement, ce plan à la Mata Hari fut abandonné, mais Berrios continua à travailler pour la DINA. En septembre 1991, après le retour de la démocratie, il est cité à comparaître par un juge chilien qui enquête sur l'assassinat de Letelier. Berrios, qui en sait trop et parle beaucoup pour peu qu'on lui serve à boire, est aussitôt soustrait à la curiosité du juge et escorté vers l'Argentine par un ancien officier de renseignements, le capitaine Carlos Herrera. Le vieux réseau Condor se réactive immédiatement, et Berrios se retrouve confiné dans un appartement de Montevideo (Uruguay) sous la garde d'agents chiliens. Persuadé que ses anciens patrons ont l'intention de l'éliminer, il s'enfuit le 15 novembre 1992 et cherche refuge dans le commissariat de police de la station balnéaire uruguayenne de Parque del Plata. Une demi-heure plus tard, des soldats de l'armée uruguayenne font irruption dans le poste de police et emmènent Berrios, qu'on ne reverra plus jamais vivant. En avril 1995, deux pêcheurs découvrent le corps partiellement décomposé d'un homme sur la plage d'El Pinar, à environ 25 kilomètres de Montevideo. Le cadavre avait les os brisés, les mains et les pieds coupés, et deux impacts de balles de pistolet dans la nuque. Début 1996, des experts en médecine légale affirment qu'il s'agit bien du corps de Berrios et estiment à la première quinzaine de mars 1993 la date probable de sa mort[9].

21

Le bilan de l'horreur

La guerre faite au peuple chilien dès le premier jour du coup d'État n'est ni nécessaire – l'ennemi désigné, les membres de « groupes marxistes », sont très vite éliminés ou en exil – ni cohérente. Elle encourage les inimitiés et les délations, alors que la junte prétend aspirer au retour à l'union des Chiliens, elle invite aux divisions et aux querelles. Dans un climat social très tendu, où les dénonciations sont nombreuses, il est facile pour les nouvelles autorités de faire croire que la violence est incontournable pour empêcher la gauche et ses groupes extrémistes de prendre le pouvoir par la force, comme l'annonçait le « Plan Z » déjà évoqué. Ainsi violence et état de guerre sont perçus comme une étape désolante, mais nécessaire, et justifient le coup d'État lui-même. On arrête alors sans raison avouable, on torture, on fusille, on jette à la rivière les corps de gens sans armes ni pouvoir de nuisance, et même, souvent, sans lien avec un parti ou un syndicat. Il s'agit de démontrer, par ce nombre massif d'arrestations et de jugements de « conseils de guerre », que l'ennemi bouge encore, ce qui est faux.

De nombreux adversaires du nouveau régime, pensant sans doute qu'ils n'ont rien à se reprocher et rien à craindre non plus d'autorités locales connues et parfois appréciées, se sont présentés spontanément aux forces armées. Cette confiance très chilienne en la modération des autorités, fussent-elles militaires, n'est plus fondée, même si le mensonge le fait croire. Dès les premiers jours, les dirigeants de la junte ont exprimé leur respect de la tradition démocratique du pays, leur volonté d'instaurer des normes institutionnelles pour le pays, de restaurer la paix entre les Chiliens et la promesse de ne pas remettre en cause les conquêtes sociales des travailleurs. Certes, ce discours modéré coexiste avec celui, plus musclé, du général Leigh, qui parle « d'extirper le cancer marxiste », mais d'une façon générale, la junte se présente comme une institution raisonnable, décidée à restaurer l'État de droit et les institutions d'un Chili bousculé par le régime d'Allende.

Elle va réitérer ce discours lénifiant en publiant, le 11 mars 1974, une *Déclaration des principes du gouvernement chilien* dans laquelle on peut lire l'affirmation époustouflante que l'ambition de la junte est l'établissement « d'un ordre juridique respectueux des droits humains ». Ce texte ajoute que « la majesté de la loi a toujours été présente dans notre évolution sociale, et l'ordre juridique est le reflet du prix précieux que le Chilien donne à la dignité spirituelle de la personne humaine, et par conséquent, à ses droits fondamentaux. C'est dans ce respect pour les droits humains, plus que dans les traditions populaires ou dans les successions constitutionnelles des gouvernements, que se trouvent la sève et la moelle de la démocratie chilienne[1] ».

Le Rapport Rettig

On ne sait si ces belles paroles sont une illusion intime de ceux qui les prononcent, ou s'il s'agit – c'est, hélas, le plus probable – d'une manœuvre cynique et perverse pour installer la junte dans la durée. Ces propos sur « la sève et la moelle » de la démocratie chilienne s'avèrent dérangeants quand on lit le Rapport Rettig, plus particulièrement son volume II, tome 3, et son interminable liste de noms des victimes de violations des droits humains par des représentants de l'autorité (2 130 personnes) et de violences politiques – vengeances, embuscades, affrontements entre groupes politiques – (168 personnes), soit un total de 2 298 personnes[2]. Cette liste, longue et très émouvante, énumère toutes les victimes du régime de Pinochet du 11 septembre 1973 au 11 mars 1990. Les noms se suivent, par ordre alphabétique, sur 419 pages[3]. On y apprend la profession des victimes, les circonstances de leur arrestation, ce que l'on peut savoir sur leur détention, les tortures subies, leur mort, si leur corps a été rendu ou non à leur famille, ceux aussi dont on ne sait rien sinon qu'ils ont été vus pour la dernière fois dans un centre de détention. Cette liste, alignée sur le premier des deux noms de famille, commence par un ouvrier d'une usine de tissus, Luis Antonio Abarca Sánchez, arrêté le 26 octobre 1973 par des carabiniers pour une raison non spécifiée dans une banlieue de Santiago, La Victoria. Il est exécuté le lendemain et son corps sera retrouvé par sa famille plusieurs jours plus tard à l'institut médico-légal. Il était célibataire et avait 22 ans. Elle se termine par le nom d'un militant communiste de Peñalolén, Eduardo Fernando Zuñiga Zuñiga, un rechappeur de pneus pour automobiles. Arrêté le 23 août 1974 lors d'un raid des forces armées, il a été conduit au centre de détention de Cuatro Alamos. Depuis, il est porté disparu.

Parmi ces plus de 2 000 personnes détenues, torturées, tuées ou disparues, on trouve des ouvriers et des sociologues, des lycéens, des syndicalistes, des étudiantes, des bouchers, des chauffeurs, des menuisiers, des mineurs de fond, des paysans, des journalistes, des médecins, des professeurs, des jeunes femmes enceintes, des mères au foyer, des gamins qui rentraient chez eux en courant pour cause de couvre-feu et qui tombèrent sous les rafales des fusils-mitrailleurs de carabiniers passant par là.

On y trouve aussi les noms de ministres et de parlementaires de gauche qui furent incarcérés, condamnés au travail forcé dans des conditions épouvantables, sur l'île Dawson, dans le détroit de Magellan, le plus austral des centres de détention chiliens, aujourd'hui fermé. Le froid, les tortures et les mauvais traitements sont le lot quotidien des quelque 400 prisonniers rassemblés sur l'île entre 1973 et 1974, dont les anciens ministres d'Allende, Orlando Letelier et José Tohá. Ce dernier, qui mesurait 1,92 mètre, fut conduit de Dawson à l'hôpital militaire de Santiago alors qu'il ne pesait plus que 49 kilos et avait perdu la vue. Il meurt étranglé par l'un de ses geôliers le 15 mars 1974 dans l'enceinte même de cet hôpital[4].

La jeunesse des victimes

Les statistiques du rapport, à la fin du tome 2, révèlent la jeunesse de la majorité des victimes de la dictature. Parmi les 2 298 noms de la liste, on compte 50 personnes âgées de moins de 16 ans, 279 entre 16 et 20 ans, 583 entre 21 et 25 ans, 524 entre 26 et 30 ans, 301 entre 31 et 35 ans. Au total, 1 737 victimes âgées de 16 à 35 ans, soit plus des trois quarts (75,6 %). Ainsi de vieux généraux qui ont toujours vécu en vase clos au sein de la grande « famille » militaire, dédaigneux envers les civils et rétifs à engager des relations harmonieuses avec eux, tuent des jeunes gens représentant pourtant l'avenir de leur pays. Au nom d'une lutte contre le communisme, on tue aussi des gens qui ne le sont pas : les tables statistiques du Rapport Rettig montrent que parmi ces 2 298 victimes, 999, soit 43,4 %, n'avaient pas la moindre affiliation politique. Quant aux nombreux militants socialistes et communistes éliminés par la junte, la plupart n'étaient que de simples adhérents ne jouant aucun rôle décisif dans leurs organisations.

La Commission Valech

Le 29 novembre 2004, une commission créée par le président Ricardo Lagos – élu en 2000, il est le premier président socialiste depuis Allende –, la Commission nationale sur l'emprisonnement politique et la torture, communément appelée la Commission Valech du nom de son président, l'évêque Sergio Valech, publie un rapport qui comble une lacune du Rapport Rettig – ce dernier n'a traité que des victimes tuées par la dictature ou par la violence politique – en s'intéressant aux survivants, prisonniers et/ou torturés durant le régime militaire. Son premier rapport, basé sur 35 845 témoignages, établit à 27 255 le nombre de personnes qui furent détenues pendant la dictature, dont 94 % disent avoir été torturées. Un deuxième rapport aboutit au chiffre de 28 459 prisonniers et 34 650 arrestations, car de nombreuses personnes ont été détenues à plusieurs reprises. La Commission a précisé que 69 % des arrestations ont eu lieu entre le 11 septembre et le 31 décembre 1973. Durant le premier mandat de la présidente Michelle

Bachelet (2006-2010), autre socialiste élue sous la démocratie et elle-même, comme son père, victime du régime militaire, la Commission entend de nouveaux témoignages et, le 26 août 2011, ajoute au bilan précédent 9795 victimes de détention et 30 disparitions ou exécutions. Cette Commission n'apporte rien de nouveau sur les méthodes barbares de la répression sinon qu'elle souligne celles qui visaient en particulier les femmes, y compris quand elles étaient enceintes, d'une cruauté effarante. Elle révise à la hausse la comptabilité des horreurs. Elle énumère 38254 détentions et porte à 2328 le nombre de morts et de disparus. Au total, 40582 personnes ont été victimes du régime militaire[5].

Il faut ajouter à ces sinistres calculs le nombre de personnes contraintes à l'exil pour des raisons politiques du temps de la dictature, évaluées à environ 200000[6].

22

Le tyran libéral

Telle la poule devant un couteau, les putschistes du 11 septembre regardent, désolés, les chiffres dont ils héritent : un PIB de 1973 qui a perdu 5,57 % de sa valeur par rapport à l'année 1972, elle-même déjà en récession avec un PIB négatif de 1,21 %[1], une inflation de 606,10 % en 1973[2], et un déficit budgétaire s'élevant en moyenne à 11,5 % du PIB au cours des trois années du gouvernement Allende[3].

Leur désarroi ne dure qu'un instant. Les *Chicago boys* arrivent, un plan économique sous le bras, intitulé *El Ladrillo*[4] (« la brique »). Ils sont prêts à aider les militaires.

Les Chicago boys

Ces *Chicago boys* sont des économistes chiliens qui ont étudié à l'Université catholique de Santiago, dont l'école d'économie a pour doyen Sergio de Castro, leur mentor. En 1955[5], cette institution s'est associée au département économique de l'université de Chicago, berceau d'un enseignement libéral qui prône la modération de la création monétaire, le libre marché ouvert à la concurrence, une approche rationaliste des comportements économiques des individus. Des professeurs de Chicago viennent régulièrement enseigner à l'Université catholique de Santiago, notamment Arnold Harberger, Simon Rottenberg, Martin Bailey, Tom Davis. Les élèves les plus brillants et les plus motivés partent, avec une bourse de la Fulbright Foundation, poursuivre leurs études à Chicago en vue d'un doctorat. Sergio de Castro et Ernesto Fontaine furent parmi les premiers à faire le voyage. À l'occasion de l'un de ses séjours au Chili, le 13 septembre 1956, Harberger écrit un long article dans le quotidien *El Mercurio* dans lequel il se montre sévère sur les distorsions causées par les interventions étatiques dans l'économie chilienne[6].

On trouve bien sûr en arrière-plan de cette histoire qui s'ouvre au moment le plus intense de la guerre froide l'intention américaine de réactiver la doctrine Monroe* et de mobiliser les moyens d'éviter aux Amériques de sombrer dans le communisme. Former des élites sud-américaines aux vertus libérales est une manière de lutter contre le prosélytisme de l'Union soviétique qui vient de conquérir l'Est européen et va bientôt, en 1959, mettre un pied en Amérique latine avec la prise de pouvoir de Fidel Castro à Cuba.

---

* En 1824, alors que se délite la colonisation espagnole d'Amérique du Sud, le président James Monroe fait connaître sa fameuse doctrine selon laquelle les Européens sont priés de laisser l'Amérique aux Américains : « Aux Européens le Vieux Continent, aux Américains le Nouveau. »

La plupart des *Chicago boys*[*], quand ils reviennent au Chili, y enseignent l'économie ou la pratiquent dans le secteur privé ou les administrations publiques. Sergio de Castro, de retour dans son pays à la fin des années 1950, devient professeur à l'Université catholique. Son enseignement et sa personnalité vont le conduire à réformer et moderniser cette université. Il écrit de nombreux articles, travaille sur l'idée d'un taux de change réaliste qui permettrait au Chili d'exporter plus et ainsi de sortir de son extrême dépendance aux aléas du cours international du cuivre qui constitue l'essentiel de ses exportations. Il explique pourquoi l'autonomie de la Banque centrale est nécessaire, en quoi la gratuité de l'enseignement supérieur est contre-productive, que facturer le véritable coût des études universitaires rendrait les établissements meilleurs et plus performants, aiguillonnés par la concurrence. Dès la fin des années 1950, il existe donc un courant actif prônant l'application des principes du libéralisme à l'économie chilienne. Son influence trouve dans *El Mercurio* un porte-voix efficace qui diffuse dans l'opinion, à grands coups d'articles et d'éditoriaux, les arguments des *Chicago boys*[7]. Lesquels tranchent de façon singulière avec la doctrine – quasi généralisée à cette époque dans l'ensemble de l'Amérique latine – du *desarrollismo*, que l'on peut traduire par « choix du développement interne », une voie keynésienne d'un État acteur et centralisateur de l'économie, mettant l'industrie nationale à l'abri de la concurrence étrangère par des nationalisations

* Il convient de noter que les *Chicago boys* ne sont pas les seuls étudiants en économie de l'Université catholique. D'autres, plus sensibles à la doctrine sociale de l'Église qu'à la main invisible d'Adam Smith, se retrouvent dans l'entourage du démocrate-chrétien Eduardo Frei, qui fut président du Chili de 1964 à 1970. Ils ont inspiré son audacieux programme de réformes.

et des mesures protectionnistes, et stimulant la production de produits de substitution aux importations. Le grand défenseur de cette doctrine est la CEPAL, la Commission économique pour l'Amérique latine, un organisme de l'ONU dont le siège se trouve à Santiago. Entre 1950 et 1964, son secrétaire exécutif fut Raúl Prebisch, économiste argentin, père, avec l'économiste britannique Hans Singer, de la théorie de la dégradation des termes de l'échange en faveur des pays développés sur ceux du tiers-monde.

El Ladrillo

En 1970, les *Chicago boys* s'aventurent pour la première fois en politique en élaborant le programme économique du candidat de la droite à l'élection présidentielle, Jorge Alessandri, battu par Allende dans les urnes, puis au Congrès. *El Ladrillo*, que Sergio de Castro va présenter à Pinochet au lendemain du putsch du 11 septembre 1973, constitue l'aboutissement de cette réflexion des libéraux, récemment aiguisée par l'échec de l'Unité populaire, sur ce que devrait faire un gouvernement pour « libérer » l'économie chilienne. « L'idée centrale de ce document, explique l'auteur de l'introduction du *Ladrillo*, est de proposer une formule cohérente et intégrée qui conduise à une économie décentralisée permettant d'utiliser les ressources du pays avec un maximum d'efficacité. Ainsi arriverons-nous de façon rapide à une croissance qui non seulement élèvera les conditions de vie des Chiliens, mais pourra aussi éradiquer l'extrême pauvreté dans laquelle vit un secteur important de la population[8]. »

El Ladrillo commence par poser un diagnostic critique d'une économie qui connaît des problèmes « depuis trente ou quarante ans ». Six points préoccupants sont mis en exergue : « Une faible croissance ; un étatisme exagéré ; une pénurie d'emplois productifs ; l'inflation ; le retard agricole et, enfin, l'existence d'une extrême pauvreté[9]. » Ces six faiblesses produisent, selon les auteurs, des effets indésirables. Ainsi l'inflation, qui provoque des dégâts sociaux, ou le faible rendement des investissements, la mauvaise allocation des ressources productives, le développement limité du commerce extérieur en raison d'un protectionnisme qui n'incite pas à l'innovation et s'avère préjudiciable au consommateur. Ils dénoncent les déficits budgétaires, les changements fréquents de politiques économiques et le mauvais usage du pouvoir, par exemple la fixation des prix alimentaires qui freine le développement du secteur agricole et rend difficiles les approvisionnements[10]. Selon eux, toutes ces années de faible croissance économique ont « ouvert la voie à la démagogie marxiste[11] ».

Pour que commence une nouvelle ère libérale, les *Chicago boys* proposent aux militaires une série de mesures qu'ils considèrent indissociables. Ils insistent sur le fait qu'elles forment un tout cohérent et doivent être appliquées simultanément et vite. N'en choisir que quelques-unes en éliminant les autres conduirait au chaos. Leur exposé se déroule tout au long du chapitre 2, avec, notamment, une politique de décentralisation générale, l'ouverture au commerce extérieur, la liberté des prix, la modération monétaire et fiscale, l'ouverture du marché des capitaux, une meilleure gestion des politiques de prévision, de sécurité sociale et de redistribution, l'amélioration du fonctionnement du marché et du capital humain, une plus grande amplitude et une meilleure efficacité concernant les services de consommation collective. Les auteurs insistent également sur « l'importance économique » de l'éducation, sur une politique agraire basée sur le marché de la terre agricole, et une politique industrielle favorisant efficacité, spécialisation et développement technologique[12].

« Ce que nous proposons, écrivent les auteurs, a pour objectif d'atteindre les mesures suivantes : obtenir un taux de croissance élevé et stable à travers le temps dans le cadre d'un régime véritablement démocratique qui assure aux citoyens, majoritaires et minoritaires, la jouissance de leurs droits ; éradiquer du Chili l'extrême pauvreté, incluant la nutrition infantile (pré et post-natale) et les soins aux personnes âgées ; garantir l'égalité des opportunités, notamment dans l'éducation, afin que celle-ci soit accessible à tous les individus ayant la capacité d'apprendre et un potentiel créatif, ce qui semble plus important que des facteurs accidentels comme la richesse ou le niveau culturel des familles ; ce même objectif vaut aussi pour l'accès à la santé, à la sécurité sociale et à l'emploi[13]. »

Une contre-révolution

Trois jours après le coup d'État, Pinochet invite Sergio de Castro à entrer dans le nouveau gouvernement pour être à la fois conseiller officiel du ministre de l'Économie, du Budget et de la Reconstruction, Fernando Léniz, et le sien officieusement.

Léniz, un ingénieur et intellectuel brillant, père de neuf enfants, homme d'affaires puis, pendant les années Allende, président du conseil d'administration du journal *El Mercurio*, particulièrement critique à l'encontre du gouvernement de l'Unité populaire, est nommé en octobre 1973 par Pinochet ministre de l'Économie, des Travaux publics et de la Reconstruction. Il a pour avantage de ne pas être militaire, donc de démontrer par sa nomination que le nouveau régime n'est pas hostile à la société civile. Partisan d'une méthode gradualiste pour sortir de la crise héritée d'Allende, il est souvent contredit, donc affaibli sans qu'il le sache, par Sergio de Castro, partisan du big bang économique. Léniz ne veut rien brusquer et avance à petits pas alors que la junte attend avec impatience des résultats positifs. Le ministre, de surcroît, critique à plusieurs reprises la violence de la répression des opposants en expliquant qu'elle est contraire aux intérêts économiques et financiers du pays ; ce faisant, il exaspère les militaires. Il est finalement remplacé en 1975 par de Castro, autre civil plus en phase avec le zèle réformateur de Pinochet.

On peut et l'on doit s'interroger sur cette étrange alliance de la carpe et du lapin. Comment expliquer que des économistes qui prétendent aspirer à la démocratie viennent offrir un programme libéral à des putschistes qui ne croient qu'en l'autorité des chefs et l'obéissance des autres ? Pourquoi ces militaires acceptent-ils de travailler avec des civils qui ont élaboré, avec *El Ladrillo*, un programme prônant le désordre créatif de la liberté, à l'encontre de tous leurs réflexes et traditions d'un monde ordonné par la « verticalité du commandement » ? On peut penser – cela a été dit et c'est peut-être vrai – que Pinochet voit dans les *Chicago boys* l'opportunité d'affirmer sa prééminence au sein de la junte alors que les autres membres n'ont aucune lumière en économie. Sauf que la fin de cette affirmation est erronée. Les premiers à lire, avec plaisir et avant même le coup d'État, l'ébauche du *Ladrillo* sont quelques officiers de la marine proches des *Chicago boys*, notamment l'amiral Merino, vieil ami de Pinochet, futur membre de la junte et futur président du Comité économique des ministres. Merino est alors le président et fondateur, à Valparaíso, d'un club très fermé, la *Confrérie nautique du Pacifique austral*, qui réunit dès la fin des années 1960 des officiers de marine et des cadres importants du groupe *Edwards*, propriétaire, entre autres, du *Mercurio*, tel, par exemple, Arturo Fontaine. Quand les officiers des autres armes ont une opinion sur l'économie, ce qui n'est pas toujours le cas, ils penchent généralement en faveur du *desarrollismo* keynésien, ce qui est logique puisque leurs institutions sont par nature régaliennes, donc imperméables aux règles du marché. Mais la marine a d'autres idées. Merino, dans une déclaration le matin même du 11 septembre, répugne à parler d'un coup d'État « pour ne pas correspondre à notre façon d'être, à notre conscience légaliste et nos profondes convictions civiques ». Il marque aussi, avec discrétion, sa révérence à l'égard de la Déclaration d'indépendance américaine en suggérant l'idée du « bonheur » et sa légitime poursuite : « Nous n'avons d'autre but que le bonheur de tous les Chiliens, quelle que soit leur situation, qu'ils vivent en paix, dans la tranquillité et sans peur du lendemain, eux et leurs enfants. » Pinochet, moins lyrique que son ami Merino, le rejoint dans ses intentions libérales. Il voit dans le *Ladrillo* l'exact opposé du programme socialiste conduit par Allende. Pour lui, anticommuniste notoire, ce programme est une aubaine : le mode d'emploi d'un retour vers un Chili régénéré, « décontaminé » du marxisme, une méthode livrée « clés en main » permettant le renversement libéral d'une économie étatiste et centralisée. « Une contre-révolution », écrit Naomi Klein avec raison, même si pour elle ce n'est pas un hommage mais une accusation à l'endroit de cette expérimentation qu'elle juge, dans son aversion radicale du libéralisme, le prolongement de la « guerre » des militaires contre le peuple chilien[14].

Cette fois-ci, Pinochet, contrairement à ses anciennes habitudes, n'hésite pas. Les économistes libéraux non plus. Le dictateur voit dans les *Chicago boys* une opportunité, et ces derniers voient en lui exactement la même chose.

Docteur Jekyll and mister Hyde

Ces libéraux prétendent être des « techniciens » de l'économie[15], non des politiques. Ils ne s'attardent pas sur la violence du régime et le sort de ses opposants, ce qui paraît incompréhensible de la part de gens censés défendre les libertés individuelles. La seule explication, qui n'excuse rien, est la volonté des *Chicago boys* de ne pas laisser échapper l'occasion de mettre enfin leurs idées en pratique. Ils ont compris – d'abord avec les réactions violentes suscitées par la mission Klein-Saks, ensuite avec le réformisme radical d'Eduardo Frei, puis l'échec du conservateur Alessandri, avec, enfin, « la voie chilienne vers le socialisme » chère à Salvador Allende – que de la droite à la gauche en passant par les démocrates-chrétiens, aucun politicien ne prendrait un jour le risque d'appliquer leur programme. Quel élu aurait le courage de promettre à ses électeurs l'avenir d'une récession brutale qui serait suivie, en théorie, mais néanmoins sans certitude, d'un rebond salvateur ? Avec un dictateur, cependant, tout devient possible. Il est évident, une fois Pinochet au pouvoir, que le peuple tout entier n'a plus droit à la parole. Personne ne pourra entraver cette première expérience, *in vivo*, d'un libéralisme cohérent appliqué à une nation relativement développée. Une page blanche s'ouvre devant les *Chicago boys*. Ils ont leur propre agenda, différent de celui de Pinochet. Ils travaillent pour l'avènement prochain d'une démocratie libérale chilienne et laissent ce dernier travailler pour eux en leur permettant de mettre leur projet en place sans interférences. Il s'agit d'un pari audacieux et moralement problématique. Pour Pinochet, cette expérimentation libérale est en symbiose avec son anticommunisme et son idée de « sauver le Chili » à travers son projet d'une « démocratie protégée et autoritaire[16] ». Il voit aussi dans le libéralisme, donc la prééminence du marché dans la fixation des prix et des salaires et l'allocation des ressources, l'instrument idéal pour marginaliser les corps intermédiaires, notamment les syndicats, ainsi que l'opposition des démocrates-chrétiens non encore ralliés à sa cause, de même que la résistance de nombreux bureaucrates. Il voit également chez les *Chicago boys* ce que ces derniers affirment être : des techniciens sans ambition politique qui lui laissent le loisir d'assurer en parallèle ses propres soutiens chez les civils, notamment avec les « grémialistes » de Gúzman et les partis d'extrême droite.

Ainsi, tel le gentil Dr Jekyll qui se transforme le soir en méchant Mr Hyde*, chacun des deux alliés, Pinochet et les *Chicago boys*, montre un double visage. Voici le tyran qui, pour des raisons tactiques, devient libéral, oxymore inédit, et des libéraux qui se planquent derrière un dictateur, pour des raisons plus stratégiques, afin de poser, grâce à la contrainte, les bases d'un avenir de libertés.

La thérapie de choc

Dès l'entrée de Sergio de Castro au gouvernement, d'autres *Chicago boys* sont admis au sein de nombreuses administrations et tous chantent le gospel de la liberté dans un contexte politique le plus improbable qui soit, celui d'une dictature. Ils ont leur feuille de route sous les yeux : ouverture du commerce vers des marchés extérieurs,

---

* Robert Louis Stevenson, *The Strange Case of Dr Jekyll and Mr Hyde* (« L'étrange cas du docteur Jekyll et de M. Hyde ») est un roman qui évoque la double personnalité d'un homme. Il a été publié pour la première fois en Angleterre en 1886 et traduit dans le monde entier.

réduction des dépenses publiques, concentration des aides publiques aux plus pauvres, libération des prix, dévaluation de la monnaie, unification des taux de change. Tout va vite puisque la première mesure, la libération des prix, est prise dès octobre 1973, mais les ambitions libérales des *Chicago boys* sont aussi rapidement contrariées par les associations d'entrepreneurs, les démocrates-chrétiens et plusieurs militaires de haut rang. Face à la crise que déclenche le premier choc pétrolier, qui débute en octobre 1973 et sera accompagné par la chute des cours du cuivre, ces oppositions vont se renforcer. La tradition chilienne a toujours confié à l'État le soin de gérer l'économie, et ces économistes libéraux sont beaucoup trop jeunes pour qu'on puisse leur faire confiance. Même le plus âgé d'entre eux, Sergio de Castro, n'a que 40 ans. Bref, la situation des *Chicago boys* se trouve fragilisée. Si les keynésiens traditionnels de la bureaucratie et des militaires l'emportaient, la position de Pinochet deviendrait elle aussi précaire. En mars 1975, Milton Friedman, le grand pape de l'école de Chicago, visite le Chili pendant quelques jours et les derniers avocats du « développement interne » se retrouvent bientôt marginalisés.

Quand, le 21 mars 1975, à Santiago, Augusto Pinochet reçoit le professeur Milton Friedman*, ce dernier lui confirme qu'il est sur la bonne voie du retour de la croissance, mais qu'il ne s'agit pas d'une route facile. Dès lors, mieux vaut frapper fort en une seule fois que de procéder par étapes. « Le gradualisme, affirme Friedman, ne marche pas[17]. » Il convainc Pinochet, ou plus probablement il prêche un converti. Le 14 avril, le chef de la junte prend résolument le parti des

* Friedman recevra l'année suivante le prix Nobel d'Économie pour ses travaux sur la théorie quantitative de la monnaie.

libéraux, et c'est à ce moment-là qu'il remplace le ministre de l'Économie Fernando Léniz, libéral certes, mais aussi grand partisan du gradualisme, par de Castro, futur artificier du « choc ».

La lettre de Friedman à Pinochet

Un mois après sa visite du 21 avril 1975, Friedman écrit une longue lettre[18] à Pinochet, à la fois compte rendu de leur conversation et feuille de route. Il voit dans l'inflation, qu'il considère comme un impôt caché, l'un des premiers obstacles à lever. Pour en finir avec elle, écrit-il, la réduction du déficit public est indispensable. Et pour réduire celui-ci, « diminuer la dépense publique est de loin la meilleure méthode, parce que tout en réduisant le déficit, elle contribue aussi à renforcer le secteur privé et, à la fin, établit les bases d'une saine croissance économique ». Éliminer l'inflation, cependant, suppose une période de transition difficile provoquant du chômage. « Hélas, écrit-il, le Chili doit choisir entre une courte période de chômage élevé, ou une longue période de chômage élevé, même si ce dernier l'est un peu moins que dans la première option. » Citant les expériences de l'Allemagne et du Japon d'après guerre, il estime que celles-ci « plaident en faveur d'une thérapie de choc ».

Le gourou de l'école de Chicago énumère ensuite une série de mesures que devrait adopter Pinochet pour créer ce « choc » : une réforme monétaire symbolique remplaçant 1 000, voire 10 000 escudos pour l'unité d'une nouvelle monnaie : le peso. « Cela ne change rien d'essentiel, mais a un impact psychologique intéressant. » Il conseille également au gouvernement de « s'engager à réduire de 25 % les dépenses publiques en six mois, en affectant à tous les budgets publics le même pourcentage, avec le limogeage immédiat des fonctionnaires concernés, mais l'étalage des réductions des budgets sur six mois pour pouvoir payer aux partants de généreuses indemnités». Il prône un emprunt national – voire un autre, international – pour compenser le coût des réductions budgétaires dans les six premiers mois et éviter ainsi de les financer par de la création monétaire. Il conseille la continuation «d'un taux de change proche du taux du marché» et la levée de tous les obstacles pouvant entraver le marché privé. Il convient d'éliminer le contrôle des prix et des salaires, et d'en finir avec les subventions.

Friedman demande aussi à Pinochet de fonder un système qui protège les plus pauvres. «Le programme décrit plus haut ne les affectera pas. Le licenciement des employés du secteur public ne va pas réduire la production, mais éliminer des dépenses inutiles. Que ces personnes pauvres soient affectées ou non, leur misère sera de toute façon attribuée au programme. Dès lors, il serait bon de prendre des mesures en leur faveur.»

«Un tel programme de choc peut réduire l'inflation en quelques mois, et ouvrira la porte à votre deuxième priorité: la promotion d'une économie sociale de marché efficace», ajoute Friedman, qui conclut sans dissimuler les difficultés de l'opération: «Si le Chili avance sur la bonne voie, je crois que ce pays peut connaître un nouveau miracle économique, sa croissance peut décoller de façon soutenable et offrir une prospérité largement partagée. Mais pour profiter d'une telle opportunité, le Chili devra surmonter une période de transition très difficile.»

23

Le boom, la crise et le rebond

Les instructions de Friedman vont être la bible des années suivantes jusqu'à la crise de 1982. Libérer les prix, réduire le secteur public, ouvrir un marché compétitif des biens, des services et des capitaux, moderniser l'agriculture en libéralisant le marché foncier, rendre à leurs propriétaires les actifs nationalisés sous Allende, privatiser les banques et la majorité des entreprises d'État – environ 500 d'entre elles, à l'exception notable de la Codelco, le plus grand producteur de cuivre au monde, nationalisée par Allende et qui reste propriété de l'État à la demande expresse des militaires. Il s'agit aussi de promouvoir l'investissement en capital humain avec l'éducation et la santé, d'investir dans les infrastructures et les télécommunications, de réorganiser la fiscalité avec l'objectif de rétablir la stabilité de l'économie, première étape vers sa croissance. Ce travail de titan s'organise au plus mauvais moment, comme nous l'avons vu, avec la première crise mondiale du pétrole et une baisse considérable des cours du cuivre.

Le boom

Pourtant, la reprise est rapide. Après une chute du PIB de 12,91 % en 1975, le « premier miracle chilien » se dessine à l'horizon dès 1976 avec une croissance encore modeste, mais qui redevient positive, en hausse de 3,52 %. Après la privatisation massive des banques et des entreprises, la libération des prix et des taux d'intérêt, la réduction importante des tarifs douaniers et celle, très rapide, des budgets publics, « le secteur financier, dès cette même année 1976, connaît une croissance notable qui s'avère plus rapide que celle du PIB », souligne en 2016 une étude approfondie de cette première récession par la Banque centrale du Chili[1]. À partir de 1977 et jusqu'en 1982, le pays va connaître un boom spectaculaire. En 1975, en pleine crise du pétrole, le PIB chilien s'établit à 8,8 milliards de pesos. En 1981, soit six ans plus tard, il atteint 13,5 milliards[2], c'est-à-dire une croissance annuelle moyenne de 6,5 %.

La crise

Puis survient la crise de 1982, conséquence indirecte de la crise générale de la dette qui frappe d'abord le Mexique, en 1980, puis s'étend à d'autres pays d'Amérique latine. Mais au Chili, elle a aussi pour cause des déséquilibres spécifiques nés des mesures des *Chicago boys*, notamment la hausse des endettements privés contractés à l'étranger et un taux de change du peso trop élevé.

« La récession de 1982-1983 est la quatrième plus importante crise qu'a connue le Chili après la Grande Dépression [de 1929], la crise du pétrole du milieu des années 1970 et celle du début de la Première Guerre mondiale, souligne l'étude de la Banque centrale. La production générale perd plus de 20 % entre le point le plus haut du troisième trimestre 1981 et le point le plus bas du même trimestre 1983. Fin 1983, le chômage atteint plus de 30 % de la population active, et la part de la population chilienne dans l'extrême pauvreté représente 55 %, contre environ 30 % en 1981. Enfin, l'inflation a plus que doublé par rapport à son bas niveau de 9,5 % sur les douze mois de 1981[3]. »

Depuis 1979, la demande privée et les investissements augmentent rapidement, stimulés par la privatisation des banques qui peuvent désormais offrir, via des fonds locaux ou étrangers, des crédits qui vont apparaître risqués une fois la crise venue. L'augmentation des taux d'intérêt et la baisse des échanges provoquent une récession brutale. Entre 1981 et 1983, 19 banques et établissements financiers font faillite et sont placés sous la tutelle du gouvernement. Ils représentent quelque 60 % des actifs du système financier chilien[4]. Le PIB perd plus de 15 % en 1982 et 1983[5]. La solution aurait pu être une dévaluation du peso, cependant de Castro la refuse obstinément. Il propose au contraire à Pinochet d'approfondir les réformes pour mieux répondre à la crise. Mais Pinochet n'est plus seulement un militaire, il est devenu un politique et s'intéresse à l'opinion publique. Il exige une pause. Sergio de Castro s'en va.

Dans son ouvrage sur le régime de Pinochet, Carlos Huneeus accuse de Castro de « rigidité » : « Il [de Castro] fut le partisan d'un changement drastique et rapide du système économique comme seule stratégie possible pour en modifier les bases structurelles, sans accepter d'y introduire plus de flexibilité quand apparurent les premiers problèmes liés à son application, comme ce fut le cas de la difficile situation économique de 1981 et 1983. Cette rigidité va s'avérer une faiblesse puisqu'elle l'empêche d'affronter ces difficultés, débouchant sur une paralysie de la prise de décision qui aggravera la crise, obligeant de Castro à quitter le gouvernement en 1982[6]. »

Hernán Büchi, le libéral réaliste

Pour remplacer de Castro, Pinochet fait valser, entre 1982 et 1985, quatre ministres des Finances qui remontent les taux et les tarifs douaniers, proposent des constructions d'immeubles et des travaux publics pour relancer l'emploi. Le dernier des quatre, Luis Arturo Escobar Cerda, un économiste keynésien, augmente la dépense publique, élabore un plan d'aide sociale et un autre de travaux publics, dévalue le peso de 23,6 % et élève les droits de douane à 35 % (contre 10 % avant la crise). Les *Chicago boys* sont hors jeu.

C'est finalement le cinquième successeur de Sergio de Castro, Hernán Büchi, nommé en février 1985, qui va remettre le Chili sur les rails des réformes. Il s'agit d'un libéral, mais pas tout à fait comme les autres. Grand, dégingandé, doté d'une coiffure façon Beatles et d'une solide formation scientifique, il n'est pas un *Chicago boy*, n'a pas travaillé à l'élaboration du *Ladrillo*, n'a pas étudié à l'Université catholique, mais à celle du Chili dont il sort ingénieur des Mines. Ce matheux s'intéresse aussi à l'économie et va en suivre un master à l'université Columbia, à New York. Il revient deux ans plus tard au Chili après avoir constaté, durant son séjour américain, « les avantages des économies libres et, dans la vie quotidienne, le dynamisme des sociétés ouvertes[7] ».

Avec lui, Pinochet a fait un bon choix, car il concilie libéralisme et pragmatisme. « Le meilleur, c'est le réalisme », écrit-il dans son livre de souvenirs sur son rôle dans les transformations économiques du Chili[8]. Et pour bien marquer sa différence avec de Castro, il ajoute que « moderniser un pays n'est pas le travail d'un gourou ni d'un prédicateur d'un libéralisme messianique[9] ».

La révolution du système des retraites

Büchi naviguait depuis déjà dix ans au sein de l'administration quand il est nommé ministre des Finances. C'est par l'intermédiaire d'un ami, Miguel Kast, jeune économiste très brillant qui va mourir à 33 ans d'un cancer des os après avoir été deux fois ministre et avoir présidé la Banque centrale, que Büchi entre, en 1975, dans l'administration du gouvernement militaire. Ce caractère militaire ne pose aucun problème à ce jeune homme qui a connu les années Allende. Contrairement à l'attitude opportuniste des *Chicago boys* à l'égard de Pinochet, Büchi, lui, est un vrai « pinochétiste ». Il écrira plus tard que « les forces armées ont rendu à la patrie un service décisif et fondamental qui a changé l'histoire du Chili non seulement pour le meilleur, mais aussi pour un inattendu destin de réunification sociale et de prospérité[10] ».

En 1979, il devient conseiller du ministre du Travail et de la Prévision sociale, José Piñera, père du futur et fameux système de retraite chilien qui sera considéré comme un modèle dans plusieurs pays, et participe activement à son élaboration. C'est un système basé sur la capitalisation d'une épargne individuelle à travers six entités privées, les AFP (Administrations de fonds de pensions), en concurrence les unes avec les autres et sous la supervision d'un organisme indépendant de contrôle[11]. Il s'agit d'une révolution pour individualiser un mécanisme qui jusqu'alors était basé, au nom de la solidarité, sur la répartition collective des cotisations des actifs pour financer la rémunération des retraités. « Le régime de retraite par répartition qui a dominé le XXe siècle comporte un défaut fondamental, enraciné dans une fausse conception de la nature humaine : il détruit, au niveau individuel, le lien essentiel entre l'effort et la récompense, autrement dit entre la responsabilité personnelle et les droits individuels. À chaque fois que cela se produit à une grande échelle et sur une longue période, le résultat est désastreux », écrit Piñera dans son livre *Pour un système de retraite qui marche !*[12]

Ce « système qui marche » désengage l'État de la collecte et de la gestion des retraites. La loi qui le met en place en novembre 1980 accorde à tout salarié le droit de quitter le régime public de retraite et de placer une cotisation de 10 % de son salaire sur un compte individuel d'épargne retraite (CER). Ce compte, géré par une AFP, reste la propriété du salarié qui peut à tout moment transférer son CEP et les fonds épargnés dans une autre AFP jugée par lui plus performante. La loi ajoute deux modifications importantes en faisant de l'assurance invalidité une partie intégrante du nouveau système de retraite, et en laissant libres les salariés de quitter le système public d'assurance maladie et sa cotisation obligatoire de 7 % du salaire s'ils souhaitent acheter une assurance maladie chez un assureur privé. « Trente-trois ans plus tard, écrit Piñera en 2013, cette réforme a modifié de fond en comble l'économie et la société chiliennes. Six millions de personnes sont détentrices d'un compte épargne-retraite et neuf millions de personnes disposent d'un contrat privé d'assurance maladie. Ainsi elles ne dépendent plus de l'État pour leur retraite, ni pour leur santé. Les résultats, ajoute-t-il, parlent d'eux-mêmes. Les pensions du nouveau système sont déjà de 300 % supérieures à celles de l'ancien, qu'il s'agisse des pensions de retraite, d'invalidité ou de reversement. Les capitaux gérés par les fonds de pension s'élèvent à 200 milliards de dollars, soit 82 % du PIB (2012). Grâce à l'augmentation du taux d'épargne et à l'amélioration du fonctionnement à la fois du marché du travail et des marchés financiers, cette réforme s'est avérée être le changement structurel le plus fondamental qui a contribué à augmenter le taux de croissance de l'économie chilienne[13]. »

Le système de Piñera sera en partie réformé en 2008 sous la présidence de la socialiste Michelle Bachelet en raison des coûts administratifs des AFP jugés excessifs, et aussi pour avoir exclu près de la moitié des travailleurs, les plus précaires et les plus pauvres, incapables d'autofinancer leur retraite. D'autres critiques portent également sur le faible nombre – six – des AFP qui concentrent à elles seules une capitalisation équivalente à environ les deux tiers du PIB. Ce chiffre donne une idée du rôle de cette épargne dans la croissance des investissements, des emplois et de l'économie tout entière[14].

Le rebond

Quand Büchi est nommé ministre des Finances, en 1985, la crise a été surmontée, l'environnement mondial est plus ouvert aux réformes, le prix du cuivre repart à la hausse. Il a plus de chance que les *Chicago boys*, qui ont commencé leur travail au cœur d'une récession mondiale. Büchi peut donc se permettre des réformes radicales et consolider les bases établies par ses prédécesseurs. Il baisse notamment de façon énergique les dépenses publiques, en particulier les budgets sociaux, et réduit les charges fiscales sur les entreprises, ainsi que la TVA. Il privatise ce qui ne l'était pas encore, à un rythme jamais vu en Amérique latine, notamment les aciéries, le secteur des communications et des téléphones, les entreprises de production et de distribution de l'électricité, la production de sucre, la compagnie d'aviation LAN Chile et des laboratoires pharmaceutiques, entre autres. Le peso est à nouveau dévalué alors que le dollar est au plus haut après la triomphale réélection de Ronald Reagan en 1984, favorisant les exportations chiliennes. Parallèlement, Büchi préside à des baisses, contrôlées et régulières, des taxes douanières. Enfin, le niveau des taux d'intérêt est désormais l'affaire de la Banque centrale.

La croissance repart de façon fluide, en hausse constante, à partir de 1986 (+ 5,6 %) jusqu'à + 7,31 % en 1988, année d'un référendum qui annonce la fin du « régime Pinochet ».

Büchi rend à Pinochet un hommage appuyé : « L'histoire de l'Amérique latine n'a pas été celle de Fidel Castro, comme toute conscience progressiste des années 1970 le pensait. Elle a été celle d'une figure – déplaisante pour beaucoup – d'un militaire sans éloquence mais tenace, le général Pinochet, qui a osé affronter les mythes en vogue et gouverner de façon efficace à la hauteur des potentialités du pays. »

24

Pinochet le diplomate

Après le soldat en guerre contre son peuple et le tyran libéral, Pinochet présente une troisième facette, inattendue, de sa personnalité, en s'avérant aussi un diplomate mesuré et prudent.

Son champ d'action diplomatique est limité et ses marges de manœuvre très étroites en raison de son statut de paria de la communauté internationale, mais Augusto Pinochet parvient tout de même à préserver les intérêts chiliens dans un long conflit avec l'Argentine sur les frontières australes. Il profite également de la guerre des Malouines opposant Buenos Aires et Londres pour enfin compter un soutien fidèle en Europe en la personne de Margaret Thatcher, Premier ministre britannique au moment du conflit. De plus, l'ouverture de l'économie chilienne au reste du monde, mise en œuvre durant la dictature par les *Chicago boys*, rompt l'enfermement du Chili et offre à Pinochet l'alternative d'une diplomatie économique et commerciale qui projette une meilleure image du Chili et de la dictature, même si personne n'oublie les crimes commis en son nom.

Pinochet le paria

Le dictateur chilien, soldat de la guerre froide, pensait être du côté du « bien » en entravant le projet d'une société marxiste au Chili, mais la violence de la répression contre son opposition choque les États-Unis. Ces derniers l'humilient quand, en mars 1980, l'administration du président Jimmy Carter incite vivement le président philippin Ferdinand Marcos – l'un des nombreux « obligés » de Washington – à retirer l'invitation faite au dictateur chilien de visiter son pays. Les Pinochet et leur suite sont déjà dans l'avion quand la nouvelle est connue et l'appareil doit faire demi-tour pour revenir à Santiago. Le successeur de Carter, Ronald Reagan, républicain très libéral dont l'élection, en novembre 1980, suscite beaucoup d'espoirs au sein de la junte militaire, exerce une forte pression sur Pinochet pour que le Chili sorte au plus vite de la dictature. Alors que court la rumeur d'un abandon du référendum de 1988, ou du refus de Pinochet d'accepter son résultat si le « non » l'emportait, Washington fait tout pour persuader les dirigeants chiliens qu'il est de leur intérêt et de celui de leur pays de tenir leurs engagements. L'acceptation de Pinochet d'organiser la fin de son régime par un vote populaire confirmera d'ailleurs la thèse controversée de Jeane Kirkpatrick, représentante des États-Unis à l'ONU, seule démocrate du cabinet de Ronald Reagan (lui-même, d'ailleurs, ancien démocrate) et grande prêtresse du réalisme diplomatique. Elle distingue les dictatures de droite et les dictatures communistes en affirmant que les premières peuvent se réformer et conduire à des démocraties libérales tandis que les secondes restent indéboulonnables[1].

Condamnée par l'ONU chaque année depuis sa prise de pouvoir en raison des violations des droits humains au Chili, la junte n'est pourtant plus totalement isolée après l'arrivée des *Chicago boys*. L'opprobre politique n'empêche pas les intérêts économiques, or le pays s'ouvre au commerce international et aux investissements étrangers, et ainsi émerge discrètement à Santiago l'ère d'une diplomatie économique qui compense en partie l'absence d'une diplomatie traditionnelle.

Beagle, canal historique

Si l'on exclut les dictatures du Cône Sud réunies au sein de l'opération Condor, le Chili est sans ami. Et même parmi ces dictatures, l'Argentine s'avère un adversaire historique en raison d'une dispute frontalière dans l'un des endroits les plus inhospitaliers du monde, l'embouchure du canal de Beagle, à l'extrémité la plus australe du continent américain. Cette dispute trouve son origine dans un traité sur les frontières qui remonte à 1881 et donne au Chili la souveraineté sur trois des îles de cette embouchure, Picton, Lenox et Nueva. Dès 1904, l'Argentine conteste ce traité qu'elle a pourtant signé. Ce différend semble dérisoire au profane quand il regarde sur une carte ces trois îlots aux marges de l'horizon antarctique, mais en réalité cette affaire est d'une importance stratégique particulière pour trois raisons. D'une part le canal de Beagle constitue, avec le détroit de Magellan et le passage de Drake, l'une des trois voies navigables continentales reliant le sud de l'Atlantique au Pacifique. D'autre part, avec ces trois îles sous la souveraineté chilienne, la zone territoriale maritime du pays couvre les deux rives du canal, dès lors la navigation de navires argentins doit recevoir l'autorisation de Santiago. Enfin, la possession des îles disputées détermine non seulement les limites des 12 miles marins de la zone territoriale et des 200 miles de la zone économique exclusive du pays possesseur, mais aussi, avec la projection des lignes des frontières maritimes sur l'Antarctique, l'ampleur de la zone placée sous la responsabilité d'un pays. Et là encore, la souveraineté sur ces trois îles avantage le Chili. L'animosité générée par cette dispute territoriale entraîne un grand nombre d'incidents et d'escarmouches dans la zone sud de la frontière entre les deux pays, qui entretiennent rancune et méfiance.

Perón et Pinochet

En exil à Madrid, le leader argentin « justicialiste » Juan Perón s'enthousiasme quand Salvador Allende est élu au Chili en 1970. Depuis quelques années, des contacts ont été établis entre les deux hommes alors que le caudillo argentin a marqué un net « virage à gauche » au cours des années 1960 en s'alliant avec Fidel Castro et en se rapprochant du mouvement des pays « non alignés ». En juillet 1971, le Chili d'Allende et le général Alejandro Lanusse, chef du gouvernement de la dictature militaire de la « Révolution Argentine » – laquelle va gouverner de 1966 à 1973 –, décident de soumettre formellement la dispute qui les oppose à un arbitrage sous les auspices de la reine d'Angleterre Élisabeth II. Mais comme l'Angleterre n'est pas très aimée des Argentins en raison de sa présence dans les îles Malouines revendiquées par Buenos Aires, les cinq juges sont choisis parmi ceux qui siègent à la Cour internationale de justice de La Haye. L'un est américain, un autre britannique, le troisième français, le quatrième nigérian, le cinquième suédois[2].

Juan Perón revient définitivement en Argentine afin d'y disputer une élection présidentielle dont il sort vainqueur le 23 septembre 1973, douze jours après le coup d'État militaire au Chili qu'il déplore publiquement. Pinochet et Perón, dès lors, ne s'aiment pas, mais s'accordent sur la nécessité de se parler. Leur unique rencontre a lieu le 16 mai 1974 sur la base aérienne de Morón, dans la province de Buenos Aires, et va durer deux heures. Pinochet reçoit de son hôte l'assurance qu'il veut continuer à maintenir de bonnes relations avec le Chili et qu'il est enclin à chercher une « résolution amicale » au conflit du canal de Beagle[3]. Pinochet salue ces bonnes intentions, mais Perón meurt l'année suivante et en 1976 une junte militaire prend le pouvoir à Buenos Aires.

La tentative de négociations bilatérales

Sans attendre la sentence de la cour arbitrale, et afin de ne pas fragiliser leur entente, Argentins et Chiliens décident de tenter de régler ensemble leur contentieux. Le 18 février 1977, la cour fait connaître sa décision en faveur du Chili. L'Argentine ne réagit pas immédiatement.

Une réunion préparatoire a lieu à Mendoza, en Argentine, le 19 janvier 1978, puis les deux chefs d'État, Augusto Pinochet, persuadé d'avoir le droit pour lui, et le général Jorge Rafael Videla, convaincu d'avoir le soutien des Argentins, se rencontrent à Puerto Montt, au Chili, le 20 février. Et rien ne se produit, sinon le rideau de fumée d'un accord pour travailler en vue d'aboutir un jour… à un accord. En réalité, Pinochet n'a aucun intérêt à entrer dans une négociation puisque le traité de 1881 et la sentence de la cour lui sont favorables. Videla non plus, mais pour des raisons plus politiques que juridiques. Les nationalistes argentins, qui constituent le principal soutien populaire du régime, verraient toute concession de Buenos Aires comme une faiblesse coupable, voire une trahison.

Le rejet argentin de la sentence arbitrale

Le 25 janvier 1978, Buenos Aires annonce rejeter la sentence de la cour, censée pourtant s'imposer aux deux parties, en la déclarant « irrévocablement nulle et sans effet en terme de droit international[4] ».

Le président du gouvernement militaire argentin, le général Jorge Rafael Videla, aussitôt cette déclaration faite, mobilise ses troupes le long de la frontière avec le Chili pour revendiquer la seule souveraineté argentine sur la partie atlantique du cap Horn. Pendant plusieurs mois, les menaces d'invasion se multiplient, mettant les deux pays au bord de la guerre. Les militaires argentins sont animés par le nationalisme et leur ressentiment à l'égard du Royaume-Uni qui occupe de façon illégitime, selon eux, les Malouines, et à l'égard du Chili qui n'a pas voulu autrefois de la grande alliance du Cône Sud de Perón et prétend maintenant contrôler une partie de l'Atlantique Sud. La « Grande Patrie » a perdu de son prestige, et seule la force peut le restaurer, pensent les nationalistes argentins qui, pendant des mois, animent une campagne de propagande censée persuader la population de lutter pour cette grande cause. En octobre 1978, afin de défier plus encore le Chili, Videla rend visite au chef d'État bolivien, le général Juan Pereda. Après un entretien de cinq heures, ils signent une déclaration commune réaffirmant le droit d'un accès à la mer pour la Bolivie, et celui de l'exercice de la souveraineté argentine aux Malouines et sur les îles de l'extrême sud du pays. Toujours suspicieux des intrigues du Pérou ou de la Bolivie, anciens ennemis dans « la guerre du salpêtre », le Chili voit avec grand déplaisir cette manœuvre argentine à La Paz.

Face à cette agitation, cependant, Pinochet et les autorités chiliennes cherchent à calmer les tensions. Aucune mobilisation de soutien de la population n'est observée, contrairement à ce qui se passe en Argentine. La presse ne parle pratiquement pas de ce sujet et la junte, publiquement, encore moins. Certes, des mesures militaires sont prises, avec 45 000 hommes mobilisés pour la défense des frontières tandis que la marine chilienne patrouille dans le Grand Sud pour intervenir en cas d'invasion des côtes chiliennes ou des trois îles contestées.

La junte chilienne, qui a toujours réussi à connaître, par des systèmes de surveillance électronique, les mouvements des troupes argentines, s'inquiète de l'absence d'un mécanisme politique établi entre les deux pays leur permettant d'éviter une confrontation militaire. En novembre 1978, face à la montée des tensions, Pinochet propose aux Argentins la désignation d'un médiateur. L'Argentine accepte et, le 12 décembre, les ministres des Affaires étrangères des deux pays, réunis à Buenos Aires, s'accordent sur la personne du pape Jean-Paul II. Mais la junte argentine change d'avis au dernier moment et rejette cette idée de médiation.

L'opération Soberanía

Fin décembre 1978, l'armée chilienne se prépare donc à résister à une invasion argentine dont le projet est devenu un secret de polichinelle. Le 15 décembre, Videla signe l'ordre d'une opération nommée *Soberanía* (« souveraineté ») qui doit démarrer le 21 décembre à 4 h 30 du matin. Son objectif premier est de prendre le contrôle des deux rives et des îles chiliennes du canal de Beagle. En fonction des réactions de Santiago, il n'est pas exclu par les Argentins d'envahir l'ensemble du pays. Buenos Aires a également déployé des soldats dans le nord de l'Argentine pour prévenir une invasion chilienne ou une attaque venue du sud du Brésil. Le conflit semble inévitable, et chacun sait qu'il sera coûteux. Les militaires chiliens sont nombreux, professionnels, défendent leur pays, mais leur armement s'avère vétuste. Les Argentins sont mieux équipés, mais moins disciplinés. Envahir le Chili supposerait par ailleurs une logistique compliquée : franchir les Andes, prendre des positions sur des territoires éloignés les uns des autres. Pinochet sait tout cela, les Argentins aussi. Mais ces derniers peuvent-ils reculer ?

La nature va aider les stratèges. Le 21, une tempête digne des légendaires quarantièmes rugissants empêche toute action militaire. Au même moment, Jean-Paul II, inquiet de cette guerre imminente entre deux nations catholiques, annonce aux deux capitales qu'il envoie immédiatement sur place un émissaire, le cardinal Antonio Samoré. Quelques heures avant que celui-ci n'atterrisse à Buenos Aires, l'opération *Soberanía* est annulée.

La médiation papale

Le cardinal Samoré, après quelques allers et retours entre Buenos Aires et Santiago, réunit les ministres des Affaires étrangères des deux pays dans la capitale de l'Uruguay où ils signent avec lui l'« acte de Montevideo », le 8 janvier 1979. Ce texte entérine la médiation papale avec la promesse de « se retenir d'engager des mesures susceptibles d'affecter l'harmonie des situations ».

Le 12 décembre 1980, le pape propose aux délégations des deux pays un compromis largement favorable au Chili qui garde ses trois îles, mais offre quelques concessions en faveur de l'Argentine concernant la navigation et des installations limitées de radars et de stations météo. Jean-Paul II suggère aussi la création d'une zone maritime nommée « la mer de la paix » à l'est et au sud-est des trois îles, restreignant ainsi la zone maritime chilienne où les deux pays pourraient partager l'exploitation des ressources, les recherches scientifiques et la gestion de l'environnement. Le Chili accepte le compromis papal mais émet des réserves tandis que l'Argentine n'y répond pas formellement tout en exprimant officieusement sa déception. De nouveau, des incidents vont survenir le long de la frontière, annulant les efforts diplomatiques passés.

La guerre des Malouines

Le 2 avril 1982, l'armée argentine envahit les îles de l'archipel des Malouines et l'on sait aujourd'hui, notamment grâce à l'ancien ministre des Affaires étrangères argentin, Oscar Camilión, que l'intention de Buenos Aires était, après avoir pris le contrôle des Malouines, de s'emparer des trois îlots chiliens du canal de Beagle[5].

Pour Pinochet, cette guerre des Malouines est une aubaine. N'ayant, à juste titre, aucune confiance dans la parole des autorités argentines, il considère défendre les intérêts de son pays en affaiblissant les capacités militaires de son voisin. Le Chili offre au Royaume-Uni une aide en matière de surveillance électronique des déplacements militaires argentins et une alerte sur les tirs de l'artillerie argentine depuis Río Gallegos et Río Grande qui donne aux troupes britanniques environ trente minutes pour consolider leurs défenses et protéger leurs hommes. Dans le même temps, Pinochet mobilise ses forces militaires sur tous les points « chauds » de la frontière avec l'Argentine, ce qui aide indirectement Londres en obligeant Buenos Aires, qui craint une invasion chilienne, à maintenir à cette frontière l'essentiel de ses forces professionnelles tandis que sont envoyés aux Malouines de jeunes appelés sans expérience qui ne résistent pas aux troupes britanniques.

Dans cette guerre des Malouines, l'action chilienne a des effets positifs en contribuant à une fin rapide du conflit, minimisant ainsi les pertes des deux belligérants. La défaite argentine rend improbable une nouvelle menace d'invasion du Chili et conduit rapidement à la fin de la dictature et au rétablissement de la démocratie à Buenos Aires avec l'élection à la présidence de la République d'un membre du Parti radical, Raúl Alfonsín, en 1983.

Le 29 novembre 1984, sous l'égide du Vatican, le Chili et l'Argentine signent un « traité de paix et d'amitié ». Alfonsín et Pinochet scellent ensemble un avenir apaisé. Le premier consolide la démocratie argentine, le second son pouvoir personnel. Il a démontré son calme, sa patience, son astuce, bref les quelques qualités qu'il faut bien lui reconnaître et qui ont servi, cette fois-ci, la cause de la paix.

25

Le « pinochétisme »

Pour tenter de décrire et analyser la nature du régime d'Augusto Pinochet, il faut affronter ses contradictions et tenter d'y trouver un fil conducteur ou un semblant de cohérence. Ce régime, d'une violence extraordinaire envers ses opposants, enveloppe son action détestable dans un discours lénifiant, mais probablement sincère, sur le bien du Chili, son retour à l'unité et à l'harmonie, son sauvetage, son avenir de paix et de prospérité. Des militaires qui se prétendent démocrates, respectueux des institutions civiles et porteurs d'une tradition d'apolitisme, effacent d'un trait toutes ces institutions pour se saisir par la force du pouvoir. Ces amoureux de l'ordre et des règles que sont les soldats s'appuient sur des économistes qui dérégulent à tout-va et prônent la liberté.

Pinochet a su concilier la contrainte politique et le laisser-faire économique, les brutes sanguinaires et les dames patronnesses de l'action caritative, il a incarné l'autorité, mais a limité sciemment la dimension et la puissance de l'État, il a tué la démocratie mais a organisé un vote pour adopter une constitution, puis un référendum pour clore sa dictature.

Et même ce mot, « dictature », est un sujet de controverses au Chili.

Dictature ou « régime autoritaire » ?

De nombreux Chiliens, même une fois la démocratie de retour, traitent Pinochet – qu'ils appellent avec révérence *Mi General* – comme le sauveur de la patrie, l'homme qui a su éviter au Chili le sort d'un « nouveau Cuba ». Paradoxalement, il a su aussi donner à ce pays traditionaliste et conservateur un nouvel élan, d'une modernité inattendue, en rendant l'économie libérale et dynamique. Pour ses admirateurs, parler d'une dictature de Pinochet est une insulte, ou pour le moins le signe d'une incompréhension totale des aléas de l'histoire récente de leur pays. Patricio Aylwin, qui sera le premier président démocratiquement élu après la fin du régime militaire et prendra ses fonctions le 11 mars 1990 au Congrès de Valparaíso[1], demanda un jour à Pinochet s'il regrettait les violations des droits humains commises quand il était au pouvoir. Pinochet lui répondit : « Nous étions en guerre, Monsieur le Président. »

Cette guerre, déclarée unilatéralement par les putschistes, s'avérait sans objet, nous l'avons vu, quelques semaines après le coup d'État, alors que la gauche était persécutée et démantelée. La majorité des victimes du régime militaire sont tuées, ou emprisonnées, ou encore réfugiées dans une ambassade au cours des derniers mois de 1973. Les années suivantes deviennent de plus en plus calmes et de moins en moins brutales, puis la gauche radicale resurgit de façon inattendue quand un commando du MIR assassine, le 14 juillet 1980, le colonel Roger Vergara, directeur de l'école d'espionnage de l'armée. Peu de temps après, un groupe nommé COVEMA

(Commando des vengeurs des martyrs) enlève quatorze jeunes gens. L'un d'eux, Eduardo Jara, étudiant en journalisme à l'Université catholique, succombe aux tortures qu'il subit. Une enquête déterminera que les séquestrés, même si certains, comme Jara, étaient militants du MIR, n'avaient rien à voir avec la mort de Vergara et que ce commando était constitué de policiers du service *Investigaciones*[2]. Un autre commando du MIR tue, en août 1983, le préfet de la région métropolitaine de Santiago, l'ancien commandant Carol Urzúa. En septembre 1986, c'est Augusto Pinochet lui-même qui est pris dans une embuscade alors qu'il rentre à Santiago par la route, entouré de plusieurs véhicules chargés de gardes du corps. Commise par le bras armé – devenu autonome – du Parti communiste chilien, le Front patriotique Manuel Rodríguez[3] (FPMR), l'action cause la mort de cinq gardes de Pinochet, mais ce dernier, grâce à l'habileté de son chauffeur – il roule à grande vitesse en marche arrière –, s'en sort indemne. Ce même FPMR, qui a reçu des armes de Cuba, commet de nombreuses actions terroristes durant les années 1986 et 1987, avant de disparaître après l'exécution de plusieurs de ses militants par le CNI (successeur de la DINA). Pinochet, donc, peut encore affirmer, à la fin des années 1980, que sa « guerre » n'est pas tout à fait terminée. Mais cette guerre, c'est lui qui l'a entretenue à travers la permanence de l'état de siège et la répression constante, même devenue de plus basse intensité avec le temps. Ainsi, après plusieurs manifestations d'opposants au régime, l'une d'elles, dans les rues de Santiago en août 1983, est interrompue par pas moins de 18 000 soldats. Plusieurs dizaines de manifestants sont tués et des centaines blessés. En mars 1985, trois militants communistes sont égorgés par des carabiniers. Cet événement choque l'opinion et va conduire à la démission de la junte du général César Mendoza, commandant en chef des carabiniers.

Nous avons déjà cité Carlos Huneeus qui emploie parfois dans son livre sur le régime de Pinochet[4] le mot « dictature » pour le caractériser, notamment dans le titre du premier chapitre : « Le régime de Pinochet, une dictature du développement », qu'il justifie en expliquant que la junte a « mis en œuvre des réformes économiques profondes[5] ». Il précise aussi que ce régime « n'a jamais cessé d'être un État policier tout au long de ses dix-sept années d'existence, exerçant un strict contrôle de la population et une persécution systématique des organisations d'opposition[6] ». Pratiquant de la science politique, Huneeus ne se contente pas du concept de « dictature » qui n'apporte pas de définition assez précise, selon lui, de la nature du régime. Il préfère le décrire comme « un régime autoritaire[7] », lequel n'est pas démocratique, mais n'est pas non plus totalitaire pour ne pas avoir cherché à maîtriser la totalité du fonctionnement de la société civile, comme l'ont fait les régimes communistes, notamment le régional de l'étape sud-américaine, Fidel Castro à Cuba. Selon la définition d'Hannah Arendt, un système totalitaire a pour but « la domination permanente de chaque individu dans chaque sphère de sa vie[8] ». Pour avoir permis la cohabitation d'un fonctionnement autoritaire de la politique, au sein duquel l'opposition n'est pas tolérée, et un fonctionnement libéral d'une économie de marché, le régime de Pinochet ne relève pas de cette définition. Il n'a pas autorisé la société chilienne à faire de la politique – à l'exception d'une minorité constituée par les « grémialistes » de Jaime Guzmán et de l'extrême droite qui constituent le seul pilier de ses soutiens civils –, mais il l'a laissée libre d'agir économiquement, religieusement et socialement, du moment que ces activités ne menaçaient pas son pouvoir politique et coercitif.

La cruauté

On pourrait donc souscrire à cette définition, plus technique qu'indulgente dans l'esprit d'Huneeus, d'un régime autoritaire si ses débuts n'avaient pas été aussi violents, si la junte au pouvoir n'avait pas instauré pendant trop longtemps un état de guerre injustifié au Chili. On ne peut oublier non plus le mensonge, notamment ce sinistre «Plan Z», destiné à lever les Chiliens les uns contre les autres et à légitimer *a posteriori*, par le risque d'une guerre civile, l'intervention de l'armée pour contrer le fantasmatique projet d'un coup d'État de l'extrême gauche. Enfin, comment admettre la relative «normalité» de l'autoritarisme d'un régime politique quand celui-ci a dépassé toutes les normes en causant la mort ou la disparition de 2328 personnes, en plaçant en détention 38254 autres (chiffres du Rapport Valech[9]) dont près des trois quarts ont été torturées, et en poussant 200000 Chiliens à l'exil?

Il nous semble qu'il faut distinguer l'autoritarisme de la cruauté. Emprisonner ses opposants, censurer la presse et compter sur une justice aux ordres sont les caractéristiques habituelles d'un régime autoritaire, avec en prime quelques morts suspectes de-ci de-là. Ces régimes sont détestables, mais celui de Pinochet est d'une autre nature. Torturer systématiquement des prisonniers sans se préoccuper de savoir s'ils sont vraiment des opposants, les tuer en masse et faire disparaître leurs corps ou ce qu'il en reste relève d'une autre dimension, plus sauvage.

L'auteur de ces lignes, malgré son respect envers Carlos Huneeus, préfère donc traiter le régime Pinochet de dictature, concept plus large et simpliste, peut-être, mais qui rend compte non seulement de l'arbitraire, mais aussi de la violence. Car c'est par sa violence même, la barbarie des tortures, le mépris pour les droits et les vies humaines, par l'effacement de toutes les institutions démocratiques, le maintien d'un état de siège jusqu'en 1978 – réactivé en 1983 –, par l'extension de sa répression hors des frontières nationales, que le régime de Pinochet se distingue d'un simple régime autoritaire. Pinochet est un despote qui, comme le définit Montesquieu, « gouverne sans loi, si ce n'est celle de son bon plaisir ».

Le goût du plaisir et le désir du droit

Ce bon plaisir, cependant, s'avère lui aussi ambivalent. Il est évident que Pinochet a pris goût au pouvoir suprême, qu'il n'a aucune intention de le partager, qu'il va tenter de le garder le plus longtemps possible. Il aime se pavaner dans des tenues d'apparat en toutes circonstances et découvre qu'il séduit de nombreuses femmes, à moins que le pouvoir lui-même ne soit la cause de cette attraction. « Pendant que Lucía s'occupait des activités des volontaires de ses associations caritatives dans une aile du palais de la Moneda*, dans l'autre aile Pinochet s'enfermait pendant parfois quatre heures d'affilée avec des femmes journalistes censées l'interviewer, mais qui ne publiaient jamais rien, raconte à Alejandra Matus, la biographe de Lucía Hiriart, un ministre de la junte durant la décennie 1980. Nous autres savions, dans ces moments-là, qu'il ne fallait surtout pas lui passer un appel téléphonique,

---

* Le palais de la Moneda, gravement endommagé par le coup d'État du 11 septembre 1973, a été réhabilité et restauré le 11 mars 1981 et Pinochet s'y installe.

ou interrompre son entretien[10].» Pinochet, à la même époque, peut compter sur un vaste réseau de conquêtes féminines dans toutes les régions du pays. Matus cite à ce propos une autre source, l'un des anciens gardes du corps du dictateur, qui, comme le ministre, a requis l'anonymat: «Mon général était assez désordre. Parfois, il nous annonçait brusquement qu'il "allait sortir et se détendre un peu". Nous savions alors qu'il fallait monter une opération dans le secret le plus absolu. L'objectif principal était d'empêcher la *Señora Lucía* de réaliser ce qui se passait.» Ce même militaire révèle à Alejandra Matus qu'à Iquique, par exemple, Pinochet avait trois maîtresses habituelles. «Il faisait un voyage de quatre jours, et il allait les voir toutes les trois. Il avait également une relation régulière avec une femme d'Antofagasta et une autre à Concepción. [...] Il faisait parfois appel aussi à des prostituées. Nous devions leur donner des instructions pour ne pas susciter la curiosité de doña Lucía: elles ne devaient pas se maquiller, et si elles se parfumaient, choisir un parfum pour hommes. Quand elles arrivaient, nous devions les fouiller au cas où l'une d'entre elles aurait été une extrémiste qui aurait voulu l'attaquer.»

Mais ces plaisirs du pouvoir absolu, la révérence de son entourage à son égard, toutes ces ordonnances et ces majordomes à son service, les uniformes extravagants, les enveloppes de cash lors de ses voyages officiels, les gardes du corps fidèles, dévoués et muets comme une tombe, toutes ces femmes adoratrices qui lui tendent les mains à chacune de ses visites en province et lui glissent parfois un papier avec un numéro de téléphone n'empêchent pas Pinochet de réfléchir aux meilleurs moyens d'être légitimé par le droit, ou du moins l'apparence du droit. Ainsi sa dictature est singulière pour garder comme référence subliminale les règles d'une démocratie dont elle a suspendu les institutions et ne cesse, depuis, de tenter d'en reconstruire une nouvelle.

La démocratie autoritaire et protégée

Ainsi, dès septembre 1973, Augusto Pinochet, dans sa quête d'une justification – ou d'une protection – institutionnelle, ordonne que soit élaborée une nouvelle constitution sous prétexte de l'effondrement des institutions démocratiques du Chili sous Allende, effondrement dans lequel le coup d'État de la junte n'est pas innocent. Une commission est créée, nous l'avons vu, la Commission Ortúzar, dans laquelle on retrouve notamment Jorge Alessandri et Jaime Guzmán. Ses membres sont chargés d'élaborer le projet de constitution remplaçant celle de 1925, en vigueur jusqu'au 11 septembre 1973, quand elle a été « suspendue ». Plus tard, en janvier 1976, Pinochet va inventer un « Conseil d'État » censé finaliser l'avant-projet constitutionnel de la Commission Ortúzar. Il est composé d'anciens politiciens et de hauts fonctionnaires à la retraite qui se réunissent deux fois par mois et ont quelques avis et opinions qui doivent rester confidentiels et que personne ne semble prendre en considération.

Le 11 mars 1974, la junte publie une *Déclaration de principes du gouvernement du Chili* qui constitue une première ébauche d'une loi suprême. Elle évoque une « reconstruction nationale », reconnaît « la conception chrétienne de l'homme et de la société », notamment « la dignité de la personne humaine et ses droits naturels que l'État ne peut nier ». Lequel État, ajoute cette déclaration, « est au service de la personne, et non l'inverse» et constitue «la forme la plus élevée juridiquement de la société humaine». Sa finalité réside dans «le bien commun général[11]».

Le 9 septembre 1977, Pinochet précise ses ambitions – et son ambivalence – dans un discours resté célèbre au Chili, le discours de Chacarillas, devant le Front juvénile de l'unité nationale créé par Guzmán sur le modèle des petits franquistes espagnols. Il y propose une «démocratie autoritaire et protégée». Autoritaire «pour s'appuyer sur un ordre juridique qui garantit les droits personnels avec la protection d'une justice indépendante dotée de la force d'exécution de ses résolutions», et protégée «pour considérer comme doctrine fondamentale de l'État le contenu de notre Déclaration de principes, et ainsi remplacer l'État libéral classique, ingénu et désarmé, en faveur d'un nouveau qui s'engage pour la liberté et la dignité de la personne humaine et en celle des valeurs essentielles de notre nationalité. [...] La liberté et la démocratie ne peuvent survivre si elles ne se défendent pas contre ceux qui prétendent vouloir les détruire».

Dans ce discours diffusé à la radio et à la télévision, Pinochet annonce également «trois étapes» pour le retour du pays à la «normalité constitutionnelle». La première sera celle de la «récupération», située entre 1977 et 1981, au cours de laquelle seront créés des «actes constitutionnels». Puis viendra l'étape de la «transition», entre 1981 et 1985, quand sera notamment établie «une chambre législative qui sera désignée par le gouvernement ou recevra son blanc-seing». Enfin, à partir de 1985, l'étape de la «normalité constitutionnelle» verra le pouvoir rendu à la société civile[12].

L'autolimitation autocratique

Dès 1977, donc, Pinochet, qui a déjà réduit avec les *Chicago boys* la taille de l'État chilien et restreint son interventionnisme, planifie la nature des institutions et des principes d'une nouvelle constitution qui va limiter notamment le pouvoir législatif de la junte et organiser la fin à venir du régime militaire par la voie des urnes. Un politologue américain, Robert Barros, qualifie cette attitude inédite chez un dictateur d'« autolimitation autocratique[13] ». On sait que Pinochet, quoi qu'il ait raconté dans *El Dia decisivo* ou dans *Ego Sum Pinochet* sur sa longue méditation et préparation du coup d'État, fut un putschiste de la dernière heure, dès lors un dictateur accidentel. On découvre ensuite ce souci de jeter les bases d'une démocratie à venir, ce qui suggère une dictature réticente. Peut-être est-ce la désolation d'être traité comme un paria par le reste du monde et l'orgueil qui poussent Pinochet à inscrire son régime comme la matrice d'une nouvelle démocratie à venir et libérale ? Quels que soient les motifs, c'est bien l'intention et la direction qu'il prend.

Mais ce dernier n'oublie pas pour autant ses ennemis dont il « limite » la capacité d'agir. Le 12 mars 1977, Pinochet ordonne la dissolution définitive de tous les partis politiques dont les activités avaient été suspendues en septembre 1973. En réalité, dans cette affaire, il règle surtout ses comptes avec la démocratie chrétienne et l'ancien président Eduardo Frei qui avait rapidement retiré son soutien à la junte et était devenu le plus célèbre opposant démocrate du régime. Frei meurt le 22 janvier 1982, à 71 ans, des suites d'une opération bénigne, une hernie, dans une clinique de Santiago. La DINA est soupçonnée de l'avoir empoisonné, hypothèse récemment confirmée par la cour d'appel de Santiago qui qualifie d'homicide la mort de l'ancien président[14].

En juin 1978, Gustavo Leigh, commandant et chef de l'aviation et membre de la junte, est limogé par celle-ci après avoir donné une interview critique à l'égard du régime dans le journal italien *Corriere della Sera*. Leigh, depuis le soir du coup d'État, était le principal adversaire de Pinochet et détestait les *Chicago boys*. En 1990, il sera la cible d'une attaque du FPMR dans son bureau de courtier en biens immobiliers. Il perd un œil et est gravement blessé. Il meurt en 1999.

Une constitution écrite avec la pointe d'une baïonnette

Le Conseil d'État, jusqu'alors assez inutile, va enfin trouver du grain à moudre à partir d'octobre 1978 en travaillant sur le projet de constitution de la Commission Ortúzar. Sous l'impulsion d'Alessandri, le texte est amendé afin de tenter d'accélérer la période du retour à la démocratie. Le Conseil propose cinq ans. Pinochet refuse et impose seize années, avec un référendum de confirmation à la mi-temps, en 1988.

Cette constitution, «écrite avec la pointe d'une baïonnette» selon le sénateur socialiste Sergio Bitar qui s'exprime ainsi une fois la démocratie retrouvée[15], institue tout de même quelques principes d'un État de droit et de la démocratie, fût-elle «autoritaire et protégée». Elle déclare notamment, dans son article 4, que «le Chili est une république démocratique», reprend l'esprit de la Déclaration de principes sur la primauté de la personne sur l'État, dont la finalité est le bien commun. Lequel ne supporterait pas toute action ou toute organisation ayant une «conception hostile à la famille» ou fondée sur «la lutte des classes».

Cette nouvelle constitution installe un système fortement présidentialiste en donnant au chef de l'État la possibilité de dissoudre la Chambre des députés, mais enfin cette Chambre existe et annule dès lors les fonctions législatives exercées par la junte. Un Sénat est aussi institué, composé en partie de membres désignés, et nous verrons ainsi, après la dictature, Pinochet devenir « sénateur à vie », immunité pénale comprise. La Constitution instaure un Conseil constitutionnel qui peut censurer les actes de l'exécutif et les lois de la Chambre. Les forces armées sont les garantes des institutions et leurs commandants en chef déclarés inamovibles (là aussi, Pinochet pense à son avenir). En même temps, ce texte va permettre la consolidation d'un certain nombre d'institutions qui, elles aussi, vont être les garantes de la Constitution, comme la Cour suprême, le contrôleur général de la Nation et le Tribunal électoral. Enfin, Pinochet démontre son ambivalence entre la force brute et la légitimité populaire quand il accepte, en 1988, d'organiser sa fin politique éventuelle par le biais d'un référendum, consultation démocratique prévue par cette Constitution de 1980.

Le plébiscite du 11 septembre 1980 approuve cette loi suprême par 67 % des voix (contre 30,2 % pour le « non »), et par ce même vote désigne Pinochet comme président du Chili pour huit ans. Les conditions du scrutin et le compte des voix sont douteux, mais malgré tout la démocratie reste ici la référence, fût-elle subliminale.

« Je suis démocrate, mais à ma manière », déclare Pinochet aux journalistes chiliennes Raquel Correa et Elizabeth Subercaseaux[16]. Il ne définit pas cette « manière », mais elle semble relever de son éternelle prudence. S'il veut « protéger » la démocratie, il veut aussi s'en protéger, lui-même et ses soldats, en rendant par exemple inopérante l'une des institutions fondamentales de celle-ci : la justice. Le 18 avril 1978 est publié un décret-loi connu comme la loi d'amnistie[17]. Elle « concerne toutes les personnes qui, en qualité d'auteurs, complices ou responsables hiérarchiques ayant participé à des actes délictueux durant la situation d'état de siège entre le 11 septembre 1973 et le 10 mars 1978». Elle ne distingue pas les délits de droit commun et ceux commis pour des raisons politiques. Elle amnistie également «les personnes condamnées par des tribunaux militaires après le 11 septembre 1973 », permettant ainsi d'exonérer les membres des forces armées de toute responsabilité pénale, civile ou militaire dans la violation des droits humains*.

Le «pinochétisme», si une telle chose existe, s'avère donc la laborieuse synthèse d'une pratique dictatoriale et d'une ambition démocratique, c'est-à-dire l'horreur et les bons sentiments. Ce n'est pas une doctrine, mais une parenthèse personnaliste et brutale dans la longue histoire chilienne de la démocratie et de l'État de droit. Elle serait une régression historique si elle n'avait pas porté avec elle une modernité économique inattendue, et l'Histoire se serait montrée plus indulgente à son égard si elle n'avait pas été d'une violence aussi systématique et répugnante à l'égard de ses opposants.

---

* En 1998, la Cour suprême de justice a décidé de ne pas appliquer cette loi aux auteurs de violations des droits humains.

26

Sic transit…

La démocratie emprunte le chemin du retour en 1983, d'une manière très chilienne : avec prudence, sérieux et circonspection, sous la surveillance inquiète de la dictature en sursis alors que s'est ouverte, en 1981, l'étape de la « transition ».

Avant de reprendre ses droits, la vie démocratique a d'abord réorganisé ses partis. La sagesse a conduit ces derniers, affaiblis, à se rassembler. En août 1983 naît *Alianza Democrática* (« Alliance démocratique ») réunissant le parti socialiste, le parti démocrate-chrétien et le parti républicain. Ainsi la gauche, le centre et la droite décident de travailler ensemble et vont organiser, en novembre, la première grande manifestation populaire de l'opposition au régime militaire, rassemblant plus de 300 000 personnes dans le parc O'Higgins de Santiago. L'extrême gauche, toujours interdite, se rassemble tout de même en septembre de la même année, avec le *Movimiento Democrático Popular* (« Mouvement démocratique populaire », MDP). Le même mois, Jaime Guzmán crée la *Unión Demócrata Independiente* (« Union démocrate indépendante», UDI), qui se définit comme un parti conservateur. Un autre parti du même bord, la *Unión Nacional*, voit le jour en novembre. Ces deux derniers s'unissent avec un troisième, le *Frente Nacional del Trabajo* («Front national du travail»), pour former *Renovación Nacional* en février 1987.

La joie qui vient

Au moment du coup d'État du 11 septembre 1973, Patricio Aylwin est le président du Parti démocrate-chrétien dont il fut l'un des fondateurs, en 1957. Avocat, fils d'un juge de la Cour suprême, Aylwin déclare en août 1973 que s'il fallait choisir un jour «entre un coup d'État marxiste et un coup d'État de nos militaires, je préférerais la deuxième option». Il ne soutient pas pour autant le régime et juge illégitime le plébiscite qui installe la Constitution de 1980 et fait de Pinochet le président de la République. Cependant, en juillet 1984, il propose de reconnaître comme un fait accompli cette même constitution afin d'en négocier les termes avec le gouvernement dans le cadre du processus de transition.

Ce processus prévoit un référendum qui sera organisé le 5 octobre 1988 et va permettre aux Chiliens de voter pour décider s'ils souhaitent ou non prolonger la présidence de Pinochet pour huit autres années. Une éventuelle victoire du «oui» permettrait à ce dernier de gouverner jusqu'en 1996. Si le «non» l'emportait, il resterait président encore une année, puis des élections législatives et présidentielle seraient organisées.

Cette fois, tout est en place pour un scrutin sans fraude: les registres électoraux ont été rétablis dès janvier 1987, un tribunal électoral, appelé *Tribunal Calificador de Elecciones,* est institué en septembre 1985 et la propagande électorale, officiellement autorisée le 5 septembre 1987, occupe les écrans de télévision exactement un an plus tard, à partir du 5 septembre 1988 et jusqu'au 1er octobre, tous les soirs du lundi au vendredi, et à midi les samedis et dimanches, avec le même temps de parole, quinze minutes, pour le « oui » et pour le « non »[1].

Les vidéos du « oui » rappellent les tristes temps d'Allende, la visite de Castro, les longues queues devant des magasins vides, bref la peur d'un retour vers le passé illustré d'images sinistres, en noir et blanc, de violences et de privations. Depuis le 2 février, treize partis, dont ceux de l'Alliance démocratique, ont formé *La Concertación de partidos por el No* qu'anime Aylwin. La campagne du « non », conçue par de jeunes publicitaires, choisit l'arc-en-ciel comme symbole et s'avère joyeuse, moderne, souvent drôle et entraînante avec un slogan optimiste – *« La alegria ya viene »* (« La joie arrive maintenant ») – et une chanson dont chaque strophe se termine par *« Yo voy a decir No »* (« Moi, je vais dire non »)[2]. Cette joie se confirme dans la nuit du 5 au 6 octobre quand sont connus les résultats : le « non » l'emporte avec 55,99 % des voix[3].

La *Concertación* connaît déjà sa victoire depuis plusieurs heures grâce au réseau de ses informateurs dans les bureaux de vote, et Ricardo Lagos, leader des socialistes, lance un appel aux Chiliens pour qu'ils restent chez eux car il s'agit d'un moment difficile, avec des soldats consignés dans leurs casernes et l'incertitude concernant la réaction du régime militaire.

Moi, je ne vais pas m'en aller

Dans la soirée, Pinochet convoque à la Moneda les membres de la junte, Toribio Merino pour la marine, Fernando Matthei – qui a succédé à Leigh en 1978 – pour l'aviation, Rodolfo Stange pour les carabiniers. Ce dernier a remplacé le général César Mendoza, démissionnaire en août 1985 après le scandale des militants communistes égorgés[4].

Sur le chemin de la Moneda, alors que le public ne connaît pas encore les résultats définitifs, le général Matthei déclare à quelques journalistes : « Comme tout le monde le sait, il est clair que le "non" a gagné, mais nous sommes tranquilles. » Pinochet, lui, ne l'est pas du tout, selon les Mémoires de Matthei[5]. Il annonce à ses trois collègues que « Moi, je ne vais pas m'en aller » *(Yo no me voy a ir)* et qu'il est prêt à sortir ses troupes dans les rues du pays pour « balayer tous les communistes qui préparent de grands désordres, et allez savoir avec quelles conséquences ». Il veut également faire encercler Santiago par des tanks et surveiller les ambassades pour éviter que les communistes ne s'y réfugient. Il tient prêt un texte qui lui donnerait tous les pouvoirs « avec l'appui des forces armées » et il demande aux trois hommes de le signer. Cette attitude suscite la colère de ces derniers, et Matthei raconte qu'il prend des mains de Pinochet le document « pour le déchirer en petits morceaux ». « Nous sommes battus, mais dans l'honneur », dit-il à Pinochet, ce que confirme Merino pour qui « ne pas respecter la Constitution susciterait l'opprobre générale ». Le ton monte et le moment est si tendu que le chef d'état-major, présent durant cette incartade, est victime d'un infarctus. Pinochet renonce finalement à son projet et annonce qu'il va prendre quelques jours de repos hors de Santiago. À 2 h 30 du matin, le ministre de l'Intérieur Sergio Fernández confirme officiellement la défaite du « oui » en publiant les résultats.

L'armée n'a pas bougé durant la nuit. Le matin du 6 octobre, des milliers de Chiliens expriment leur « joie » dans les rues des villes du pays.

Quelques jours plus tard, la junte affirmera qu'il ne fut jamais question de ne pas reconnaître les résultats du plébiscite.

Désillusion et mensonges

« Comment vous êtes-vous remis psychologiquement de votre déroute électorale du 5 octobre 1988 ? », demandent à Pinochet les deux auteurs d'*Ego Sum Pinochet*, livre publié en 1989.

« Vous me demandez si j'ai éprouvé de l'amertume ? M'avez-vous vu amer un seul jour ? Je suis un homme formé pour la victoire ou la défaite. […]

— Désillusionné ?

— C'est possible. Mais il ne faut pas oublier qu'on a affronté le monde entier qui est mal informé, et ces messieurs les curés partisans de la théologie de la libération. Désillusionné, oui, mais pas par le vote de Santiago, ici les lobbies sont nombreux et beaucoup d'argent circule. C'est le nord du pays qui m'a désillusionné.

— Vous êtes-vous senti trahi par l'équipe de votre gouvernement ?

— Non.

— Trompé ?

— Non.

— Le général Matthei a déclaré que, la nuit du plébiscite, vous êtes venu à la Moneda “prêt à tirer la goupille et faire sauter la bombe”.

— Quelle goupille ? Et personne n’avait de bombe.

— La nuit du plébiscite, quand le gouvernement n’avait pas encore révélé les résultats, le général Matthei a reconnu la défaite.

— Le gouvernement attendait d’avoir les résultats pour les publier. Faire autrement, c’était risquer de donner de fausses informations.

— Si c’était à refaire, vous vous représenteriez à nouveau ? Je vous demande cela parce que vous vous êtes engagé à être le candidat unique.

— Vous vous trompez. Je ne me suis pas engagé tant que ça. J’ai la lettre d’un commandant en chef me disant que je serai le mieux placé… Moi, je ne voulais pas de ce plébiscite. Il ne m’a jamais plu. J’ai toujours pensé que le candidat du gouvernement n’allait pas gagner[6]. »

Le rôle des États-Unis

L’époque a changé depuis Nixon et Kissinger, fantassins de la guerre froide. Le président américain Ronald Reagan négocie maintenant avec le dirigeant de l’URSS Mikhaïl Gorbatchev une relation apaisée qui va conduire, quelques années plus tard, à l’effondrement du système soviétique. Un article d’*El Mostrador*, le premier journal digital chilien, publié en septembre 2013, évoque les pressions américaines après la réélection de Ronald Reagan en 1984 afin que soit assuré au Chili un retour pacifique et ordonné à la démocratie. En dehors de Reagan lui-même, trois personnages ont joué un rôle majeur dans cette inflexion de la politique américaine envers le Chili : le secrétaire d'État George Shultz, son adjoint aux affaires interaméricaines Elliott Abrams, et l'ambassadeur des États-Unis à Santiago, Harry Barnes, qui déclare à Pinochet en décembre 1985, en lui présentant ses lettres de créance, qu'il se réjouit de savoir qu'il aura « la chance d'observer directement le processus d'instauration d'institutions démocratiques stables et permanentes au Chili, processus que le peuple de mon pays appuie chaleureusement ».

À l'approche du référendum de 1988, les pressions ne sont plus seulement verbales, mais actives. Washington approuve la condamnation du Chili par la Commission des droits humains de l'ONU, s'abstient de voter les crédits en faveur de Santiago des organismes financiers internationaux, et impose au Chili des sanctions commerciales. L'administration Reagan autorise le financement d'un million de dollars à la *National Endowment for Democracy* et au *National Democratic Institute for International Affairs* afin que ces deux institutions aident financièrement l'opposition démocratique et l'envoi d'observateurs électoraux.

Selon *El Mostrador*, quelques jours avant le référendum, le Département d'État reçoit des informations, qualifiées de sérieuses, des services de renseignements, selon lesquelles « certains membres des forces armées chiliennes pourraient, sous le prétexte de violences, tenter d'annuler le référendum qui doit se dérouler mercredi prochain, au cas où Pinochet serait sur le point de le perdre ». La CIA et les services secrets demandent à leurs contacts au CNI et chez les militaires chiliens de renoncer à mener des actions violentes le soir du scrutin. L'ambassadeur Barnes, pour sa part, estime avoir « des indices clairs de la détermination de Pinochet d'employer la violence nécessaire pour se maintenir au pouvoir ». L'ambassadeur chilien à Washington, Hernán Felipe Errázuriz, est aussitôt convoqué au Département d'État pour être informé de la préoccupation des États-Unis face aux rumeurs concernant les intentions de perturber ou d'annuler le référendum, et leur désir de voir « le référendum se dérouler comme prévu[7] ».

Le compromis constitutionnel

Neuf jours après le triomphe du « non », *La Concertación de los partidos por la democracia* (nouvelle appellation de *La Concertación de partidos por el No*) fait savoir qu'elle est prête à ouvrir un dialogue en vue d'un « consensus constitutionnel ». À l'issue de nombreuses négociations avec Aylwin, Augusto Pinochet annonce, le 31 mai, son approbation de 54 réformes demandées par la *Concertación*.

Ces réformes, pour en résumer les intentions, concernent avant tout la réduction des pouvoirs du président, qui ne peut plus dissoudre la Chambre des députés qu'une seule fois pendant son mandat. Il doit aussi laisser la Chambre et le Sénat exercer leur pouvoir législatif et que celui-ci ne soit plus « dans l'ombre dans laquelle l'avait réduit le texte de 1980 ». Elles proposent de baisser le poids relatif des sénateurs désignés par l'augmentation du nombre des sénateurs élus. Les premiers restent au nombre de 9, mais sur un total de 38 élus, et non plus 26 comme dans le texte de 1980. Les réformes limitent aussi les dispositions concernant l'état d'urgence et assouplissent les procédures d'amendement de la Constitution. Pour tenter de contenir un peu le rôle futur des forces armées, on ajoute aux membres du Conseil national de sécurité le contrôleur général de la République, équilibrant ainsi sa composition à quatre militaires et quatre civils. Enfin, au nom du pluralisme et des droits politiques de tous les citoyens, l'article 8 de la Constitution de 1980 est aboli. Il mettait dans l'illégalité « tout groupe opposé à la famille, prônant la violence ou un ordre juridique de caractère totalitaire ou basé sur la lutte des classes ».

« Un lieu sous le soleil »

« Cette transition, écrit l'essayiste Genaro Arriagada, a deux faces. Il est essentiel qu'elle se montre capable d'assurer à Pinochet et aux forces qui l'ont soutenu un lieu sous le soleil dans le nouvel ordre qui vient. D'autre part, cette promesse ne peut avoir pour prix le blocage du projet programmatique de la *Concertación*[8]. »

Malgré les efforts de la *Concertación*, la Constitution garde encore des traces de la dictature. L'espoir repose désormais sur une victoire d'Aylwin à la présidentielle avec une majorité qualifiée en sa faveur aux élections parlementaires, situation qui permettrait de poursuivre la réforme constitutionnelle. Pinochet, lui, a des raisons d'être satisfait. Le référendum de 1988 est perdu, mais les négociations n'affectent ni les forces armées, ni l'amnistie, ni son statut de commandant en chef inamovible garanti jusqu'en mars 1998, ni l'existence de sénateurs désignés.

Les électeurs chiliens, quant à eux, ne s'arrêtent pas sur les regrets des uns ou le soulagement des autres. Ils veulent en finir avec la dictature. L'accord ouvre la voie à un nouveau référendum sur le texte constitutionnel. Il est organisé en juillet 1989, et la loi suprême, quels que soient ses défauts, est approuvée massivement par 91,25 % des voix.

Il ne reste plus qu'à organiser l'élection présidentielle et les élections législatives pour renouer enfin avec la démocratie. Elles auront lieu le 14 décembre 1989.

La victoire de Patricio Aylwin

Le chrétien-démocrate Patricio Aylwin, candidat à la présidence au nom de la coalition de la *Concertación*, affronte l'économiste libéral et « pinochétiste » Hernán Büchi, candidat réticent du bloc de la droite *Democracia y Progreso* – il refuse d'abord de s'engager sur la base d'une « contradiction vitale », puis finalement change d'avis et redevient candidat. Un troisième homme, un entrepreneur nommé Francisco Javier Errázuriz, se présente sous la bannière « Centro-Centro ». Aylwin l'emporte largement avec 55,2 % des voix[9]. Avec son intronisation par le nouveau Congrès de Valparaíso, le 11 mars 1990, il met fin à près de dix-sept ans de dictature et devient le premier président démocratiquement élu depuis Allende, dix-neuf ans plus tôt. Il est aussi le deuxième président chrétien-démocrate après Eduardo Frei, et le premier président de la *Concertación*. Tout cela est glorieux, mais problématique.

La démocratie contrainte

En effet, si la *Concertación* rassemble une majorité de députés à la Chambre, elle ne contrôle pas le Sénat. D'autre part, elle espère former avec Rénovation nationale, qui a participé aux négociations sur la Constitution de 1980, une majorité des trois cinquièmes lui permettant de poursuivre de nouvelles réformes constitutionnelles, mais cette coalition de partis, dont les membres sont presque tous « pinochétistes », préfère, maintenant qu'elle est représentée au Parlement, se positionner là où la portent ses convictions : dans l'opposition. Dès lors, la présidence d'Aylwin se trouve sous la contrainte d'un certain immobilisme réformateur, même si elle marque à la fois le retour de la démocratie et la poursuite d'une croissance économique remarquable, de 7 % en moyenne durant la durée du mandat, de 1990 à 1994, qui tire plus d'un million de Chiliens au-dessus du seuil de pauvreté[10]. Ces résultats sont aussi notables par le fait que la *Concertación* ne remet pas en cause l'héritage des *Chicago boys* et d'Hernán Büchi. « Nous pouvons ne pas aimer le gouvernement qui nous a précédé et reconnaître qu'il a fait de bonnes choses. Nous avons hérité d'une économie qui constitue un atout », remarque dans une interview, en 1992, le ministre des Finances d'Aylwin, Alejandro Foxley[11]. Le nouveau gouvernement suit donc les grands principes des libéraux avec une fiscalité modérée, une économie ouverte, des exportations en croissance et un secteur privé de plus en plus performant. Le chômage, cependant, ne descend pas en dessous de 6 %[12]. Pour tenter de faire mieux encore, Aylwin et Foxley prônent « la croissance avec équité » à l'aide d'une hausse des dépenses publiques finançant des politiques sociales.

Mais il existe une autre contrainte, plus dangereuse et difficile à gérer : la présence à la tête de l'armée d'Augusto Pinochet. En effet, ce dernier n'oublie pas de démontrer sa capacité de nuisance dès qu'il le juge nécessaire. « Le jour où ils touchent l'un de mes hommes, c'en est fini de l'État de droit », menace-t-il en 1991. La seule exception à cette règle va concerner les auteurs du meurtre d'Orlando Letelier, ancien ministre de la Défense d'Allende, et de son assistante américaine Ronnie Moffitt, abandonnés par la junte sous la pression des États-Unis choqués par cet attentat terroriste au cœur de Washington. Le général Manuel Contreras, ancien chef de la DINA, et son second, le colonel Pedro Espinoza, sont jugés en 1995 par un tribunal chilien et condamnés respectivement à sept et six ans de prison.

Pinochet va non seulement défendre ses soldats, couverts par la loi d'amnistie, mais aussi ses hauts fonctionnaires – environ 5 600 personnes –, lesquels, par tradition, relèvent de la confiance du président de la République et sont généralement remplacés par d'autres après chaque élection présidentielle. Mais ceux de Pinochet vont avoir le droit de s'incruster dans l'administration Aylwin et celles de ses successeurs en raison d'une loi que décrète le dictateur en mars 1990, surnommée « loi des amarres », pour attacher solidement ces hauts fonctionnaires à leur emploi jusqu'à la retraite. Les présidents de la démocratie devront soit payer à ces ventouses bureaucratiques de l'ère Pinochet de généreuses indemnités pour qu'elles s'en aillent, soit nommer et payer aux mêmes fonctions d'autres hauts fonctionnaires ayant la confiance du président, doublant ainsi le coût des salaires de l'administration de la démocratie.

La Commission Rettig

Si Pinochet a souvent déstabilisé les gouvernements de la transition, le premier d'entre eux, celui de Patricio Aylwin, lui a rendu la pareille. L'une de ses premières mesures après sa prise de pouvoir, le 11 mars 1990, est de créer, le 25 avril, une « Commission nationale de la Vérité et Réconciliation » que préside le juriste et ancien parlementaire Raúl Rettig. Le rapport issu du travail de cette commission est publié en mars 1991 et expose l'ampleur de la répression, les noms des victimes, leur profession, leur âge, les circonstances de leur arrestation, les tortures subies, leur mort ou leur disparition[13]. Cette publication officialise la vérité, celle de la répression, et son impact est considérable au sein de la société chilienne, mais aussi, bien sûr, à l'étranger.

Une interview de Pinochet publiée le 10 août 1990 – donc avant la publication du rapport – par la journaliste du *Mercurio* Blanca Arthur révèle les appréhensions du chef de l'armée concernant la Commission Rettig.

« Que craignez-vous avec le travail de cette Commission ?

— Je ne crains rien. Mais je suis préoccupé que cela affecte mon institution et mes soldats.

— Avouez que dans l'armée des personnes peuvent apparaître comme responsables des questions sur lesquelles elle enquête.

— La Commission n'a pas de pouvoir d'investigation. Cela correspond à la Justice, et à elle seule. […]

— Ne pensez-vous pas qu'il faut, pour la réconciliation, connaître la vérité des faits ?

— Écoutez, cette question nous mène loin, parce que du point de vue de l'expérience humaine, je ne vois pas clairement le lien entre rouvrir les blessures, surtout de façon biaisée, tendancieuse, et arriver à ce qu'on appelle, entre guillemets, la réconciliation. Cela risque plutôt de réactiver les problèmes et les envies de vengeance, comme cela est en train de se passer*.

— Vous pensez qu'il existe une envie de vengeance chez les gens ?

— Non seulement je le pense, mais j'en suis convaincu. Ceux qui disent le contraire ne connaissent pas la nature humaine. […] Se réconcilier en rouvrant les blessures, cela va être très difficile ! Très difficile[14] ! »

---

* Pinochet fait peut-être allusion, ici, à l'attaque du Front patriotique Manuel Rodríguez contre Gustavo Leigh en mars 1990, qui laisse ce dernier grièvement blessé.

27

La « découverte » de la corruption

Avec la « Transition », les autorités aussi bien que la société civile découvrent une nouveauté dans le paysage politique chilien : la corruption. Celle-ci trouve son origine dans le régime de Pinochet et ses effets continuent sous la démocratie.

« Alors qu'en Amérique latine la corruption a constitué un phénomène endémique depuis l'indépendance, avec quelques exceptions temporaires en Uruguay, au Costa Rica ou en Argentine, le Chili a toujours été un pays conduit dans la probité », écrit Patricio Orellana Vargas, un Chilien professeur d'université et directeur de l'institut *Probidad*[1]. « La corruption s'est installée avec les dictatures qui furent la plaie de la région. La probité n'a existé que dans les pays qui ont cultivé et maintenu une démocratie solide. Ils constituent des exceptions parmi lesquelles domine le Chili. [...] L'écrivain Marco Antonio de la Parra, dramaturge et psychiatre, a défini le Chili comme "un pays pauvre mais honnête". C'est la vision qu'avaient de leur pays les Chiliens jusqu'au coup d'État militaire de 1973. » L'auteur souligne que tous les voisins du Chili où la corruption a régné ont placé au pouvoir des partis populistes, ce qui fut épargné au Chili, à l'exception d'un bref épisode, de 1952 à 1958, sous la présidence de Carlos Ibáñez.

« Le fait que le Chili n'ait jamais eu de président qui se soit enrichi au cours de son mandat est une image de leur pays qui enchante les Chiliens », poursuit Orellana Vargas, qui remarque que ce fut bien le cas durant toute la république, jusqu'à l'arrivée de Pinochet. « Les trois derniers présidents démocrates antérieurs à la dictature, Jorge Alessandri Rodríguez, Eduardo Frei Montalva et Salvador Allende, respectivement de droite, du centre et de gauche, ont laissé le souvenir d'hommes d'une exemplaire probité. Le seul cas connu d'enrichissement illégal durant l'exercice du pouvoir fut celui du général Augusto Pinochet, qui non seulement amassa une grande fortune personnelle, mais enrichit aussi les membres de sa famille. De surcroît, plusieurs de ses collaborateurs devinrent riches, notamment durant le processus de privatisation des entreprises publiques, car ceux qui les achetèrent furent ceux-là mêmes qui les avaient privatisées. »

La dictature sans contrôle

Le régime de Pinochet a supprimé les institutions parlementaires et subjugué la justice, notamment ses plus hauts hiérarques, au point que celle-ci a réussi durant toute la durée de la dictature à ignorer les atteintes aux droits humains. Le seul censeur encore capable d'exercer un contre-pouvoir au début de la dictature était, nous l'avons vu, le contrôleur de la République, Hector Humeres, une autorité chilienne faisant office à la fois de Cour des comptes et de Conseil constitutionnel. Humeres avait jugé illégale la décision de la junte, prise fin 1977, de convoquer un plébiscite en 1978. Puis il fut mis à la retraite, aussitôt remplacé par un proche de Pinochet, Sergio Fernández Fernández, qui ne vit vraiment pas pourquoi ce plébiscite ne pourrait pas avoir lieu. Dès lors, plus rien ne pouvait contrebalancer le pouvoir de la dictature, et encore moins dénoncer ses méfaits, en raison de la peur qu'elle suscitait, de sa censure de la presse et de l'autocensure des rares médias tolérés par les militaires.

La violence n'est pas la seule faute de Pinochet. Il succombe aussi à la tentation de la corruption. Sa première occurrence est l'abandon des règles dans l'embauche ou la mise à pied des fonctionnaires – dont le nombre a diminué de moitié sous son règne –, déterminées non par le mérite, mais selon des critères d'allégeance politique qui ont engendré une culture du clientélisme et une politisation de la bureaucratie. Même chose dans les universités où les enseignants de gauche ont été éliminés pour être remplacés par des personnalités de droite sans qu'aucun critère de compétence n'entre en compte dans ces décisions. Ces méthodes relèvent de la corruption en ce sens qu'elles introduisent un favoritisme clanique, une relation de dépendance du bénéficiaire à l'égard de son bienfaiteur, et une injustice envers les exclus au profit d'affidés du pouvoir.

Les privatisateurs privatisés

La corruption du régime militaire s'est également révélée lors des privatisations d'entreprises de l'État. Pratiquement la totalité des quelque 500 entreprises étatisées au Chili sont privatisées au cours des cinq dernières années de la dictature, entre 1985 et 1990, alors que Hernán Büchi est ministre des Finances. Ces privatisations se succèdent à un rythme très rapide et sans règles rigoureuses, si bien que de nombreux membres du gouvernement ou des forces armées se retrouvent à la tête d'entreprises que leurs amis ou eux-mêmes viennent tout juste de privatiser. C'est ce que révèle en 2001 une célèbre journaliste d'investigation chilienne, María Olivia Mönckeberg, dans un livre intitulé *El saqueo de los grupos económicos al Estado chileno*[2] (« Le sac des entreprises publiques de l'État chilien »). Cet ouvrage décrit en détail comment de grands groupes comme la CAP (Compagnie de l'acier du Pacifique), l'entreprise nationale d'électricité Endesa, la compagnie d'aviation LAN, celle du téléphone chilien ChileCTC, la SQM *(Sociedad Qímica y Minera)* ou l'IANSA, l'Industrie nationale du sucre, passent du public au privé de manière totalement opaque, à huis clos, sans appels d'offres et sans contrôle d'aucune sorte. Très souvent, les acheteurs désignés acquièrent à vil prix une entreprise sans même avoir l'argent pour la payer. Les banques commerciales, qui savent que ces acheteurs, en raison de leurs liens avec le gouvernement, n'auront à souffrir aucune concurrence, ont tout intérêt à leur proposer un prêt. Ainsi José Yuraszeck, qui en 1970 était un simple fonctionnaire du ministère du Développement social, fut surnommé dix ans plus tard le « tsar de l'électricité » grâce à la privatisation de Chilectra et d'Endesa. En 1989, l'ancien ministre José Piñera et Yuraszeck prennent ensemble le contrôle d'Endesa avec l'aide financière de fonds de pension. On retrouve aussi les anciens ministres des Finances de la dictature – Hernán Büchi, Sergio de Castro et Carlos Cáceres – à la présidence de directoires d'entreprises privatisées en compagnie de ceux qui les géraient au nom du gouvernement. Autre exemple plus emblématique encore : le gendre d'Augusto Pinochet, Julio Ponce Lerou – marié de 1969 à 1991 à María Verónica Pinochet Hiriart, fille d'Augusto et de Lucía –, administre pour le gouvernement la société chimique et minière du Chili

Soquimich. Cet homme qui a toujours entretenu des relations chaleureuses avec Pinochet, même après son divorce d'avec Verónica, devient le patron de Soquimich en 1987, une fois celle-ci privatisée par lui-même. Il sera vite l'un des entrepreneurs les plus riches du pays.

Trafics d'armes, whisky et fauteuils en rotin

Cette corruption de la dictature va être connue avec la Transition, mais ne va pas pour autant disparaître avec elle.

Certaines découvertes accablantes concernent les militaires qui ont joui d'une impunité absolue durant la dictature et continuent leurs affaires douteuses sous la démocratie. Ainsi, en juin 1990, des responsables d'une entreprise de l'armée, la Famae (Fabriques et ateliers d'artillerie de l'armée), envoient par avion-cargo 11 tonnes d'armes à la Croatie sous l'étiquette « d'aide humanitaire », en violation manifeste de l'embargo décidé par l'ONU contre l'ancienne Yougoslavie alors que la guerre des Balkans tourne au génocide. Une escale un peu trop longue à Budapest alerte les autorités locales qui dévoilent l'affaire. La cargaison est évaluée à 3 millions de dollars. L'un des suspects, le colonel Gerardo Huber, en charge des importations et des exportations de l'armée, menace de raconter tout ce qu'il sait sur les trafics d'armes de l'armée chilienne sous Pinochet. Huber disparaît et son corps est retrouvé dans une rivière, en 1991, le crâne traversé par une balle. La justice est saisie, mais prend son temps, jusqu'à ce que la Cour suprême désigne un nouveau juge. Finalement, ce n'est qu'en 2012 que sont condamnés à des peines de prison jamais exécutées sept militaires et deux civils acteurs de ce trafic.

En 1997, on découvre une autre pratique – pas nouvelle elle non plus – des forces de l'armée de l'air, consistant à prétendre importer des États-Unis du matériel militaire dans des containers qui, en réalité, sont pleins de meubles, fauteuils en rotin, tables en acajou, canapés-lits, bouteilles de bon whisky et d'alcools divers, matériel de sport, montres de luxe, et même un joli bateau à moteur. En déclarant ces importations comme du matériel militaire, les aviateurs échappent aux taxes américaines et aux droits de douane chiliens. Quand l'affaire est dénoncée par un député, la hiérarchie des forces aériennes se met violemment en colère et, aussi bizarre que cela puisse paraître, appelle « au patriotisme » non pas ses hommes, mais le peuple chilien.

Les Pinochèques

Les ennuis familiaux de Pinochet et ses fantaisies financières et fiscales s'avèrent autant de scandales de corruption et autant de sources de tensions nouvelles entre le commandant en chef de l'armée et les gouvernements démocratiques de la « Transition ». Pour l'historienne Paula Duque, « l'architecture démocratique [de la "Transition"] souffre de deux problèmes qui menacent l'harmonie des relations entre civils et militaires : la continuité d'Augusto Pinochet au commandement en chef de l'armée, et la grande autonomie dont jouissent les forces armées à l'égard du pouvoir politique. Pinochet est toujours un acteur important de la scène politique chilienne et peut compter sur le soutien d'une grande partie de l'opposition. Il démontre son pouvoir en émettant des déclarations à la presse et ne considère pas comme son supérieur hiérarchique le ministre de la Défense Patricio Rojas[3] ».

Augusto del Pino

Le fils aîné d'Augusto et de Lucía, Augusto Pinochet Hiriart, après treize années dans l'armée, prend sa retraite de capitaine et décide de se lancer dans les affaires. Tout commence en 1984 quand il achète, avec l'aide d'un ami qui lui sert de prête-nom, une entreprise métallurgique, Nihasa Limitada, qu'il renomme très vite PSP *(Projectos Integrados a la Producción)*. Ses deux premiers clients sont la CEMA Chile, la Fondation que préside Lucía Hiriart, sa mère, et l'armée chilienne, que commande son père. La PSP va élaborer tous les décors métalliques des immeubles des nombreuses représentations de la CEMA au Chili. Elle va aussi reconditionner les camionnettes et les Jeeps de l'armée chilienne afin qu'elles soient mieux adaptées au contrôle des manifestations de rue. Le népotisme continue quand la PSP, en 1987, achète une entreprise, Valmoval, gérée par l'armée qui vient de la déclarer en faillite. Deux ans plus tard, l'armée rachète à la PSP cette même entreprise, d'un intérêt stratégique pour fournir à l'armée ses fusils, et la transaction est payée par Augusto Pinochet père à l'aide de trois chèques (connus dans l'histoire chilienne comme les « Pinochèques ») représentant 971 millions de pesos, soit, à l'époque, environ 3 millions de dollars. Peu après, Augusto Pinochet Hiriart et son épouse, María Molina Carrasco, partent vivre à Sacramento, en Californie, où le premier ouvre de nombreux comptes bancaires au nom de la seconde pour dissimuler l'origine de l'argent. Il se fait par ailleurs appeler Augusto del Pino pour masquer sa filiation avec le dictateur chilien.

Les intimidations de Pinochet

Au tout début de la « Transition », des rumeurs commencent à circuler sur ces « Pinochèques » dans la presse chilienne, ce qui intéresse bien sûr le Parlement et le gouvernement d'Aylwin. Le 10 octobre 1990, une commission parlementaire créée pour enquêter sur cette affaire convoque le fils Pinochet pour venir témoigner devant elle le 5 novembre. Il ne se présente pas. Puis survient un malentendu qui exacerbe les tensions entre militaires et civils : le gouvernement pense qu'Augusto Pinochet pourrait vouloir négocier son départ contre la fin de l'enquête sur ces « trois maudits chèques[4] » alors que ce dernier estime être la victime d'un chantage pour le pousser à abandonner son poste de commandant en chef contre l'arrêt de cette enquête. La situation devient explosive quand, le 19 décembre 1990, Augusto Pinochet ordonne de consigner dans leurs casernes, sans l'autorisation de Patricio Rojas, le ministre de la Défense, les 57 000 soldats de l'armée jusque tard dans la nuit. Ce mouvement est considéré par les autorités comme une menace directe sur l'État de droit et la démocratie. Elles estiment que Pinochet a dépassé les bornes de la loi et de la « Transition ». « Rien ne justifie, avance la Chambre des députés après un vote majoritaire, d'alarmer ainsi les citoyens. » Pinochet réplique que l'armée voit bien « qu'une campagne est lancée contre elle, aggravée par l'attitude peu déférente de certains hauts fonctionnaires ». Finalement, l'affaire est close, non sans rancœur de part et d'autre, avec la découverte d'un règlement militaire permettant de désamorcer l'affaire. En effet, un commandant en chef a le droit, sans autorisation préalable du ministre, de mener un « exercice de sécurité, d'engagement et d'échanges » *(ejercicio de seguridad, alistamiento y enlace)* considéré comme un mouvement de troupes sans conséquences ni menaces implicites, contrairement à la consignation de soldats dans leurs casernes[5].

L'affaire semble close jusqu'au 28 mai 1993, quand le quotidien *La Nación* annonce en première page la réouverture de l'enquête des « Pinochèques ». L'ancien dictateur réagit immédiatement en se rendant au siège des forces armées, situé à quelque 200 mètres de la Moneda, entouré de nombreux officiers escortés de soldats armés et en tenue de combat coiffés d'un bonnet noir. Cette action d'intimidation est restée sous le nom du *boinazo*, le « coup du béret », *boina* en espagnol. Une nouvelle fois, Aylwin préfère céder aux menaces que de mettre en péril la « Transition ».

Le successeur d'Aylwin, à partir de 1994, est le démocrate-chrétien Eduardo Frei Ruiz-Tagle, l'un des fils d'Eduardo Frei qui fut président entre 1964 et 1970. Lui aussi doit subir les pressions de Pinochet en 1995, quand la Cour suprême s'apprête à réactiver l'enquête sur les chèques de l'ancien dictateur à son fils. Cette fois-ci, la manifestation d'intimidation des militaires se fait en costume civil, à l'occasion d'un pique-nique au pied des murs d'enceinte de la prison de la Punta Peuco, à Til Til, un village situé à une cinquantaine de kilomètres au nord de Santiago où sont détenus plusieurs militaires accusés de violations des droits humains. Frei demande à la Cour de classer l'affaire « pour raisons d'État ».

Père et fils échappent donc à la justice, mais les « Pinochèques », comme nous le verrons, constituent le préambule d'une vaste enquête sur les nombreux comptes bancaires de la famille Pinochet qui va beaucoup changer l'appréciation de l'ancien dictateur chez un grand nombre de ses admirateurs.

28

Les *retornados*

Le retour à la démocratie au Chili permet aux uns de rentrer chez eux, aux autres de rester sur place. Ces derniers sont les anciens militaires et leurs suppôts civils qui s'étaient ménagé une large impunité et jouissent encore d'une grande influence dans la société chilienne. Quant aux premiers, on les appelle les *retornados*, ceux qui sont revenus d'exil. Certains ont du mal à reconnaître le pays qu'ils ont connu.

Assez nombreux, environ 1 million sur 14 millions d'habitants, ils n'ont pas toujours été les bienvenus à leur retour. Ils rentraient dans un pays qu'ils avaient dû fuir, ou qu'ils avaient quitté car ils ne le supportaient plus. À leur arrivée, ils ont des sentiments ambigus et des chagrins cachés. « À un moment de notre histoire, déclarait à l'auteur de ce livre l'écrivain Carlos Cerda, nous avons commencé à oublier l'ami disparu ou celui qui était en prison[1]. »

Cerda a passé son exil en République démocratique allemande, la RDA, l'Allemagne de l'Est soviétisée, qui l'a définitivement vacciné contre les paradis de travailleurs. « J'y ai vu, déclarait-il, le négatif photographique de la dictature que j'avais fuie. » Mais pouvait-il supporter de voir à la télévision Augusto Pinochet, sémillant vieillard en tenue de soldat d'opérette, se complaire dans le rôle d'un père de la nation et de protecteur des siens ? Sur l'écran, l'ex-dictateur distribue des bourses universitaires aux filles méritantes des soldats de la nation en leur caressant la joue. « Le Chili est un pays blessé, dont la mémoire est torturée, dit-il. Quelque chose de son identité s'est perdue. Un certain goût du plaisir, peut-être. Aujourd'hui, les gens ne pensent qu'à travailler. »

Pas un seul jour je n'oublie la liberté

« Nous sommes un drôle de pays », reconnaît avec un rire amer Mónica González, ancienne militante d'extrême gauche devenue rédactrice en chef de *Cosas*, un magazine assez *people* sur la vie des vedettes. Elle se dit déroutée et désabusée, « mais pas un seul jour je n'oublie la liberté. Quand j'entends une voiture la nuit qui s'arrête dans mon quartier, je me dis ce n'est rien, juste des amoureux qui cherchent un coin tranquille pour pouvoir s'embrasser ».

Le Chili pauvre et austère que les exilés avaient quitté n'est plus. Ils ont retrouvé une nation de nouveaux riches qui frappent à la porte du premier monde, exhibant leur taux de croissance annuel de 7 %. « Disons-le, il y a bien eu une révolution au Chili, s'exclame une ancienne militante du MIR en évoquant le boom économique d'un pays devenu libéral, mais ce n'est pas celle dont nous rêvions. La révolution, ce sont les militaires qui l'ont faite*. » Elle exprime ainsi, avec un humour résigné et l'amertume des combats perdus, le désarroi de nombreux Chiliens revenus d'exil.

---

* Cette interlocutrice a préféré rester anonyme.

La dictature a effacé l'Histoire

« Ce Chili ne me plaît pas », annonce Carlos Orellana, qui dirige la maison d'édition Planeta à Santiago. Il fut l'âme d'une des revues de la diaspora chilienne à l'étranger, *Araucaria*, publiée d'abord à Paris puis à Madrid, de 1979 à 1989. Il dit avoir été un étudiant communiste, « un communiste utopique », précise-t-il comme pour prier qu'on l'en excuse. Il a connu tous les drames, depuis son incarcération en septembre et octobre 1973 dans le Stade national de Santiago jusqu'au suicide de sa fille en France, puis le délitement de son premier mariage face à tous ces tourments. Il a pris un jour la décision de s'intégrer en France, mais n'a pu résister au désir de retrouver sa terre natale une fois la démocratie restaurée. « Ici, dit-il, la dictature a effacé l'Histoire. L'individualisme, l'égoïsme social et la consommation règnent. J'ai été reçu avec une certaine méfiance par ceux qui étaient restés, et moi-même n'ai pu m'empêcher d'éprouver de la méfiance à leur égard. On nous prenait souvent pour des privilégiés, comme si nous avions passé les plus longues vacances de notre vie. »

Pendant cinq ans après mon retour, j'ai pleuré tous les jours

Parmi ces *retornados* rencontrés durant l'année 1997, on pouvait croiser aussi un jeune homme moderne, Marco Enríquez-Ominami, qui n'était encore ni député ni candidat à la présidence de son pays – il le sera en 2009 et 2013 –, mais entamait alors une carrière de cinéaste. Assis à la terrasse d'un restaurant chic de l'avenida del Bosque, il sourit à la vie et aux jeunes filles qui passent, mais un instant plus tôt l'émotion le faisait bégayer en évoquant la mort d'un père qu'il n'eut pas le temps de connaître, Míguel Enríquez, dirigeant du MIR tué par les militaires en 1974. Il a vécu un premier exil en arrivant à Paris en 1973, à l'âge de deux mois, dans les bras de sa mère, puis un deuxième exil à son retour au Chili, jeune adolescent. Marco a de la chance. Les membres de sa famille sont des *retornados* intégrés et influents. Sa mère, Manuela Gumucio, fille d'un ambassadeur d'Allende et ancienne militante d'extrême gauche, est devenue une figure de la télévision – elle a produit au Chili une version locale de ce que furent, en France, les *Guignols de l'info*. « On m'a accusée d'avoir rendu Pinochet sympathique avec sa marionnette », dit-elle en riant. Puis, soudain sérieuse, elle ajoute : « Pour le haïr, il faut avoir notre histoire. » Manuela est alors l'épouse de Carlos Ominami, ancien militant du MIR réfugié à l'ambassade de Belgique après le coup d'État et qui, depuis son retour, a été ministre et sénateur socialiste. Ils se sont rencontrés en exil à Paris, et c'est lui qui a voulu rentrer. « Moi, dit Manuela, j'avais une forte rancune. Pendant cinq ans après mon retour, j'ai pleuré tous les jours. Ce qui a pansé mes blessures, c'est de retrouver l'humour des Chiliens qui ne se prennent pas au sérieux et vivent dans l'instant présent. Et puis mon père est mort ici, et je me suis dit : quelle chance de mourir ainsi, entouré des siens, au milieu de tant de sentiments chaleureux. »

Comme travailleur, je ne ressens pas les bienfaits du libéralisme

Jaime Orden Oyarce et Carmen Vallecillo ne sont pas, eux, des privilégiés, mais des prolétaires désenchantés. Ils vivent dans une banlieue modeste de Santiago grâce au salaire de postier de Jaime. Du temps d'Allende, il fut militant socialiste et délégué syndical dans une confiserie dont les bonbons semblent avoir été les seules douceurs de sa vie. Arrêté, torturé, exilé, il s'est retrouvé ouvrier chez Mercedes, à Stuttgart, douze années d'un ennui confortable et d'une nostalgie inextinguible. « Nous idéalisions le Chili », dit-il, évoquant les larges réunions de famille d'autrefois qu'il n'a jamais retrouvées à son retour. « Me réinsérer ici m'a beaucoup coûté. Je n'arrivais pas à trouver du travail, on me disait que j'étais trop vieux. En fait, c'est parce que j'avais été syndicaliste. » Carmen, pendant ce temps, vendait des œufs au porte-à-porte, jusqu'à ce que son mari finisse par trouver un emploi à la Poste. « Comme socialiste, dit Jaime, je comprends que les circonstances ont changé. Comme travailleur, je ne ressens pas les bienfaits du libéralisme. »

« On a trop rêvé », murmure Mónica González, la journaliste de *Caras*, pour évoquer l'ambivalence des idéalistes d'antan retrouvant dans ce nouveau Chili un pays prospère et mercantile. Et pour expliquer qu'il fallait tout de même revenir, elle évoque le désarroi qui fut le sien à Paris. « Là-bas, dit-elle, pas une seule rue, pas un seul visage ne me racontait mon histoire. Ici, j'ai retrouvé les endroits où j'ai été amoureuse ou malheureuse, les lieux où, toute jeune, je voulais toucher le ciel avec les mains. »

29

Pinochet en banlieue

Pinochet in Suburbia (« Pinochet en banlieue »), un film anglais sorti en 2006, raconte l'histoire de l'ancien dictateur chilien perdu au milieu de nulle part dans une jolie maison d'une banlieue de Londres, à Virginia Water, dans le Surrey, entourée d'un parc d'un hectare[1]. Et cette histoire est vraie. Dans cette luxueuse demeure, Pinochet est prisonnier depuis le 1er décembre 1998, après avoir été formellement arrêté le vendredi 16 octobre dans une clinique londonienne où il s'était fait opérer d'une hernie discale. Son arrestation, signée par le juge britannique Nicholas Evans, fait suite à la demande d'extradition formulée en Espagne par un juge espagnol, Baltasar Garzón, qui a lancé contre l'ancien dictateur un mandat d'arrêt international pour « génocide, terrorisme international, tortures et disparitions de personnes au Chili », dont plusieurs des victimes furent des citoyens espagnols[2]. Pinochet va passer cinq cent trois jours retenu en Angleterre[3] avant de pouvoir rentrer au Chili où il va perdre tour à tour prestige, immunité et honorabilité.

Un anachronisme vivant

En matière d'immunité, le vieux dictateur avait pris ses précautions. Le 10 mars 1998, la voix brisée par l'émotion, il remet en vertu de la Constitution de 1980 ses pouvoirs de commandant en chef de l'armée au général Ricardo Izurieta, un officier de cavalerie alors âgé de 55 ans qui n'a joué aucun rôle au sein du régime militaire. Démocratie oblige, ce n'est pas Pinochet qui a désigné son successeur, mais le président, Eduardo Frei Ruiz-Tagle. Dès le lendemain matin, l'ex-dictateur entre à la première heure au Congrès, à Valparaíso, pour prendre ses fonctions de « sénateur à vie* » associées à une immunité parlementaire, et cela toujours en vertu de « sa » Constitution de 1980. Pinochet était donc, à juste titre, pressé. Depuis le 3 janvier 1998, cinq députés de la démocratie chrétienne veulent présenter contre lui une « accusation constitutionnelle » pour avoir « gravement porté atteinte à l'honneur et à la sécurité de la nation ». Parallèlement, le parti communiste porte plainte pénalement contre lui pour « génocide, séquestrations multiples, associations illicites et inhumations illégales de cadavres ». Un juge trouvant cette plainte « recevable », Pinochet a donc intérêt à ne pas traîner entre sa retraite de l'armée et sa nouvelle fonction de sénateur, car dans cet intervalle d'environ vingt-quatre heures, il est sans immunité. La justice chilienne, bizarrement, n'a pas profité de cette courte opportunité. « Ce que j'éprouve ? Un certain dégoût », déclarait à l'auteur un sénateur élu, membre du parti socialiste, contraint à l'exil sous la dictature, à l'idée

* Ce poste de sénateur à vie *(Senador Vitalicio)* est réservé, par l'article 45 de la Constitution de 1980, aux anciens présidents de la République ayant occupé ce poste pendant six ans sans interruption. Cette disposition fut éliminée par la réforme constitutionnelle de 2005.

de côtoyer au Congrès son nouveau collègue l'ancien dictateur. Quelques jours avant l'arrivée de Pinochet dans cette assemblée, ce sénateur m'invita à visiter le Congrès. « Tenez, cet ascenseur, il va le prendre lui aussi. Que faire ? Le saluer ? L'ignorer ? » Nous suivîmes ensuite un couloir qui menait à l'hémicycle, couloir qu'un parlementaire facétieux avait déjà baptisé *Pasillo Pinochet*. Dans la salle, il me montra la dernière rangée de sièges réservés aux neuf sénateurs désignés. « Avec les 18 élus de la droite, ce bloc conservateur aura la majorité et va s'opposer à de nombreuses réformes, notamment celles remettant en cause leur propre existence. » Il me désigna un siège, le deuxième de la rangée, juste devant une porte. « Je pense qu'il sera assis là. Ainsi, il pourra s'éclipser rapidement. »

L'idée que Pinochet puisse passer une vieillesse tranquille – il a alors 82 ans – au Sénat révulse de nombreux démocrates. « Sénateur à vie, jusqu'à ce qu'il en crève ! » lance un soir dans un café une jeune militante de gauche qui attend manifestement cette conclusion avec impatience. Certains d'entre eux, affiliés à la démocratie chrétienne, présentent une pétition à la Commission interaméricaine des droits de l'homme mettant en cause l'existence même de sénateurs à vie, « institution arbitraire et antidémocratique ». Les militaires font savoir leur mécontentement de voir ainsi maltraité « le sauveur de la démocratie ». Tenter de l'empêcher de devenir sénateur à vie, « c'est jouer avec le feu[4] ». Le président Frei, enfin, cherche à calmer les esprits alors que les députés de son parti ouvrent, le 14 janvier, une séance spéciale au Congrès pour débattre du rôle de Pinochet. Dans les rangs du public, des femmes « pinochétistes » brandissent des portraits du vieux dictateur et font tant de bruit que la salle doit être évacuée.

L'écrivain chilien Jorge Edwards écrit dans le journal *La Segunda* qu'à l'aube du XXIe siècle, le général Pinochet est

« un anachronisme vivant. Au Sénat, il sera une espèce de curiosité, le témoignage du temps qui passe et de la vanité des choses, peut-être même une attraction touristique ».

Et c'est le tourisme, justement, qui va ébranler Pinochet.

Le prisonnier de Londres

En ce mois de septembre 1998, le vieux général a envie d'aller à Londres. Il s'y est déjà rendu six fois depuis 1991, toujours pour des visites privées. Il aime beaucoup la capitale britannique où il lui plaît de renouveler sa garde-robe civile dans le magasin Burberry, sur Regent Street. Par ailleurs, il souffre d'une hernie discale dont il pourrait se faire opérer à Santiago, mais les chirurgiens chiliens ne semblent guère enclins à le faire vu les risques liés à l'âge du patient. Aucun d'entre eux n'a envie de prendre la responsabilité de la mort éventuelle d'un tel personnage sur sa table d'opération. On a chanté à Pinochet les louanges d'un chirurgien d'origine iranienne, Farhad Afshar, attaché à une célèbre clinique privée de Londres, *The London Clinic*, dans le quartier de Marylebone, et il voudrait le rencontrer avant de prendre une décision. Il dit qu'il aimerait bien aussi faire un saut à Paris pour voir la tombe de Napoléon aux Invalides.

Pinochet s'est toujours rendu à Londres avec un passeport diplomatique auquel il avait droit comme commandant en chef de l'armée. Or son passeport est périmé et il n'est plus chef de l'armée, mais sénateur. Les ennuis commencent. S'il veut utiliser un nouveau passeport diplomatique, il convient qu'à chaque voyage il soit chargé par les autorités chiliennes d'une « mission spéciale d'ambassadeur plénipotentiaire », procédure régulée par une convention internationale sous l'égide de l'ONU et qui justifie un tel statut. Mariano Fernández, sous-secrétaire d'État aux Affaires étrangères, et son ministre de tutelle, José Miguel Insulza, jugent risquée cette idée de Pinochet de voyager à Londres et le font savoir à son entourage. Sa femme et certains de ses enfants lui déconseillent de quitter le Chili, mais le vieux général se croit toujours intouchable.

Fernández et Insulza savent qu'en 1996 une procédure judiciaire a été ouverte en Espagne par le juge Manuel García Castellón contre Pinochet et plusieurs généraux de la dictature. En mai 1997, l'ancien président chilien Patricio Aylwin, en voyage au Portugal, avait le projet d'une visite privée en Espagne quand la rumeur courut que García Castellón pourrait citer Aylwin pour recueillir ses déclarations. Le ministère des Affaires étrangères chilien fit alors apposer par son ambassade à Lisbonne une mention « mission spéciale » sur le passeport diplomatique de l'ancien président afin qu'il évite cette procédure jugée humiliante pour le Chili. Il fut décidé de faire la même chose avec Pinochet. Une délégation militaire chilienne devait se rendre sous peu en Angleterre pour y visiter plusieurs usines d'armement en vue d'éventuels achats, Pinochet y fut associé afin d'avoir droit à cette « mission spéciale » spécifiée sur son nouveau passeport. Le fait qu'il ne faisait pas partie de ladite délégation fut délibérément ignoré.

Le 21 septembre 1998, Augusto Pinochet atterrit discrètement à Heathrow, accompagné de son secrétaire particulier, de deux gardes du corps et de son médecin personnel. Accueilli par le premier secrétaire de l'ambassade chilienne, il rejoint son hôtel, l'Intercontinental, sur Park Lane, à Mayfair, où l'attend sa fille aînée, Lucía, qui l'a précédé de quelques jours à Londres. Le lendemain, il prend rendez-vous pour le 2 octobre avec Afshar, le chirurgien de la *London Clinic*, puis part faire ses emplettes chez *Burberry*. Lucía a organisé une rencontre, le 25 septembre, avec le journaliste Lee Anderson qui travaille pour le magazine *The New Yorker*[5] et son photographe Steve Pyke. Elle pense qu'un entretien avec ce journaliste célèbre, dans un magazine aussi prestigieux, rehaussera l'image de son père à l'étranger. Il ressort de cette rencontre un bel article d'Anderson qui débute sur un constat prémonitoire de Pinochet – « Les dictateurs finissent toujours mal » – et la photo d'un vieux monsieur désabusé d'une élégance à l'ancienne, costume sombre, chemise blanche, une perle épinglée à une cravate de soie jaune. Après cette rencontre, la rumeur sur la présence de Pinochet au Royaume-Uni commence à circuler.

La France annonce à l'ambassade du Chili à Londres qu'elle ne peut recevoir Pinochet avec un passeport diplomatique sans « mission spéciale » spécifique dans le pays, mais que le général peut venir sans visa avec un passeport ordinaire. La visite de la tombe de Napoléon est considérée dès lors comme imprudente et aussitôt oubliée. Pinochet, par ailleurs, souffre de plus en plus du dos et convient avec le Dr Afshar d'une opération pour le 9 octobre. Pendant ce temps, la rumeur est confirmée, après quelques vérifications de journalistes britanniques. Oui, Pinochet se trouve bien à Londres.

À Madrid, le juge García Castellón ne tarde pas à l'apprendre et décide de confier à son collègue Baltasar Garzón le dossier Pinochet. Ce dernier lance un mandat d'arrêt international contre l'ancien dictateur, qui est arrêté par Scotland Yard dans la clinique où il se repose après son intervention chirurgicale. Réveillé par une infirmière dans la nuit du 15 au 16 octobre, Pinochet écoute l'un des trois policiers britanniques présents dans sa chambre lui annoncer son arrestation, annonce que traduit en espagnol une interprète chilienne. Il se redresse dans son lit et proteste, furieux, alléguant de sa mission officielle et de son passeport diplomatique. Le Dr Afshar, appelé par les policiers à son domicile, déclare que l'état physique de son client ne permet pas encore un transfert en prison. Pinochet reste donc dans sa chambre sous la garde de la police métropolitaine de Londres.

Le 28 octobre, la Haute Cour de justice britannique invalide le mandat d'arrêt lancé par Garzón, estimant que l'ancien dictateur « bénéficiait de l'immunité en tant qu'ancien chef d'État ». Le ministère public fait appel devant la Chambre des lords. Le 25 novembre, les cinq magistrats de cette chambre refusent, à trois voix contre deux, l'immunité à l'ancien dictateur. Pinochet, qui ne parle pas un mot d'anglais et n'a pas accès aux journaux ou à la télévision sur ordre de la police, ne suit pas les péripéties de ces actions judiciaires, et sa femme, Lucía Hiriart, qui l'a rejoint à Londres dès l'annonce de son arrestation, interdit à quiconque d'informer son mari qui continue à se croire protégé par son immunité. « Si Augusto se rend compte de ce qui se passe, il va avoir une crise de rage et peut en mourir », dit-elle à un groupe de parlementaires chiliens venus rendre visite à l'ancien dictateur dans la chambre de sa clinique londonienne[6]. Finalement, quelques jours plus tard, elle se charge de lui annoncer elle-même la mauvaise nouvelle. Elle entre seule dans sa chambre et en ressort quelques minutes plus tard, l'air bouleversé. Pinochet, choqué par cette annonce, ne murmure alors que quelques mots, et ne prononce plus une seule parole pendant deux jours. Ce silence constitue le premier signe de la dépression qui s'abat sur le vieux général.

La lettre de Pinochet aux Chiliens

Un mois plus tard, en décembre 1998, Pinochet écrit une lettre au peuple chilien qui ressemble fort à un testament politique et dévoile un homme plus dévot, voire mystique, qu'auparavant. Il y évoque une nouvelle fois la « geste » du 11 septembre 1973 pour dire que ce jour-là « les forces armées et de l'ordre n'ont pas détruit une démocratie exemplaire, ni interrompu un processus de développement et de bien-être, ni un Chili qui aurait été alors un modèle de liberté et de justice. Tout cela avait déjà été détruit, et nous, les soldats, avons agi comme la réserve morale d'un pays en train de se désintégrer entre les mains de ceux qui voulaient le faire entrer dans l'orbite soviétique. [...] J'ai été l'objet d'une machination politico-judiciaire sournoise et lâche, dénuée de toute valeur morale. Alors que dans ce continent, et notamment dans les pays qui me condamnent par le biais de procès infondés, le communisme a assassiné plusieurs millions d'êtres humains au cours de ce siècle, on me poursuit pour l'avoir vaincu au Chili, sauvant mon pays d'une guerre civile. Cela a entraîné la mort de trois mille personnes, dont près d'un tiers ont été des soldats ou des civils victimes du terrorisme des extrémistes*. [...] Je conserve intacte ma foi en Dieu et en les principes qui ont guidé mon existence. J'ai la ferme espérance que Notre Seigneur, dans son infinie miséricorde, prenne en compte mes plus intimes souffrances pour ceux qui sont morts injustement durant ces années d'affrontement. Ils se trompent

---

* Pinochet donne ici un chiffre plus élevé des morts que le Rapport Rettig (2298 morts ou disparus) et que la commission Varech (2328), tandis que les victimes des violences politiques représentent 7,6 % des morts ou disparus, selon le Rapport Rettig, et non pas un tiers, comme l'affirme le dictateur. Voir à ce sujet le chapitre 21.

ceux qui prétendent que la douleur pour le sang versé dans notre Patrie est le monopole d'un seul camp. Nous avons tous souffert pour les victimes. Ces souffrances sont d'autant plus fortes qu'elles concernent des personnes qui n'ont pas provoqué l'affrontement, qu'elles ne l'ont ni cherché ni désiré, et elles en furent pourtant les victimes innocentes. Le soldat, toujours, cherche à protéger ses compatriotes. Jamais il ne désire la mort de quelqu'un et il éprouve une douleur sincère pour tous les Chiliens qui, durant toutes ces années, ont perdu la vie. [...] Si ma souffrance peut mettre fin à la haine semée dans notre pays, sachez que je suis prêt à accepter tous les desseins du destin avec la confiance la plus absolue que Dieu, dans son amour infini, saura rendre fécond ce sacrifice pour que triomphe la paix, et qu'à l'aube du nouveau siècle les Chiliens soient un peuple réconcilié et uni comme je l'ai toujours rêvé[7] ».

Les avocats de Pinochet déposent un appel au motif que l'un des juges, Lord Hoffmann, a des liens avec Amnesty International, partie prenante dans les poursuites contre Pinochet. Le 17 décembre, les cinq magistrats du comité d'appel de la Chambre des lords cassent à l'unanimité la décision du 25 novembre, et le 18 janvier 1999, sept nouveaux juges de la même Chambre entament le réexamen de l'immunité de Pinochet.

Entre-temps, la *London Clinic*, elle aussi, révise son jugement. Elle voudrait maintenant que Pinochet s'en aille, et vite. D'autres patients attendent une chambre. Les autorités britanniques trouvent une solution avec la maison de Virginia Water où le prisonnier est placé, sous bonne garde, aux arrêts domiciliaires. Une fois dans cette demeure, le prisonnier ne lit plus un livre et parle peu, sinon pour se lamenter sur son sort quand il reçoit des visiteurs. Il regrette aussi de ne pas avoir écouté sa femme et ses enfants qui lui avaient déconseillé de faire ce voyage.

Le 24 mars, les sept nouveaux juges annoncent leur décision : ils refusent l'immunité au vieux général, mais réduisent le champ des charges retenues contre lui à la période postérieure au référendum de 1988. Le 15 avril, le ministre britannique de l'Intérieur, Jack Straw, membre du cabinet travailliste que dirige Tony Blair, donne son « feu vert » à l'ouverture d'une procédure d'extradition de Pinochet vers l'Espagne.

Des requêtes d'extradition ont également été déposées auprès des Britanniques par les justices belge, française* et suisse, des citoyens de ces trois pays ayant été victimes de la dictature chilienne.

L'apparente insouciance des Chiliens

À lire la presse chilienne après l'arrestation de Pinochet, on ne trouve aucune expression du plaisir de voir un dictateur enfin emprisonné, ni même le regret qu'il était irréaliste de tenter de le juger au Chili. On ne lit que des colonnes indignées, des éditoriaux grinçants, des lettres de lecteurs furieux, comme si, pour la première fois unanime, le pays tout entier dénonçait dans cette arrestation la souveraineté du Chili bafouée, l'arrogance de l'Europe, son « néocolonialisme », voire la résurgence d'un obscur complot « socialo-communiste ».

* La requête française d'extradition de Pinochet est déposée le 12 novembre 1998 par le juge René Le Loire, qui a été très actif dans ce dossier, comme dans ceux de la dictature argentine et de l'opération Condor.

Au Chili, on ne parle pas de la « gauche caviar » pour se moquer des socialistes mondains, mais des *champagne socialistas*, et un soir de décembre 1998, dans un dîner chic à Providencia, l'auteur de ce livre passait une soirée avec eux. Une convive assez âgée, noyée dans la fumée de ses cigarettes et se déclarant « vieille léniniste », l'avait enjoint « de ne pas croire à ce que raconte la presse, parce qu'elle est entre les mains de la droite ». La plupart des Chiliens, selon elle, étaient ravis de voir l'ancien dictateur enfin en prison, fût-elle dorée, comme une clinique privée ou une confortable maison dans une banlieue huppée.

Au coin des rues Alcantara et Apoquindo, une autre vieille dame aux cheveux blancs n'est pas du tout d'accord avec cette analyse. Épouse d'un officier, elle agite le drapeau chilien à deux pas de l'ambassade d'Espagne. Elle s'y retrouve tous les soirs avec une poignée de copines « pinochétistes » et quelques gamins militants de la droite pure et dure dont certains sont vêtus de tee-shirts proclamant « *I Love Pinochet* ». Quelques voitures remontant vers les beaux quartiers, Vitacura ou Las Condes, klaxonnent leur approbation. « La plupart des Chiliens, dit-elle, remercient le général d'avoir sauvé le pays du communisme. » Ce jovial vendeur de journaux, dans son petit kiosque du centre-ville, par exemple, affirme désirer ardemment le retour au pays du « père de la patrie ». En revanche, Mónica, jeune infirmière d'une clinique de La Recoleta, un quartier périphérique et modeste, estime qu'il est bon que Pinochet soit jugé. Qu'il le soit en Europe ou ailleurs, au fond, lui importe peu, « du moment qu'il réponde de ses crimes ».

Ces déclarations contradictoires d'affection ou de vindicte sont assez rares, de même que les manifestations publiques de ces sentiments, toujours discrètes et clairsemées, sans incidents notables, sans graffitis sur les murs, sans affrontements directs avec leurs adversaires. Que pensent donc les Chiliens ? Ils s'en moquent, si l'on en croit le premier sondage après l'arrestation de Pinochet à Londres, publié le 2 décembre à Santiago par l'institut Mori. Il a été réalisé entre le 17 et le 24 novembre 1998, juste avant le verdict de la Chambre d'appel des lords, le 25 novembre, rejetant l'immunité dont se prévalait Pinochet : 71 % des Chiliens interrogés affirment que le sort du vieux général « n'affecte pas leur vie ». Cette apparente insouciance a surpris tout le monde, y compris Marta Lagos* qui a dirigé l'enquête. « Les Chiliens, avance-t-elle, sont les survivants de deux grands traumatismes, celui d'Allende, et celui de Pinochet. Ils n'en veulent plus d'autres. Ils se sont créé comme une armure qui les protègent d'eux-mêmes et de leurs semblables[8]. » Dans cette société frileuse, ceux qui osent avouer leurs émotions sont rares : 6 % disent avoir ressenti « de la joie » à l'annonce de l'arrestation de Pinochet, 5 % « de la peine » et 2 % sont « en colère ». Ce qui ne veut pas dire que les autres n'ont pas d'opinion : 45 % jugent « plutôt négative » la détention du dictateur, 44 % l'estiment « plutôt positive ». Le Chili reste ainsi, prêt à franchir le seuil du XXIe siècle, toujours divisé en deux camps, à la fois égaux et irréconciliables, mais devenus, avec les épreuves du temps, modérés. Une nette majorité, pourtant, se détache pour considérer que Pinochet est coupable des crimes qui lui sont reprochés (63 %), alors que seulement 16 % le jugent innocent.

---

* Marta Lagos, directrice de l'Institut Mori au Chili, dirige également une institution pionnière, le *Latinobarómetro*, mesurant chaque année dans toute l'Amérique latine le degré de qualité des valeurs et des institutions démocratiques.

« En politique, nous avait dit la “vieille léniniste”, il faut toujours s’attendre à l’inattendu. » Et le voilà qui surgit, en 1998, avec « l’intouchable suprême » – à l’ombre duquel le Chili a vécu pendant un quart de siècle – soudain devenu le « prisonnier de Londres ».

Les trois fractures de la Transition

Le vieux général, abattu, assis dans son fauteuil dans le salon de la maison de Wentworth en regardant par la fenêtre le temps passer de la brume à la pluie, sait-il que son sort a pour effet de révéler toutes les fragilités de la « Transition » dont la règle était jusqu’alors une histoire enjolivée pour préserver la paix et des militaires intouchables pour sauvegarder la démocratie ? On observe d’abord la rupture entre les autorités chiliennes et les milliers d’exilés chiliens restés dans leur pays d’accueil en Europe. Ces derniers se retrouvent à Londres en une communauté soudée dans son soutien sans réserve aux procédures européennes en cours. Lesquelles, cependant, sont dénoncées par la gauche chilienne, leur famille politique, qui réclame, par la voix du candidat du parti socialiste à la présidence, Ricardo Lagos, le retour de Pinochet chez lui. Avec la droite, c’est encore pire, mais après tout, c’est la droite, et les exilés n’en attendent rien. Elle affirme qu’ils sont en train de trahir la nation, comme ils l’avaient déjà fait sous Allende, en soutenant les prétentions de la justice européenne à juger Pinochet, ce que le gouvernement d’Eduardo Frei Ruiz-Tagle considère comme une atteinte à la souveraineté du Chili, donc une humiliation.

Une seconde rupture s’opère, à la même époque, entre la forte minorité des « pinochétistes », ennemis de la sérénité, enclins à l’autojustification permanente, et la majorité des

Chiliens, plutôt désireux d'oublier les blessures du passé, favorables à la réconciliation nationale et au retour à la tranquillité. Les « pinochétistes » sont assez nombreux. Ils représentent, d'une manière constante dans tous les scrutins depuis la fin de la dictature, environ 30 % de l'électorat. Ces inconditionnels du général, activistes et un tantinet paranoïaques, sont en quête de reconnaissance. « C'est peut-être une surprise pour vous en Europe, mais il existe des Chiliens qui aiment le général Pinochet », affirme avec un air de défi Nelson González Moya, unique conseiller municipal de droite à la mairie du quartier de La Recoleta, fief traditionnel de la gauche[9]. Une guerre des affiches règne dans l'antichambre. D'un côté, un poster proclame « Vive Allende ! », lequel est mort, de l'autre une grande photographie de Pinochet, qui ne l'est pas encore, avec cette affirmation transcendantale : « *Immortal !* » González, jeune marié de 22 ans en 1972, alors que l'Unité populaire était au pouvoir, en garde un très mauvais souvenir. « J'appartenais à une classe moyenne traditionnelle, ma mère ne participait pas aux réunions des organisations de quartier qui distribuaient les tickets alimentaires. Nous manquions donc de tout, des produits de base les plus simples, comme le pain ou l'huile. Il fallait faire la queue dès 2 heures du matin. Garder la place de quelqu'un dans une file d'attente était devenu un travail, rémunéré comme tel. » Cette année-là, sa fille naît avant terme et son médecin conseille l'achat d'un adjuvant au lait maternel. Il attend des heures devant la grande pharmacie Andrade, proche de la gare centrale. Quand vient enfin son tour, le pharmacien exige l'ordonnance d'un hôpital public pour lui délivrer son produit. Mais sa fille est née dans une clinique privée. González n'a plus, comme seul recours, que le marché noir. « C'était cela, le Chili de 1972, dit-il. Si les forces armées n'étaient pas intervenues, le Chili aurait connu la guerre civile. »

Ce discours, répété depuis des lustres par les « pinochétistes », devient lassant pour les autres. Certains Chiliens affirment qu'ils devraient tous, de temps en temps, penser à autre chose qu'au passé. Mais tant que Pinochet est le « prisonnier de Londres », c'est une mission impossible.

La troisième fracture, enfin, est celle de la coalition gouvernementale elle-même, composée essentiellement de démocrates-chrétiens et de socialistes. Dans le premier camp, le président Frei Ruiz-Tagle réclame le retour de Pinochet au Chili. Dans le deuxième, deux socialistes, Isabel Bussi Allende, fille de Salvador, et Juan Pablo Letelier, fils d'Orlando, assassiné à Washington par la DINA, sont à Londres pour dénoncer les crimes du régime militaire. Pendant ce temps, le ministre des Affaires étrangères du Chili, José Miguel Insulza, socialiste lui aussi et ancien exilé, défend en bon petit soldat, à Londres et à Madrid, la position de son gouvernement en faveur d'un retour de Pinochet au Chili. Des députés de son propre parti tentent de torpiller sa mission en envoyant une lettre au ministre de l'Intérieur britannique, Jack Straw, selon laquelle les conditions permettant de juger l'ancien dictateur ne sont pas réunies au Chili. Tout cela fait un peu désordre. Frei Ruiz-Tagle fulmine et Ricardo Lagos, candidat du parti socialiste à la présidentielle de 1999, tente de réparer les pots cassés. Il qualifie la lettre des députés socialistes d'« erreur politique ». Le 3 décembre, Isabel Bussi Allende et Juan Pablo Letelier, de retour à Santiago, l'écoutent en silence alors qu'il s'aligne sur Frei Ruiz-Tagle en demandant le retour de Pinochet dans son pays.

Lagos gagne l'élection présidentielle au deuxième tour, le 16 janvier 2000. Durant la campagne, il a mis en sourdine sa révérence envers Allende et montré le visage d'un social-libéral tourné vers l'avenir et la réconciliation. Son adversaire, Joaquín Lavín, ancien fonctionnaire « pinochétiste » et catholique intégriste, a chanté les louanges de l'efficacité, de l'empathie sociale et de la réconciliation. Bref, les deux candidats se sont mis d'accord sur une chose : maintenir Pinochet dans les oubliettes de l'Histoire.

L'oubliette et la déprime

Et c'est là que se trouve Augusto Pinochet, dans cette oubliette de sa maison d'Angleterre, depuis quinze mois exactement, le jour du triomphe de Lagos. Sa femme Lucía passe de la colère aux larmes. Les enfants, qui sont souvent à Londres, se disputent et reprochent notamment à leur sœur aînée, Lucía Pinochet, d'avoir alerté la presse de la présence de leur père à Londres avec cette interview au *New Yorker*. Le vieux général, âgé maintenant de 84 ans, se déplace avec l'aide d'une canne et lui aussi pleure souvent[10]. Le seul moment heureux de ce long séjour involontaire en Angleterre est la visite, le 26 mars 1999, de Margaret Thatcher, l'ancienne Première ministre britannique, venue lui apporter son soutien en mentionnant l'aide secrète du Chili au Royaume-Uni pendant la guerre des Malouines et pour dire publiquement qu'elle savait que c'était lui, ce prisonnier de Londres, qui avait « apporté la démocratie au Chili, donné une nouvelle constitution au pays et organisé des élections ». Le 23 octobre 1998, elle avait déjà écrit « une lettre ouverte » au Premier ministre Tony Blair, publiée dans le *Times* de Londres, accusant celui-ci d'incohérence en laissant Pinochet, un allié du Royaume-Uni, en prison tout en recevant dans le même temps le président argentin. Les Pinochet boivent une tasse de thé avec la Dame de fer, « dans une maison modeste, mais pleine d'amour et de gratitude à son égard», lui dit Pinochet en lui ouvrant la porte. Mais bien sûr, cette aimable visite ne va rien changer. La stratégie du gouvernement de Frei Ruiz-Tagle est de promettre aux autorités britanniques de ne pas freiner les initiatives de la justice chilienne, laquelle, selon lui, est désormais en mesure de juger Pinochet pour ses atteintes aux droits humains. S'ajoute à cela la menace d'une mort soudaine du vieux général, l'hypothèse que le prisonnier chilien s'éteigne sur le sol britannique. Le gouvernement de Sa Majesté est-il prêt à assumer un tel risque politique ? Alejandra Matus, dans sa biographie de Lucía Hiriart, suggère que Pinochet, déprimé, était prêt à mourir dans cette maison de la banlieue de Londres, comme son héros O'Higgins, mort lui aussi hors de sa patrie, à Lima, au Pérou, ce qui suscita une nouvelle colère de sa femme quand il lui fit part de cette hypothèse.

La fin de l'année 1999 est calamiteuse pour les Pinochet. En mai, le vieux général a déjà effectué une série d'examens dans un hôpital après avoir affirmé qu'il avait été victime d'une attaque cérébrale légère. Il retourne à l'hôpital le 23 septembre, la veille du jour où, à Madrid, l'Audience nationale, principale instance judiciaire espagnole, confirme la validité de l'ordre de détention d'Augusto Pinochet formulé par Garzón. Le 27 commencent les audiences consacrées à la procédure d'extradition par le tribunal londonien de Bow Street. Elles se concluent le 8 octobre, quand, enfin, la justice britannique autorise l'extradition de Pinochet en Espagne en retenant l'ensemble des accusations de torture lancées contre lui par le juge espagnol. Le 14 octobre, l'ambassade du Chili à Londres demande aux autorités britanniques de soumettre Pinochet à de nouveaux examens médicaux, affirmant que la santé du prisonnier s'est encore détériorée. Il subit ces examens le 10 novembre alors que des juristes chiliens planchent sur le projet d'une plainte contre l'Espagne devant le tribunal de La Haye. Finalement, le 2 mars 2000, Jack Straw, déclarant se baser sur le dossier médical de Pinochet, annonce sa libération, car il n'est pas en condition d'être jugé.

Le même jour, poussé dans un fauteuil roulant, Pinochet se dirige vers un avion des forces aériennes chiliennes qui l'attend sur une base militaire anglaise toute proche. Le lendemain matin, à 10 h 30, l'appareil atterrit à Santiago. Pinochet est descendu sur son fauteuil roulant par une rampe. Une fois sur le tarmac, tandis qu'un orchestre militaire joue *Lili Marlene*, l'une de ses chansons préférées, il se lève et se redresse, tel un miraculé, un grand sourire aux lèvres, et embrasse le général Ricardo Izureta, le commandant en chef de l'armée. Il semble en pleine forme, marche et salue un à un les membres de son comité d'accueil où se trouvent les chefs des forces armées et des carabiniers, de nombreux généraux et quelques politiciens. D'un air jubilatoire, il lève ensuite sa canne vers le ciel pour saluer le public et les journalistes, et fêter sa victoire.

30

L'alibi du déclin

Ce geste de joie d'Augusto Pinochet à son arrivée à l'aéroport de Santiago, debout, le bras vers le ciel, un sourire radieux, puis cette marche sans l'aide de son fauteuil roulant pour aller embrasser amis et soutiens sont vus comme une provocation par le gouvernement chilien après ses efforts diplomatiques à Londres afin que l'ancien dictateur puisse revenir au Chili pour raisons de santé. Le président élu, mais pas encore en fonction, le socialiste Ricardo Lagos, estime que cette démonstration d'une santé vigoureuse « ne sert pas les intérêts du Chili ».

C'est le dernier jour de gloire de Pinochet.

Le gouvernement d'Eduardo Frei Ruiz-Tagle demande à sa famille que l'ancien dictateur fasse désormais profil bas. Ce dernier, pour l'instant, n'a qu'un désir, revoir l'océan Pacifique depuis *Los Boldos*, sa maison au bord de la mer cernée d'eucalyptus, dans la région de Santo Domingo, à environ 120 kilomètres au sud-ouest de Santiago.

No soy ningún criminal

Vers la fin de l'année 2000, tout se complique. Les tribunaux chiliens ont devant eux les dossiers de quelque 170 plaintes déposées contre Pinochet par des familles de victimes du régime militaire. Alors qu'avant Londres, chacun savait que la justice chilienne aurait considéré ces plaintes non recevables en raison de la loi d'amnistie d'avril 1978, après Londres, tout change. Déjà, en juin 1999, la justice avait décidé de qualifier la disparition de détenus « un crime permanent ». Cette « permanence », qui se perpétue tant que le disparu, ou son corps, n'est pas retrouvé, valide l'action des tribunaux, qui ne se réfèrent plus à la date limite d'application de la loi d'amnistie couvrant les crimes commis avant le 10 mars 1978. C'est ainsi que le juge Juan Guzmán prend en charge l'enquête sur la « caravane de la mort[1] » – qui s'est déroulée du 30 septembre au 22 octobre 1973 et dont dix-huit des victimes sont toujours portées disparues. Il a déjà inculpé, en juin 1999, cinq de ses membres : leur chef, le général Sergio Arellano Stark, le colonel Marcelo Moren Brito – un ancien de la DINA que ses supérieurs jugent psychopathe –, le colonel Sergio Arredondo, le brigadier Pedro Espinoza, impliqué plus tard dans l'assassinat d'Orlando Letelier, enfin le capitaine Patricio Díaz.

Le 8 août 2000, la Cour suprême lève l'immunité parlementaire du sénateur Pinochet afin que sa responsabilité pénale dans les crimes qui lui sont reprochés puisse être jugée. Cette responsabilité découle directement du principe cher au général de la « verticalité du commandement » et d'ailleurs la Cour, dans l'un de ses attendus, cite Pinochet lui-même qui a écrit dans son livre *Política, Politiqueria y Demagogia*, publié en 1983, que « celui qui ne sait pas commander est un inutile, et celui qui ne sait pas obéir en est un également[2]. »

Augusto Pinochet n'est plus intouchable au Chili, et c'est inédit. Le soir même, l'ensemble des parlementaires de droite viennent lui rendre visite dans sa maison de La Dehesa, quartier résidentiel et élégant au nord de Santiago, pour lui montrer leur solidarité. La télévision filme la scène. Pinochet, souriant, appuyé sur sa canne, entouré de ses fidèles, annonce qu'il va « défendre son honneur ». Mais cette manifestation de soutien va s'avérer la dernière. Il ne reverra jamais tous ensemble les parlementaires de droite. La majorité d'entre eux s'éloignent définitivement pour assurer leur survie politique, car l'avenir, bien sûr, se construira sans lui.

Le 23 janvier 2001, Augusto Pinochet est interrogé par le juge Juan Guzmán sur sa responsabilité dans les événements tragiques de la « caravane de la mort ». *« No soy ningún criminal »* (« Je ne suis pas un criminel »), déclare-t-il d'emblée au juge. L'ancien dictateur a alors en main la copie d'un document que vient de lui donner la secrétaire de Guzmán. Il y reconnaît son écriture. Il avait annoté ce texte au crayon rouge, vers la fin de 1973. Ce document lui avait été adressé par le général Joaquín Lagos[3], commandant de la 1re division de l'armée à Antofagasta. Ce dernier lui annonçait que les personnes exécutées selon ses ordres étaient, sur son territoire, au nombre de 53. Il ne reste plus au juge Guzmán qu'à inculper l'ex-dictateur, ce qu'il fait le 29 janvier 2001. Il signe également l'ordre de sa détention à domicile, mesure qui évite à Pinochet la prison. « Personne au Chili ne demande autre chose », déclare au journal *La Nación* Isabel Bussi Allende, députée socialiste et fille du président Salvador Allende. « Nous démontrons ainsi, à la différence de la dictature, que nous avons des sentiments humains, même à l'égard d'un condamné comme lui[4]. »

Sauf que Pinochet n'est pas encore condamné. Il ne le sera jamais. Des examens médicaux réalisés entre le 10 et le

12 janvier 2001 indiquent qu'il souffre d'une « démence légère à modérée » jugée normale à son âge – il a 85 ans – due aux accidents vasculaires cérébraux dont il a été victime. Un mois plus tard, un nouvel examen révèle une « démence vasculaire sous-corticale ». Le 12 mars, Guzmán libère l'ancien dictateur sous une caution de 2 millions de pesos. Le 1er juillet, Pinochet est hospitalisé d'urgence. Huit jours plus tard, l'action judiciaire contre lui est temporairement suspendue. Elle le sera définitivement le 4 juillet 2002. Le même jour, Pinochet envoie sa lettre de démission au Sénat, geste qui signe la fin de sa longue vie politique. « J'aspire, honorable Sénat, que les derniers jours de ma vie continuent à témoigner de mon amour viscéral pour le Chili auquel j'ai consacré toute mon énergie, au-delà de tout intérêt personnel, seulement mû par le bien-être et le bonheur de tous ses enfants[5]. »

En mai 2004, la cour d'appel rejette la suspension des poursuites pénales contre Pinochet, ce que confirme la Cour suprême en août. Aussitôt, le juge Guzmán inculpe l'ancien dictateur pour violation des droits humains durant l'opération Condor. Pinochet ne reste cependant qu'une semaine, en janvier 2005, aux arrêts domiciliaires à *Los Boldos*, après le versement d'une nouvelle caution. En septembre, l'action judiciaire est encore une fois suspendue, toujours pour raison de santé.

Entre-temps, le vieux général est lâché par les militaires. En janvier 2002, le nouveau commandant en chef de l'armée, le général Juan Emilio Cheyre – qui a remplacé Ricardo Izurieta, décédé d'une leucémie –, annonce la fin du soutien inconditionnel de l'armée à Pinochet. Le vieux dictateur n'a plus d'amis. Les politiciens de droite ne cherchent plus sa compagnie et l'armée lui tourne maintenant le dos. Bientôt, avec l'affaire Riggs, ce sera le tour des financiers et des entrepreneurs.

31

L'affaire Riggs

Le ciel tombe sur la tête de Pinochet le matin du 15 juillet 2004. Les révélations fortuites et soudaines de ses comptes à l'étranger s'étalent en première page de tous les journaux du monde. Ses turpitudes financières, ses fraudes fiscales, ses détournements d'argent public et, d'une façon générale, la découverte qu'il n'est pas l'honnête soldat qu'il prétendait être, mais un vulgaire caudillo corrompu, constituent une révélation choquante pour les Chiliens, par tradition amateurs d'austérité et de probité publique. La veille, le 14, le *Washington Post* a révélé que le sous-comité du Sénat américain chargé d'enquêter sur le blanchiment d'argent (notamment sur les sources de financement d'Al-Qaïda après les attentats du 11 septembre 2001) a découvert par hasard plusieurs comptes de la Riggs Bank, à Washington, appartenant à Augusto Pinochet[1]. Réunis, ces comptes rassemblent environ 8 millions de dollars. Le 21 juillet, le Conseil de défense de l'État – organisme qui représente les intérêts de l'État chilien devant la justice – dépose une plainte auprès du juge Sergio Muñoz, chargé d'enquêter sur cette affaire, et il se passe alors un événement extraordinaire : la perquisition du bureau de Pinochet, le 6 janvier 2005. « L'intouchable suprême » ne l'est plus.

Alias Daniel López

En avril, le juge ordonne la détention de la secrétaire particulière de Pinochet, Mónica Ananías, et de son exécuteur testamentaire, l'avocat et financier Oscar Aitken. Le 14 avril, il demande la levée de la dernière immunité dont jouissait encore Pinochet, celle d'ancien président de la République. Il l'obtient le 7 juin. On estime alors que ce dernier a dissimulé au fisc chilien environ 8,6 millions de dollars, a utilisé pour cela de faux passeports et utilisé des noms d'emprunt dont l'un va alimenter l'humour des Chiliens : « Daniel López. »

Les ultimes « pinochétistes » chiliens que l'on croisait encore dans la société civile sont abasourdis. Comment imaginer que « leur » général ait pu détourner à son profit de l'argent public, comment même admettre qu'il ait caché une fortune en dollars dans des comptes étrangers alors qu'il leur apparaissait comme le premier des patriotes et que son côté « radin », par ailleurs, était légendaire ? Les gardiens du palais présidentiel l'ont vu plus d'une fois éteindre les lumières en sortant la nuit de la Moneda, et son officier d'ordonnance savait qu'il ne devait pas acheter les médicaments de Pinochet à la pharmacie la plus proche, mais dans une autre un peu plus loin, que le président jugeait moins chère[2].

La révélation de ces comptes à l'étranger a un effet dévastateur sur ceux qui gardaient encore de l'affection pour le vieux général. Il semble que sa malhonnêteté ait été pour eux plus choquante encore que les arrestations arbitraires, les tortures et exécutions sommaires commises sous ses ordres et en son nom.

Si l'on veut faire le procès de l'histoire du Chili...

Depuis l'annonce de l'existence de ces comptes secrets, Augusto Pinochet semble à ses proches particulièrement abattu et amer. Il l'est plus encore quand il apprend, en regardant la télévision le 10 août 2005, que sa femme et son plus jeune fils, Marco Antonio, viennent d'être arrêtés sur ordre du juge Muñoz pour complicité dans la dissimulation des comptes de l'ex-dictateur à l'étranger. Lucía Hiriart, réalisant qu'elle allait être envoyée en prison, s'évanouit aussitôt. Elle est conduite d'urgence à l'hôpital militaire de Providencia et sera dès le lendemain mise en liberté provisoire. Quant à son fils Marco Antonio, il va passer plus de deux semaines en détention. Les autres enfants restent l'objet d'investigations judiciaires.

Pinochet estime avoir été le seul responsable dans cette affaire, lui seul avait décidé, vers la fin des années 1970, à l'apogée de son pouvoir absolu, d'ouvrir plusieurs comptes à l'étranger, sans doute avec l'intuition, admise par lui à Londres devant John Lee Anderson, le journaliste du *New Yorker*, que « les dictateurs, souvent, finissent mal ». À cause de son caractère dissimulateur, il n'avait parlé à personne de cette décision, sinon à son épouse, mais simplement pour l'en informer. Progressivement, prête-noms, messagers, amis proches et membres de la famille finissent par connaître, parfois partiellement, l'existence de ces comptes à l'étranger. Plus tard, on saura que son fils Marco Antonio a joué un rôle actif dans leur dissimulation, traitant de « mensonge » toute allusion à ce sujet. Cependant, une fois ces comptes connus, il prétend avoir agi non par intérêt personnel, mais en fils obéissant aux ordres de son père. Pinochet a donc envie, en cette sinistre soirée du 10 août – en plein hiver austral – de faire une déclaration le soir même pour assumer l'entière responsabilité de ces comptes bancaires. Ses avocats, très inquiets, lui conseillent la prudence. Pour l'instant, la justice l'a relativement épargné en raison de son grand âge et de ses problèmes de santé. S'il s'affichait, comme il y songe, devant les caméras de télévision en grand uniforme militaire, comme lors de chacun de ses conflits avec les autorités, et s'il parlait d'un ton autoritaire et menaçant, les conséquences pourraient être désastreuses pour lui. Il finit par l'admettre, mais ne veut pas renoncer pour autant à son projet. Ses conseils étudient donc avec lui un texte, qui ne sera pas sans conséquences juridiques, envoyé le soir même à la presse sous forme de communiqué : « J'assume toute la responsabilité des faits objets de l'investigation du juge, M. Muñoz, et rejette toute participation à ceux-ci de la part de ma conjointe, de mes enfants et de mes collaborateurs les plus proches. Si l'on veut mettre quelqu'un en prison, en faisant le procès d'une partie de l'histoire du Chili, que ce soit moi, et non des personnes innocentes. Je réitère que je n'ai jamais fraudé l'État ni tiré un profit illégal dans l'exercice des charges qui ont été les miennes. J'ai confié, pour des raisons de prudence, alors que je pourrais être la cible de poursuites et de vindicte politique, à des institutions professionnelles étrangères l'épargne de toute une vie. Si cette action a eu des incidences fiscales, mes conseils ont payé ce qui devait l'être. »

C'est la première fois que Pinochet reconnaît sa responsabilité dans cette affaire. Il est bien placé pour savoir qu'elle n'est pas terminée. Il voit sa femme menacée de prison et ses cinq enfants traités, dit-il, comme « des délinquants ». L'un de ses petits-enfants, nous disent les auteurs de *La Familia*[3], se souvient d'avoir vu son grand-père pleurer.

Sentiments et mensonges

La ligne de défense d'Augusto Pinochet n'a jamais changé. Elle est fondée sur deux assertions, l'une sentimentale, donc invérifiable mais éventuellement crédible, l'autre comptable, et plus contestable. Sa première préoccupation, affirme-t-il, a été de protéger les siens pour l'avenir à l'égard duquel il n'était guère optimiste. Il savait aussi que ses enfants, qui n'avaient pas brillé dans leurs études ni dans leurs vies privées, avaient besoin de son soutien financier, sans parler de son épouse qui restait dépendante de lui à cet égard. Voilà pour les bons sentiments. Viennent ensuite, avec la défense comptable, les pieux mensonges. Il fut pauvre dans sa jeunesse, épargna toute sa vie, eut la chance d'être payé en dollars durant ses quatre années passées en Équateur, dollars qu'il a investis et fait fructifier. Mais ses trois maisons, celle de La Dehesa à Santiago, celle de ses fins de semaine d'*El Melocoton*, à San José de Maipú, au sud-est de Santiago, et sa préférée, *Los Boldos*, à Santo Domingo, au bord du Pacifique, les terrains, les quelque dix biens immobiliers dont Augusto ou Lucía étaient propriétaires, tous ces millions de dollars dans des comptes étrangers – on apprendra plus tard qu'il en détenait 125 abritant au total quelque 27 millions de dollars – ne peuvent être justifiés par les sages économies de toute une vie. Ni même, d'ailleurs, par le détournement à des fins personnelles de 3 millions de dollars des « fonds réservés* » de la présidence, dont il est accusé par le juge Carlos Cerda (lequel, en 2005, a remplacé Sergio Muñoz, nommé à la Cour suprême). Cette fortune semble avoir surtout pour origine des commissions

---

* Ces fonds ont représenté un total d'environ 25 millions de dollars durant les dix-sept années de la dictature.

occultes sur des ventes ou des achats d'armes et de munitions, dont les premières eurent lieu dès les années 1980 avec l'Iran durant la guerre Iran-Irak. Un système de missiles en partenariat avec l'Angleterre, aussi dans les années 1980, puis une vente en 1994 par la Belgique de 20 avions de chasse français Mirage 5 à l'aviation chilienne, l'achat de 202 tanks Léopard aux Pays-Bas en 1998, toutes ces transactions ont fait l'objet de commissions sur des comptes contrôlés par Pinochet et ayant pour prête-nom son conseiller financier et exécuteur testamentaire, Oscar Aitken. Une livraison secrète d'armes chiliennes à la Croatie en 1991, malgré un embargo durant la guerre des Balkans, aurait aussi été ordonnée par Pinochet, selon le témoignage devant la justice, en décembre 2007, d'un général à la retraite, Carlos Krumm, que cite Heraldo Muñoz[4].

Le 9 septembre 2005, le Conseil de défense de l'État porte à nouveau plainte contre Pinochet pour avoir touché de telles commissions. Le 6 octobre, la Cour suprême approuve la levée de l'immunité de l'ancien président de la République pour fraude fiscale et corruption.

Le 21 octobre 2005, Marco Antonio et Lucía Hiriart sont inculpés comme complices des évasions fiscales d'Augusto Pinochet. Le 25 novembre, jour de son 90e anniversaire, ce dernier est inculpé à son tour pour évasion fiscale, falsification de documents officiels et de passeports, omission sous serment de déclaration de biens lui appartenant. Cette inculpation survient à la suite de quatre interrogatoires successifs en ce même mois de novembre, menés par le juge Cerda. Ce dernier laisse Pinochet en liberté sous caution, en raison de son âge.

32

« Le seigneur de là-haut »

Profondément déprimé, désormais sans pouvoir et sans protection face à la justice des hommes, Augusto Pinochet ne pense plus qu'à celle de Dieu, tandis qu'il sent la mort venir, nous dit le journaliste chilien Javier Ortega dans un article sur la vieillesse de Pinochet[1]. « À un ami qui venait le saluer avec en cadeau des livres d'histoire et des vidéos de films de guerre comme il les aimait, Pinochet remercia son visiteur en lui déclarant qu'il n'avait plus le temps pour ce genre de choses. Il pointa son index vers le ciel en ajoutant : je pense au seigneur de là-haut » *(el caballero de arriba).*

Toujours selon Ortega, ce sentiment d'une mort imminente survient pour la première fois à Londres. Depuis, l'ancien dictateur est devenu très pieux, lit des livres de religion et suit avec dévotion les messes du dimanche – notamment celles du père Iván Wells, aumônier de l'hôpital militaire – quand il se trouve à Santiago. C'est désormais un homme très âgé, appuyé sur une canne, que l'on doit aider à s'asseoir et à se lever de table, et qui ne peut rester longtemps debout. Il est sourd, perd l'équilibre, se montre incapable de discuter avec un groupe de plus de deux personnes. De toute façon, il ne dit plus grand-chose, soit par lassitude, soit par méfiance. « Vous savez comment est Augusto, il garde tous ses secrets pour lui », déclare Lucía Hiriart en guise d'excuse pour le silence de son mari aux rares visiteurs qui viennent encore voir le vieux général. L'un de ces convives cherche, un jour, à savoir ce que Pinochet pense de l'attitude de l'armée à son égard. Ce dernier lève les mains et répond : « Ce pays est petit. Si quelqu'un dit quelque chose, tout le monde le sait, mon ami. » Ortega raconte aussi que la seule opinion qu'il émet à cette époque concerne le président socialiste Ricardo Lagos : « La force d'Allende était son charisme plus que son intelligence. Lagos a les deux. »

Ses derniers amis, qui tentent de le divertir, se comptent sur les doigts d'une main. Parmi eux se trouvent les plus fidèles, l'avocat Hernán Errázuriz et Cristián Labbé, ancien colonel et maire de Providencia. Pinochet aime évoquer avec eux des anecdotes de l'époque où il était au pouvoir, même si souvent il ne se souvient plus des noms des ministres concernés ou se trompe sur le moment. En revanche, il se rappelle très bien son enfance et sa jeunesse, et peut nommer ses camarades de l'époque où il était cadet à l'École militaire.

Sa femme surveille de près son alimentation, car Pinochet est diabétique et se soumet à plusieurs tests sanguins par jour. Mais il est aussi gourmand, et ses derniers visiteurs lui apportent souvent, en cachette, les fromages et les gâteaux qu'il adore. « Les meilleurs déjeuners avec lui sont ceux que nous avons quand son épouse est absente », dit un visiteur cité par Ortega.

Ses journées sont rythmées par la routine d'un vieillard bien soigné par son médecin de toujours, le Dr Henry Olivi, qui l'examine à son réveil. Le général fait ensuite quelques exercices avec son kinésithérapeute. Le déjeuner est servi à 13 heures, puis Pinochet se retire pour une longue sieste.

À 17 heures, il prend une tasse de thé avant de se promener à pas lents, quand il est à Los Boldos, au bord de la mer, entouré de ses gardiens. Par mauvais temps, il s'enferme dans sa bibliothèque, mais ne lit plus ses livres. Il les regarde comme le ferait un enfant.

Pinochet pense aux morts, aussi. À sa mère, notamment, Avelina Ugarte, qui fut dans la confidence de sa liaison avec Piedad Noé, à son beau-père, le sénateur radical Osvaldo Hiriart, à l'amiral José Merino qu'il appelait « Pepe », et même, nous dit encore Ortega, au général Gustavo Leigh, avec une inattendue nostalgie. Parler à Pinochet de son séjour à Londres est un sujet de conversation interdit par Lucía Hiriart, mais sur lequel l'ancien dictateur revient cependant très souvent. « Londres, affirme un ami du général, l'a détruit plus qu'on ne l'imagine. » L'une de ses phrases récurrentes est « qu'ils l'ont fait prisonnier sans lui donner d'explications ». Pinochet ne fait de reproches à personne, mais accuse de tous ses maux le « communisme international », affirme un autre ami, qui ajoute qu'il lui a avoué avoir beaucoup pleuré dans la maison de Virginia Water « parce qu'il était sûr qu'il allait mourir là-bas ».

Il va mourir dans son pays, à Santiago, et dans un lit. Dans la matinée du 3 décembre 2006, Pinochet est victime d'un infarctus du myocarde et souffre d'une insuffisance cardiaque associée à un œdème du poumon. Transporté d'urgence à l'hôpital militaire de Santiago, il subit un pontage. Son état s'améliore, mais le 10 décembre, à 13 h 30, il est victime d'une brusque décompensation cardiaque. Lucía Hiriart se trouve à son chevet alors qu'il agonise. Dans un souffle, il lui adresse son dernier mot, « Lucy… », puis s'éteint.

Son décès est enregistré à 14 h 15. Augusto Pinochet, 91 ans, n'a jamais été jugé par la justice chilienne.

Notes

1. Le Français don Guillermo

1. Raquel Correa, Elizabeth Subercaseaux, *Ego Sum Pinochet*, Santiago, Zig-Zag, 1989, p. 24. On peut lire ce livre sous le lien suivant : http://www.memoriachilena.cl/602/w3-article-81329.html

2. Isabel Allende, *Mi Pais Inventado*, Barcelone, Plaza y Janes, 2003 ; édition française, *Mon pays réinventé*, Paris, Grasset, 2003, et Livre de poche, 2005. Traduction Alex et Nelly Lhermilier.

3. Hernán Godoy Urzúa, *El Caracter chileno*, Santiago, Editorial Universitaria, 1977, traite du sujet du caractère chilien, mais peut-être pourrait-il être actualisé, selon l'auteur et journaliste Pablo Huneeus, qui estime que les Chiliens sont désormais plus endurcis, uniformisés, malléables ou intéressés. En lire plus à :
http://www.pablo.cl/index.php?seccion=articulos&art=194

4. *Libro Blanco del Cambio de Gobierno en Chile*, Santiago, Editorial Lord Cochrane, 1973.

5. *The Clinic* est un hebdomadaire chilien fondé en 1998. Il tire son nom de la London Clinic, la clinique londonienne dans laquelle fut arrêté Pinochet la même année, à la suite d'un mandat d'arrêt international émis par le juge espagnol Baltasar Garzón. Le rôle de Vial Correa dans la recherche d'enseignants opposés au régime est décrit dans « Gonzalo Vial, el Gran Espía de Pinochet y la CNI », le 2 juin 2015 : http://www.theclinic.cl/2015/06/02/gonzalo-vial-el-gran-espia-de-pinochet-y-la-cni

6. Gonzalo Vial Correa, *Pinochet, la Biografia*, Santiago, El Mercurio/Aguilar, 2002, t. 1, p. 15 (traduit par l'auteur).

7. *Ibid.*, p. 22-23.

8. Benjamín Vicuña Mackenna, *Historia de Valparaíso*, Santiago, El Mercurio, 1869 (1re éd.). Les œuvres complètes de l'auteur ont été rassemblées par l'université du Chili en 1936. La citation est tirée de cette édition, p. 416 du texte consultable sous le lien suivant : http://www.memoriachilena.cl/archivos2/pdfs/MC0002998.pdf

9. On peut trouver d'amusantes anecdotes – mais rien sur Guillaume – dans Vega et Chouteau, *Album de la colonie française au Chili*, 1904, qu'on peut lire sous le lien suivant : https://archive.org/details/albumdelacoloni00chougoog

10. Près de 700 millions d'euros aujourd'hui, selon les calculs proposés par le site internet sous ce lien : http://www.histoirepassion.eu/?Conversion-des-monnaies-d-avant-la-Revolution-en-valeur-actuelle

11. Cité par Gonzalo Vial, *op. cit.*, p. 13.

12. http://www.genealog.cl/Chile/P/Pinochet/

13. Le site www.genealog.cl affirme que Guillaume est arrivé au Chili vers 1720 et que son mariage avec Úrsula date de 1722.

2. L'enfance de « Tito »

1. Raquel Correa, Elizabeth Subercaseaux, *Ego Sum Pinochet*, *op. cit.*, p. 21.

2. Gonzalo Vial, *op. cit.*, p. 25.

3. Raquel Correa, Elizabeth Subercaseaux, *op. cit.*, p. 20.

4. Gonzalo Vial, *op. cit.*, p. 25.

5. Augusto Pinochet, *Camino Recorrido, Memorias de un soldado*, Santiago, Instituto Geográfico Militar de Chile, 1990, vol. 1, t. 1, p. 21.

6. On peut lire la première édition (1881) de ce manuel joliment illustré sous le lien suivant : http://www.memoriachilena.cl/archivos2/pdfs/MC0056496.pdf

7. Raquel Correa, Elizabeth Subercaseaux, *op. cit.*, p. 17.

8. Gonzalo Vial, *op. cit.*, p. 28.

9. *Ibid.*, p. 24.

10. Raquel Correa, Elizabeth Subercaseaux, *op. cit.*, p. 23.

11. Constanza Hola Chamy, « Los Años menos conocidos de Augusto Pinochet », *BBC Mundo*, 25 novembre 2015.

12. « Bueno, señor, se acabaron las preguntas » : Raquel Correa, Elizabeth Subercaseaux, *op. cit.*, p. 24.

13. Gonzalo Vial, *op. cit.*, p. 29.

14. Selon le rapport du comité du Sénat américain présidé par le sénateur Frank Church, *Covert Action in Chile, 1963-1973*, publié en 1975, la CIA a versé 700 000 dollars au *Mercurio* le 9 septembre 1971, puis 965 000 dollars le 11 avril 1972 (information citée en page 8 du rapport) : https://www.intelligence.senate.gov/sites/default/files/94chile.pdf

3. Augusto le cadet

1. Augusto Pinochet, *Camino Recorrido*, *op. cit.*, vol. 1, p. 185-196.
2. Cité par Mónica Madariaga, une cousine de Portales, dans le livre de Heraldo Muñoz, *The Dictator's Shadow, Life Under Augusto Pinochet*, Londres, Hachette UK, 2008.

4. Le soldat amoureux

1. Augusto Pinochet, *Camino Recorrido*, *op. cit.*, vol. 1, p. 84.
2. Alejandra Matus, *Doña Lucía, la biografia no autorizada*, Santiago, Ediciones B Chile, 2013, chap. 2. Cette biographie fait partie des quelques ouvrages consultés par l'auteur en version électronique dont les pages ne sont pas numérotées. Il fera donc référence à ces ouvrages en ne citant que le chapitre, et prie ses lecteurs de bien vouloir l'en excuser.
3. Gonzalo Vial, *op. cit.*, p. 44-45.
4. Pepe Rodríguez, *Masonería al descubierto, Del mito a la realidad (1100-2006)*, Barcelone, Temas de Hoy, 2006, p. 228.
5. Rodrigo Guitérrez, Cartas al Director, Sevilla, « La Masonería Chilena », *El País*, 12 mars 1985 : https://elpais.com/diario/1985/03/12/opinion/479430011_850215.html
6. Augusto Pinochet, *Camino Recorrido*, *op. cit.*, vol. 1, p. 90.
7. Cité par Alejandra Matus, *Doña Lucía*, *op. cit.*, chap. 2.

5. Scènes de ménage

1. *Ibid.*, chap. 2.
2. Augusto Pinochet, *Camino Recorrido*, *op. cit.*, t. 1, p. 151-154.
3. Raquel Correa, Elizabeth Subercaseaux, *op. cit.*, p. 38-39.
4. Augusto Pinochet, *Camino Recorrido*, *op. cit.*, vol. 1, p. 107.
5. Pour en savoir plus, voir *Memoria Chilena*, « El movimiento obrero (1909-1953) » sous le lien suivant : https://web.archive.org/web/20080429215827/http://www.memoriachilena.cl/mchilena01/temas/index.asp?id_ut=elmovimientoobreroylasorganizacionesde-trabajadores%3A1909-1953

6. Augusto Pinochet, *Camino Recorrido*, *op. cit.*, vol. 1, p. 118.

7. Pinochet dit aussi avoir vu Allende à Valparaíso, alors qu'il était un collégien et qu'Allende étudiait la médecine : « Tout le monde disait, "Allende est là, Allende va par ici". Je me souviens d'un jeune homme très élégant, vêtu d'un manteau en poil de chameau, avec une longue écharpe et un chapeau. C'était la mode à l'époque. Je n'aimais pas du tout son attitude. » Cité par Raquel Correa, Elizabeth Subercaseaux, *Ego Sum Pinochet*, *op. cit.*, p. 62.

8. *Ibid.*, p. 64.

9. Andrés Bianque, *Pisagua o la memoria a tajo abierto* : http://www.alterinfos.org/spip.php?article1447

10. Raquel Correa, Elizabeth Subercaseaux, *Ego Sum Pinochet*, *op. cit.*, p. 67-68.

11. Gonzalo Vial, *op. cit.*, p. 74-75.

12. Augusto Pinochet, *Camino Recorrido*, *op. cit.*, vol. 1, p. 119.

6. L'éternel printemps

1. Cette revue existe toujours et l'on peut en feuilleter un numéro sous le lien suivant : https://issuu.com/cienaguilas/docs/cien-aguilas-escuela-militar-1

2. Cité par Pedro Godoy P., *Perón en Chile*, Santiago, Nuestraamerica, 1953.

3. Voir chapitre 5.

4. Augusto Pinochet, *Camino Recorrido*, *op. cit.*, vol.1, p. 143.

5. Gonzalo Vial, *op. cit.*, p. 86.

6. Augusto Pinochet, *Camino Recorrido*, *op. cit.*, vol. 1, p. 126.

7. L'incartade de Quito

1. Sur cette mission, on peut lire l'article *Misión Klein-Saks*, sur le site Memoria Chilena de la Bibliothèque nationale du Chili : http://www.memoriachilena.cl/602/w3-article-93004.html

2. Rolf Lüders, *La Misión Klein-Saks, los Chicago Boys y la Política Económica*, Santiago, Pontificia Universidad Católica de Chile, 2012. Article consultable sous le lien suivant : http://economia.uc.cl/wp-content/uploads/2015/01/dt_411.pdf

3. Alejandra Matus, *Doña Lucía*, *op. cit.*, chap. 2.

4. Claudia Farfán et Fernando Vega, *La Familia, historia privada de los Pinochet*, Santiago, Random House Mondadori, 2009, chap. 6.

5. Voir ce lien : http://biblioteca.casadelacultura.gob.ec/cgi-bin/koha/opac-detail.pl?biblionumber=71385

6. Byron Rodríguez Vásconez, « El hijo quiteño de Pinochet quiere un ADN », *El Comercio*, 28 juin 2009.

7. Nicolas Cuéllar, « La amante del General », *El Espectador*, 13 juin 2009.

8. Alejandra Matus, *Doña Lucía*, *op. cit.*

9. Gonzalo Vial, *op. cit.*, p. 95.

10. Alejandra Matus, *Doña Lucía*, *op. cit.*

11. Raquel Correa, Elizabeth Subercaseaux, *Ego Sum Pinochet*, *op. cit.*, p. 26.

12. Par exemple Ramy Wurgatt, « El romance secreto de Pinochet », dans le quotidien espagnol *El Mundo* du 5 juin 2009.

8. Le maelström des années 1960

1. Alejandra Matus, *Doña Lucía*, *op. cit.*

2. *Ibid.*

3. On peut lire sur *Action Catholique* l'étude d'Alberto Jara Ahumada, *Contribuciones de la Accíon Católica al desarrollo humano integral*, Pontificia Universidad Católica de Chile, Santiago, mai 2012, sous le lien suivant : http://pastoral.uc.cl/congresosocial/paneles/Acci % C3 % B3n % 20social % 20Una % 20reflexi % C3 % B3n%20desde%20 la%20 historia/Alberto%20Jara % 20 % 20Pontificia%20Universidad%20 Cat%C3 %B3lica%20de%20Chile.pdf

4. Augusto Pinochet, *Geopolítica, diferentes etapas para el estudio geopolítico de los estados*, Santiago, Memorial del Ejercito de Chile, 1968 ; 2e éd., Santiago, Editorial Andrés Bello, 1974.

5. Juan Cristóbal Peña, *La Secreta Vida literaria de Augusto Pinochet*, Santiago, Dabate, 2013.

6. Alejandra Matus, *Doña Lucía*, *op. cit.*

7. Gonzalo Vial, *op. cit.*, p. 101.

8. Alejandra Matus, *Doña Lucía*, *op. cit.*

9. Certaines élaborées par des militaires français qui devinrent de zélés instructeurs en Amérique latine. Voir à ce sujet le remarquable documentaire de Marie-Monique Robin, *Escadrons de la mort, l'école française*, diffusé sur la chaîne Canal + en 2003, et publié sur YouTube sous le lien suivant : www.youtube.com/watch?v=NsmUc-KCy5M

10. Des documents déclassifiés en septembre 2004 révèlent ces interférences du gouvernement américain durant la campagne électorale

chilienne, à travers l'action de la CIA. Voir https://nsarchive2.gwu.edu//news/20040925/index.htm

11. Alan Angell, *Chile since 1958*, in *Latin America since 1930*, vol. 8 in *Cambridge History of Latin America*, New York, Cambridge University Press, 1991.

12. La Expo católica de Bogotá reivindica a Camilo Torres, el cura guerrillero : http://www.catolicosonline.frmaria.org/index.php?option=com_content&view=article&id=5286%3Amarxismo&catid=35%3Acategoria-noticias&Itemid=20font-sizefont-size&reset-settings-font-size=smallerfont-size=larger

13. Voir chapitre 6.

14. « Regimiento Tacna se entrega al General Mahn », *El Mercurio*, 22 octobre 1969.

15. Voir chapitre 9.

16. Viaux utilise l'adjectif *gremialistas* que l'on peut traduire par « corporatistes », mais qui prend un sens politique au Chili à cette époque, alors qu'est formé en 1966 le groupe des « grémialistes » par Jaime Guzmán à l'Université catholique de Santiago, association étudiante de droite qui deviendra l'un des principaux soutiens civils du régime militaire après le coup d'État de 1973. On peut lire à ce sujet l'article de Carlos Huneeus, « Technocrats and politicians in an authoritarian regime. The "ODEPLAN Boys" and the "Gremialists" in Pinochet's Chile », *Journal of Latin American Studies*, vol. 32, n° 2 (mai 2000), p. 461-501, Cambridge University Press.

17. Gonzalo Vial, *op. cit.*, p. 116.

18. *Ibid.*

19. *Ibid.*, p. 110.

9. La victoire de Salvador Allende

1. Peter Kornbluh, *The Pinochet File : A Declassified Dossier on Atrocity and Accountability*, Washington, National Security Archive Book, New Pr, 2003.

2. Voir chapitre 8.

3. Voir note 27. Le rapport du comité du Sénat américain sur les opérations secrètes de la CIA au Chili indique que cette dernière aurait dépensé plus de 12 millions de dollars entre 1963 et 1973 pour influencer les politiques, les médias et les institutions du Chili dans un sens favorable aux intérêts américains. La CIA a notamment versé au *Mercurio* 700 000 dollars en septembre 1971 et 965 000 en avril 1972, afin d'affaiblir le gouvernement de Salvador Allende. Le rapport de ce comité, présidé par le sénateur Frank

Church, peut être lu sous le lien suivant : https://www.intelligence.senate.gov/sites/default/files/94chile.pdf

4. Gonzalo Vial, *op. cit.*, p. 118.

5. *Ibid.*

6. *Ibid.*, p. 120.

7. Two Tracks : U.S. Intervention in the Confirmation of the Chilean President, September 5-November 4, 1970, Foreign Relations Of the United States, 1969-1976, vol. XXI, CHILE, 1969-1973, Office of the Historian of the State Department : https://history.state.gov/historicaldocuments/frus1969-76v21/ch3

8. http://www.nixontapes.org/chile.html

9. *Ibid.*

10. On peut lire cette note sous le lien suivant : https://nsarchive2.gwu.edu//NSAEBB/NSAEBB437/docs/Doc%204%20%20Kissinger%20to%20Nixon%20re%20Nov%206%20NSC%20meeting.pdf

10. Allende et Pinochet, soldats de la guerre froide

1. On peut lire à ce sujet Jacobo Machover, *Cuba, totalitarisme tropical*, Paris, Buchet-Chastel, 2004 et Michel Faure, *Cuba en 100 questions*, Paris, Tallandier, 2018.

2. Carlos Huneeus, *El Régimen de Pinochet*, Santiago, Editorial Sudamericana, 2000.

3. Notamment Juan J. Linz, *Totalitarian and Authoritarian Regimes*, Boulder (Colorado), Rienner, 1985.

4. Cité par Carlos Huneeus, *El Régimen de Pinochet*, *op. cit.*, p. 60.

5. Voir chapitre 5.

6. C'est à ce titre, par exemple, que Raymond Aron, dans son *Essai sur les libertés* (Paris, Calmann-Lévy, 1965), condamne le marxisme, « doctrine d'action » et à ce titre « comptable non de ses seules intentions, mais aussi de ses implications, même contraires à ses valeurs et à ses buts ».

7. Voir, notamment, les chapitres 2 et 8.

11. Les secrets d'Allende

1. Lire la nécrologie de Mitrokhin par l'historien Christopher Andrew – qui a écrit avec lui deux ouvrages sur ses archives – dans le quotidien britannique *The Guardian* le 4 février 2004 : https://www.theguardian.com/news/2004/feb/04/guardianobituaries.russia

2. Certaines n'ont pas encore été déclassifiées, sans doute pour protéger des sources. Voir le site du Churchill College : https://www.chu.cam.ac.uk/archives/collections/papers-vasiliy-mitrokhin-1922-2004/

3. On peut le lire sur Internet sous le lien suivant : https://ia800609.us.archive.org/30/items/TheWorldWasGoingOurWayTheKGBAnd-TheBattleForTheTheThirdWorld/The%20World%20Was%20Going%20Our%20Way.pdf

4. Voir chapitre 8.

5. Corvalán n'était pas au courant du premier versement de 50 000 dollars à Allende. Luis Corvalán, *De lo Vivido y lo Peleado, Memorias*, Santiago, Libros Arces-Lom, 1997, p. 108.

12. Le populisme et ses illusions

1. Gonzalo Vial, *op. cit.*, p. 140.

2. « Los antecedentes inéditos de las investigaciones por los ataques con bomba », *El Mercurio*, 27 novembre 2009. L'article décrit ainsi l'idéologie des « vopistes » : « Ils défendaient la liberté totale, la vie en communauté, la fin de l'argent comme moyen d'échange et l'occupation de sites abandonnés. »

3. Gonzalo Vial, *op. cit.*, p. 142.

4. Raquel Correa, Elizabeth Subercaseaux, *Ego Sum Pinochet*, *op. cit.*, p. 77-78.

5. Gonzalo Vial, *op. cit.*, p. 143.

6. Rudiger Dornbusch, Sebastian Edwards, *The Macroeconomics of Populism in Latin America*, University of Chicago Press, 1991, p. 179.

7. Reinaldo Ruiz, *Los fundamentos económicos del programa de gobierno de la Unidad Popular : a 35 años de su declaración*, Universum v.20 n.1 Talca 2005. https://scielo.conicyt.cl/scielo.php?pid=S0718-23762005000100011&script=sci_arttext

8. Sur l'entraînement militaire des révolutionnaires étrangers à Cuba, on peut lire « Benigno », *Vie et mort de la révolution cubaine*, Paris, Fayard, 1997, et Juan Reinaldo Sánchez, avec Axel Gylden, *La Vie cachée de Fidel Castro*, Paris, Michel Lafon, 2014.

9. Cité dans un article de Pedro Schwarze dans le quotidien chilien *La Tercera* le 26 novembre 2016 : http://www2.latercera.com/noticia/fidel-castro-chile-los-hitos-una-relacion-mas-medio-siglo/

10. Article dans la note précédente. On retrouve les *cacerolazos* notamment en Argentine, en décembre 2001, quand éclate la crise du peso.

11. Raquel Correa, Elizabeth Subercaseaux, *Ego Sum Pinochet*, *op. cit.*, p. 53.

12. Gonzalo Vial, *op. cit.*, p. 145.
13. Citée par Alejandra Matus, *Doña Lucía*, *op. cit.*
14. John Dinges, Saul Landau, *Assassination on Embassy Row*, Pantheon Books, 1980, cités par Alejandra Matus, *Doña Lucía*, *op. cit.*

13. Le chaos et ses désillusions

1. Rudiger Dornbusch et Sebastian Edwards, *op. cit.*
2. Economía Chilena 1910-1995, Université catholique du Chili, 2000, p. 101 : http://economia.uc.cl/docs/ref_03.pdf
3. *Ibid.*, p. 25-26.
4. *Ibid.*, p. 69.
5. « That same year [1970] President Nixon ordered the CIA to make the economy scream in Chile », Peter Kornbluh, *The Pinochet File*, *op. cit.*
6. « To prevent Allende from coming to power, or to unseat him », *ibid.*
7. Gonzalo Vial, *op. cit.*, p. 159.
8. *Ibid.*, p. 166.
9. « El señor Allende ha dejado de ser el Presidente constitucional de Chile », Partido Nacional, Documentos politicos, n° 21, juin-juillet 1973, p. 9-10 : http://www.memoriachilena.cl/602/w3-article-9800.html
10. *Antecedentes histórico-Jurídicos : Años 1972-1973*, Editorial Jurídica de Chile, 1980, p. 106-123.
11. « Falleció Alejandrina Cox, quien protagonizó incidente con el general Carlos Prats », *El Mercurio*, 7 mars 2015.
12. Carlos Prats, *Memorias*, Santiago, Pehuén Editores, 1985, p. 420.
13. *Ibid.*, p. 421.
14. Alejandra Matus, *Doña Lucía*, *op. cit.*
15. L'intégralité de la lettre peut être lue dans le livre d'Ernesto Ekaiser, *Yo, Augusto*, Madrid, Santillana Ediciones Generales, 2003, p. 37-38.
16. *Antecedentes histórico-Jurídicos : Años 1972-1973*, *op. cit.*, p. 143-148.
17. Carlos Prats, *op. cit.*, p. 397.

14. L'impasse et l'indécision

1. Il est difficile de mesurer l'état de l'opinion publique à la veille du 11 septembre, faute de sondages à ce moment précis. Si l'on se base sur les élections législatives de mars, l'Unité populaire s'est révélée minoritaire. Il existe des sondages, dont ceux considérés les plus fiables réalisés sous la direction du sociologue Eduardo Hamuy, qui montrent une différence de popularité notable entre le président Allende et l'Unité populaire.

En janvier 1973, selon une étude Hamuy, Allende subit une chute de sa popularité avec seulement 40,8 % d'opinions favorables. Il remonte subitement, en février, à 49,6 % tandis qu'aux élections de mars l'UP ne rassemble que 43 % des voix (et 41 % à Santiago). Aucun sondage n'a été réalisé peu de temps avant septembre 1973 qui aurait permis de mieux apprécier l'état de l'opinion avant le coup d'État. Sur ce sujet, on peut lire Patricio Navia (New York University y Universidad Diego Portales) et Rodrigo Osorio (Universidad Diego Portales), *Las Encuestas de Opinión Pública en Chile antes de 1973* : https://lasa-4.lasa.pitt.edu/LARR/prot/fulltext/vol50no1/50-1_117-139_navia-osorio.pdf

2. Ernesto Ekaizer, *Yo, Augusto*, Madrid, Santillana Ediciones Generales, 2003, p. 50, et Gonzalo Vial, *op. cit.*, p. 220.

3. *Ibid.*, p. 59.

4. Gonzalo Vial, *op. cit.*, p. 203.

5. Mónica González, *La Conjura, los mil y un días del golpe*, Santiago, Editorial Catalonia-Escuela de Periodismo UDP, 2012, p. 304.

6. *Ibid.*, p. 310 et Ernesto Ekaizer, *op. cit.*, p. 81.

15. Le coup d'État

1. Gonzalo Vial, *op. cit.*, p. 215.

2. Plus de détails sous ce lien : https://interactivos.museodelamemoria.cl/victimas/?p=2174

3. Mónica González, *La Conjura*, *op. cit.*, chap. 24.

4. Revista *Análisis*, n° 194, cité in *ibid.*

5. Tous les échanges radio des insurgés le 11 septembre ont été publiés pour la première fois par la revue *Análisis*, n° 122 du 24 décembre 1985. L'ensemble de ces échanges peut également être lu sur Wikisource sous le lien suivant : https://es.wikisource.org/wiki/Di%C3%A1logos_del_11_de_septiembre_de_1973

6. Le quotidien espagnol *El País* évoque ce sujet dans son édition du 19 juillet 2011 : https://elpais.com/internacional/2011/07/19/actualidad/1311026408_850215.html

16. Le Pinochet nouveau

1. Verónica Valdivia Ortiz de Zárate, « Construction du pouvoir et régime militaire sous Augusto Pinochet », *Vingtième Siècle. Revue d'histoire*, vol. 105, n° 1, 2010, p. 93-107.

2. Moníca González, *La Conjura*, *op. cit.*, p. 404.

3. https://www.cia.gov/library/reports/general-reports-1/chile/#6

4. Le cardinal et ses évêques ont publié le 13 septembre 1973 une déclaration ambiguë déplorant la violence de la répression « qui a ensanglanté nos rues » mais appelle tout de même les Chiliens à collaborer avec le nouveau régime : https://es.wikisource.org/wiki/Declaraci%C3%B3n_del_Cardenal_Ra%C3%BAl_Silva_Henr%C3%ADquez_sobre_el_11_de_septiembre

5. Voir chapitre 20.

6. L'histoire de cette photographie est racontée par son auteur dans une interview au quotidien *La Tercera* publiée le 1er septembre 2013, *El general y el fotógrafo*, qu'on peut lirc sous le lien suivant : http://www2.latercera.com/noticia/el-general-y-el-fotografo/

7. On peut lire (en espagnol) l'intégralité de ce discours dans : *Republica de Chile, 1974, Primer año de la Reconstrucción Nacional*, Santiago, 1975. p. 13-39 : http://www.memoriachilena.cl/archivos2/pdfs/MC0064553.pdf

8. *Ibid.*, p. 41.

9. On peut lire ce livre en ligne sur le site de la *Biblioteca del Congreso Nacional de Chile.*

10. Lire l'interview de Vial sous ce lien : http://www.educarchile.cl/ech/pro/app/detalle?id=200047

11. Voir Homeland Security Digital Library, *CIA Reports : Hinchely Report : CIA activites in Chile* sous le lien suivant : https://www.hsdl.org/?abstract&did=438476

12. Le texte complet des réponses de la CIA se trouve sous ce lien : http://www.derechos.org/nizkor/chile/doc/hinchey.html

13. L'historien chilien Alfredo Jocelyn-Hort lui a consacré un essai, *El Peso de la Noche* (« Le Poids de la nuit »), éd. Planeta/Ariel. Le titre du livre est inspiré par une phrase célèbre de Portales qui, dans une lettre au ministre de l'Intérieur Joaquín Tocornal, écrite le 16 juillet 1832, estimait l'ordre social extrêmement fragile : « El orden social se mantiene en Chile por el peso de la noche y porque no tenemos hombres sutiles, hábiles y cosquillosos. »

14. Republica de Chile, « *Hacia una doctrina nacional de Estado frente a la administracion publica* », *1974, primer año de la reconstrucción nacional*, Santiago, Gabriela Mistral, 1974, p. 61-65.

15. Republica de Chile, *« Portales y Bello como guias para el actual régimen en la creación de una nueva institucionalidad »*, *ibid.* p. 81.

16. Carlos Huneeus, *El Régimen de Pinochet*, *op. cit.*, p. 328.

17. *Ibid.*

18. Republica de Chile, *1974, Primer año de la Reconstrucción Nacional*, *op. cit.*, p. 43.

19. Verónica Ortiz de Zárate, *op. cit.*

20. *La Junta de Gobierno se dirige a la juventud chilena*, Republica de Chile, 1974, Primer año de la Reconstrucción Nacional, Santiago, *op. cit.*, p. 69-77.

21. Liste, peut-être non exhaustive, trouvée dans le livre d'Alejandra Matus, *Doña Lucía*, *op. cit.* chap. 6.

17. Le dictateur en sa maison

1. Claudia Farfán et Fernando Vega, *La Familia*, *op. cit.*, chap. 1.
2. Ada Mongillo, « Lucía Hiriart de Pinochet : Entrevista a la esposa de un soldado », *El Mercurio*, 30 octobre 1973.
3. Claudia Farfán et Fernando Vega, *La Familia*, *op. cit.*, chap. 1.
4. *Ibid.*
5. Alejandra Matus, *Doña Lucía*, *op. cit.*, chap. 5.
6. *Ibid.*
7. *Ibid.*
8. *Ibid.*, chap. 6.
9. *Ibid.*
10. Voir chapitre 32.
11. Alejandra Matus, *Doña Lucía*, *op. cit.*, chap. 6.
12. *Ibid.*
13. http://fxtop.com/fr/conversion-devises-date-passee.php?
14. *Ibid.*

18. L'imitation de la démocratie

1. Gonzalo Vial, *op. cit.*, p. 224.
2. http://www.deis.cl/anuarios-demografia-y-estadisticas-vitales-ine/

19. La stratégie de la barbarie

1. Voir chapitre 17.
2. *Republica de Chile*, 1974…, *op. cit.*, p. 74.
3. Jorge Rojas y Carla Celis, « La historia de los pelados del'73 : Los soldados que asaltaron Santiago », *The Clinic*, 11 septembre 2013. Les lignes qui suivent et les citations sont tirées de cet article.
4. Selon le *Rapport de la Commission Vérité et Réconciliation* (dite Commission Rettig) qui cite une estimation de la Croix-Rouge, il y avait environ 7 000 prisonniers dans ce stade le 22 septembre 1973, dont 200 à 300 étrangers de nationalités diverses. Lire sur le site *Internet Archives* :

tome 1, chap. 1, p. 115. Un autre stade, le Stade Chili, près de la gare de Santiago, a également servi de centre de détention.

5. *El Régimen de Pinochet*, *op. cit.*, p. 99.

6. Selon le *Rapport de la Commission nationale de la Vérité et de Réconciliation* (Commission Rettig), ces 72 exécutions se répartissent ainsi : 4 à Cauquenes, 15 à La Serena, 13 à Copiapó, 14 à Antofagasta et 26 à Calama, entre le 4 et le 19 octobre, t. 1, 3e partie, chap. 1, p. 108.

7. « Sergio Arellano Stark, driver of the "Caravan of Death" under Pinochet, dies at 94 », *The Washington Post*, 10 mars 2016.

8. *El Régimen de Pinochet*, *op. cit.*, p. 102.

9. *Ibid.* Ce témoignage permettra à la justice chilienne d'ouvrir une procédure pénale contre Pinochet qui ne va pas prospérer avant la mort du dictateur, en 2006.

10. Rapport Rettig, *op. cit.*, t. 1, p. 617.

11. Lire ces documents, et quelques autres, sur le site des National Security Archives, sous le lien suivant : https://nsarchive2.gwu.edu/news/20000919/

12. Rapport Rettig, *op. cit.*, vol. 1, t. 2, chap. 2, p. 718.

13. *Ibid.*, p. 748.

14. *Ibid.*, p. 106.

20. L'opération Condor

1. On peut lire l'intégralité de ces aveux dans un article de Mónica González, *La Confesión clave de Michael Townley*, sur le site CIPERCHILE : https://ciperchile.cl/2010/07/08/la-confesion-clave-de-michael-townley/

2. Nilson Cesar Mariano, *Operacion Condor, Terrorismo del Estado en el Cono Sur*, Buenos Aires, Lohle-Lumen, 1998.

3. CIA Activities in Chile, September 18, 2000 : https://www.cia.gov/library/reports/general-reports-1/chile/#7

4. Certaines de ces techniques ont été développées et promues par les militaires français depuis les guerres d'Indochine et d'Algérie. Lire à ce sujet Marie-Dominique Robin, *Escadrons de la mort, l'école française*, Paris, La Découverte, 2004 et 2008, et voir du même auteur le documentaire éponyme, diffusé pour la première fois par Canal + le 1er septembre 2003.

5. Lire à ce sujet l'enquête sur l'opération Condor réalisée par l'auteur, « Quand Pinochet tuait hors du Chili », *L'Express*, 30 septembre 1999.

6. *Ibid.*

7. Lire le document sur National Security Archive sous ce lien : https://nsarchive2.gwu.edu/NSAEBB/NSAEBB8/docs/doc02.pdf

8. On peut lire ce câble sur le site des National Security Archives sous le lien suivant : https://nsarchive2.gwu.edu//NSAEBB/NSAEBB8/docs/doc23.pdf

9. « Quand Pinochet tuait hors du Chili », *op. cit.*

21. Le bilan de l'horreur

1. *Déclaration des principes du gouvernement chilien*, point 5 : http://www.archivochile.com/Dictadura_militar/doc_jm_gob_pino8/DMdocjm0005.pdf

2. La Commission cite également 634 cas sur lesquels elle n'a pas pu se forger une conviction. Pour les chiffres et statistiques, lire Rapport Rettig, *op. cit.*, t. 2, p. 1364 et suivantes.

3. *Ibid.*, p. 3-422 du vol. 2, t. 3.

4. Une liste, partielle, des détenus politiques de l'île Dawson peut être lue sur cette page de Wikipedia en espagnol : https://es.wikipedia.org/wiki/Isla_Dawson

5. On peut lire ces différents rapports de la Commission Valech sur le site de l'*Instituto Nacional de Derechos Humanos* du Chili (INDH) : https://www.indh.cl/

6. Wright & Oñate, *Chilean Diaspora*, *in* Malvin Ember, Carol Ember, Ian Skoggard, *Encyclopedia of Diasporas : Immigrant and Refugee Cultures Around the World*, 2005, Springer Verlag US, vol. 2, p. 57-65.

22. Le tyran libéral

1. *Economía Chilena 1810-1995 : Estatísticas Históricas*, Instituto de Economía de la Pontificia Universidad Católica de Chile, Santiago, 2000, p. 25 et 26.

2. *Ibid.*, p. 336.

3. Ricardo Flench-Davis, *Entre el neoliberalismo y el crecimiento con equidad*, Santiago, Dolmen Ediciones, 1999, p. 24, cité par Carlos Huneeus, *El Régimen de Pinochet*, *op. cit.*, p. 391.

4. On peut lire ce document sur le site *Memoria Chilena* : http://www.memoriachilena.cl/archivos2/pdfs/mc0032306.pdf. Il faut noter que ce texte a circulé dans les cercles du pouvoir, mais qu'il n'a été publié pour la première fois qu'en 1992.

5. La même année 1955 venait à Santiago la « mission Klein-Saks », voir chapitre 7.

6. Arnold Harberger, *Memorándum sobre la economía chilena* : https://www.cepchile.cl/cep/site/artic/20160303/asocfile/20160303184205/rev77_harberger.pdf

7. Lire à ce sujet Sofía Correa Sutil, *Algunos antecedentes históricos del proyecto neoliberal en Chile (1955-1958)*, sur le site de l'université du Chili : http://repositorio.uchile.cl/handle/2250/146089

8. *El Ladrillo, Bases de la política económica del gobierno militar chileno*, Santiago, Centro de Estudios Publicos, 1992, p. 16.

9. *Ibid.*, p. 27.

10. *Ibid.*, p. 27-28.

11. *Ibid.*, p. 28.

12. *Ibid.*, p. 57-193.

13. *Ibid.*, p. 52-53.

14. Naomi Klein, *The Shock Doctrine*, Londres, Penguin Books, 2007, chap. 3.

15. *El Ladrillo*, *op. cit.*, p. 20.

16. Nous évoquerons ce sujet dans le chapitre suivant.

17. On va retrouver ce débat entre « choc » et « gradualisme » au début des années 1990 après la fin du soviétisme en Russie et dans les pays de l'Est européen qui sortaient du socialisme pour s'aventurer sur le chemin tortueux du capitalisme. Un formidable économiste hongrois, János Kornai, avait écrit un livre à ce sujet, *The Road to a Free Economy, Shifting from a Socialist System, the Example of Hungary*, New York, Norton & Cie, 1990. Pour illustrer ce débat, il citait dans ce livre un autre économiste hongrois du XIXe siècle, Istvan Széchenyi, qui avait écrit pour plaider en faveur du « choc » : « L'arracheur de dents est cruel s'il tire doucement et faiblement sous prétexte d'une compassion dénuée de sens. »

18. On peut la lire en anglais sous ce lien : https://genius.com/Milton-friedman-letter-to-president-augusto-pinochet-annotated
Et en espagnol sous celui-ci : https://elacontecer.cl/index.php/economic/item/535-carta-de-milton-friedman-aaugusto-pinochet
Mais l'auteur n'en a trouvé aucune version française sur Internet.

23. Le boom, la crise et le rebond

1. *Origins and Resolutions of a Banking Crisis : Chile 1982-86*, p. 3, www.bcentral.cl, archives, 22/09/2016.

2. Chiffres établis sur la référence de la valeur du peso en 1995 pour faciliter la comparaison : *Economía Chilena 1910-1995*, Université catholique du Chili, *op. cit.*, p. 26.

3. *Origins and Resolutions of a Banking Crisis*, *op. cit.*, p. 3.

4. *Ibid.*

5. *Economía Chilena 1910-1995*, *op. cit.*, p. 26.

6. Carlos Huneeus, *El Régimen de Pinochet*, *op. cit.*, p. 402.

7. Hernán Büchi Buc, *La transformación económica de Chile. Del estatismo a la libertad económica*, Santafé de Bogotá, Colombia, Editorial Norma, 1993, p. 18-19.

8. *Ibid.*, p. 22.

9. *Ibid.*, p. 22-23.

10. *Ibid.*, p. 20.

11. On peut lire en français, au modeste prix de 3 euros, un fascicule d'une vingtaine de pages écrit par José Piñera et intitulé *Pour un système de retraite qui marche ! La réforme chilienne*, Paris, L.C. éditions, 2013. Il explique vite et bien l'architecture de ce système chilien.

12. *Ibid.*, p. 3.

13. *Ibid.*, p. 3-4.

14. Lire aussi, en espagnol ou en anglais, le site de José Piñera : http://josepinera.org/RevChilena/chile_ABC_AFP.htm

24. Pinochet le diplomate

1. Jeane Kirkpatrick, *Dictatorships and double standards : Rationalism and reason in politics*, New York, Simon and Schuster, 1982.

2. Voici leurs noms : Hardy C. Dillard (États-Unis), Gerald Fitzmaurice (Royaume-Uni), André Gros (France), Charles D. Onyeama (Nigeria) et Sture Petrén (Suède).

3. On peut lire à ce sujet l'article de José Ortega, « Perón y Chile », sous le lien suivant : http://www.encrucijadaamericana.cl/articulos/a6_n2/4_peron_y_chile.pdf

4. Reports of International Arbitral Awards. *Dispute between Argentina and Chile Concerning the Beagle Chanel, 18 février 1977*, vol. XXI, p. 55-264, Nations unies-United Nations, 2006, p. 226. http://legal.un.org/riaa/cases/vol_XXI/53-264.pdf

5. Oscar Camilión, *Memorias Políticas. De Frondizi a Menem*, Buenos Aires, Planeta, 2000.

25. Le « pinochétisme »

1. Sur ce Congrès à Valparaíso, voir chapitre 2. Sur cette passation de pouvoirs, en 1990, il faut souligner qu'Aylwin ne reçut pas l'écharpe présidentielle de Pinochet, mais des mains du nouveau président du Sénat, Gabriel Valdés.

2. La Commission Rettig publie la notice du jeune étudiant tué, José Eduardo Jara Araveda, dans le t. 3 de son rapport, p. 182 : http://torturador.cl/caso-covema

3. Manuel Rodriguez, l'un des « pères » de la nation chilienne, fut un héros de l'indépendance considéré par la gauche comme le premier « guérillero » du pays.

4. Carlos Huneeus, *El Régimen de Pinochet*, *op. cit.*

5. *Ibid.*, p. 35-36.

6. *Ibid.*, p. 35.

7. *Ibid.*

8. Hannah Arendt, *Les Origines du totalitarisme*, troisième partie : Le totalitarisme, chap. 11, 1, trad. P. Lévy, Paris, Gallimard, coll. « Quarto », 2002, p. 637.

9. Voir chapitre 16.

10. Alejandra Matus, *Doña Lucía*, *op. cit.*, chap. 7.

11. https://es.wikisource.org/wiki/Declaraci%C3%B3n_de_principios_del_gobierno_de_militar

12. https://es.wikisource.org/wiki/Discurso_de_Chacarillas

13. Robert Barros, *La Junta militar : Pinochet y la constitución de 1980*, Santiago de Chile, Sudamericana, 2005.

14. « Asesinato del presidente Frei Montalva : la República traicionada », *El Mostrador*, 1er février 2019.

15. Lire le reportage de l'auteur, « L'exception chilienne », *L'Express*, 30 avril 2003.

16. Raquel Correa, Elizabeth Subercaseaux, *Ego Sum Pinochet*, *op. cit.*, p. 101.

17. Biblioteca del Congreso Nacional de Chile : https://www.leychile.cl/Navegar?idNorma=6849

26. *Sic transit*

1. On peut regarder ces vidéos sur YouTube sous ce lien pour le « non » : https://www.youtube.com/results?search_query=franja + del + no +1988 Et sous celui-ci pour le « oui » : https://www.youtube.com/watch?v=RwqZjM8ithw&t=314s

2. La campagne pour le « non » a inspiré un film de Pablo Larrain, *NO*, avec Gael Garcia Bernal, en 2012. https://www.imdb.com/title/tt2059255/?ref_=fn_al_tt_1

3. Chiffres du Tribunal Calificador : http://www.tribunalcalificador.cl/resultados-electorales/

4. Voir chapitre 19.

5. Patricia Arancibia Clavel, Isabel de la Masa Cave, *Matthei : Mi testimonio*, Santiago, La Tercera Mondadori, 2003.

6. Raquel Correa, Elizabeth Subercaseaux, *Ego Sum Pinochet*, *op. cit.*, p. 136-137.

7. L'article d'*El Mostrador* peut être lu dans son intégralité sous ce lien : http://www.elmostrador.cl/noticias/pais/2017/11/19/archivos-el-rol-de-estados-unidos-y-de-fernando-matthei-en-el-reconocimiento-del-triunfo-del-no/

8. Genaro Arriagada, *Por la razón o la fuerza. Chile bajo Pinochet*, Editorial Sudamericana, 1998, p. 265.

9. Büchi en rassemble 29,4 %, et Errázuriz 15,4 %.

10. De 4,9 millions de pauvres en 1990 à 3,7 en 1994 : Banco Central de Chile, *Indicadores Económicos y Sociales de Chile*, 1960-2000, p. 968.

11. Cité dans la nécrologie d'Augusto Pinochet dans le *New York Times*, le 11 décembre 2006.

12. Banco Central de Chile, *op. cit.*, p. 528.

13. Voir chapitre 21.

14. Interview publiée sur le blog *Pinochet Nuestro* : http://chile-pinochet-nuestro.blogspot.com/p/discursos-entrevistas-libros.html

27. La « découverte » de la corruption

1. Patricio Orellana Vargas, *Probidad y corrupción en Chile. El punto de quiebre*, Revista Polis, 8 | 2004, http :// polis.revues.org/6120

2. Cet ouvrage, paru en 2001, a été réédité en édition de poche en 2015 par les éditions Delbolsillo, Santiago.

3. Paulina Duque, « La transición de los militares 1990-1994 », *Historia Contemporánea*, 13 novembre 2006.

4. Titre d'un chapitre du livre d'Ascanio Cavallo, *La Historia occulta de la transición, Memoria de una época 1990-1998*, Santiago de Chile, UQBAR, 2012, qui raconte cette histoire en détail.

5. *Ibid.*, p. 84-94.

28. Les *retornados*

1. Ce chapitre est inspiré d'un reportage de l'auteur pour *L'Express*, intitulé « Le Chili des *Retornados* », publié le 10 avril 1997.

29. Pinochet en banlieue

1. Pour en savoir plus sur ce film, lire : https://www.imdb.com/title/tt0783568/?ref_=rvi_tt

2. Pour les amateurs de droit international, lire les nombreux enjeux et controverses juridiques dans l'étude de Madeleine Davis, *The Pinochet Case*, 2000, ISA Research Papers (53) publiée sur le site de l'University of London sous le lien suivant : http://sas-space.sas.ac.uk/3443/

3. Ce sont les contribuables britanniques qui vont payer l'essentiel de la note de cette luxueuse réclusion, dont le coût, selon la BBC, a été estimé entre 5 et 6 millions de livres. http://news.bbc.co.uk/2/hi/388817.stm

4. Interview de l'ancien membre de la junte, le général à la retraite Julio Canessa au *Mercurio* du 4 janvier 1998.

5. John Lee Anderson, « The Dictator », *The New Yorker*, 19 octobre 1998.

6. Fernando Vega, Claudia Farfán, *La Familia*, *op. cit.*, chap. 5.

7. Cité dans le blog *Pinochet Nuestro.*

8. Entretien avec l'auteur, décembre 1998.

9. Propos recueillis par l'auteur et publiés dans le reportage intitulé « Le syndrome de Santiago » dans *L'Express* le 10 décembre 1998.

10. Alejandra Matus, *Doña Lucía*, *op. cit.*, Épilogue.

30. L'alibi du déclin

1. Voir chapitre 19.

2. Cité par Heraldo Muñoz, *The Dictator's Shadow, Life under Augusto Pinochet*, New York, Basic Books, 2008, chap. 9.

3. Joaquín Lagos, la même année, va décrire à la télévision chilienne les horreurs commises par l'équipe du général Sergio Arellano Stark. Voir chapitre 19.

4. Cité par l'auteur dans « Pinochet, l'heure des comptes », *L'Express*, 8 février 2001.

5. Cité dans le blog *Pinochet Nuestro.*

31. L'affaire Riggs

1. Le rapport du sous-comité fut rendu public le 15 mars 2005. On peut le lire dans son intégralité sur le site National Archive de la George Washington University sous ce lien :
https://nsarchive2.gwu.edu/NSAEBB/NSAEBB149/staff_report.pdf

2. Claudia Farfán et Fernando Vega, *La Familia*, *op. cit.*, chap. 4.

3. *Ibid.*

4. Heraldo Muñoz, *The Dictator' Shadows*, *op. cit.*, chap. 9.

32. « Le seigneur de là-haut »

1. Javier Ortega, « La vida íntima y cotidiana de Pinochet en La Dehesa y Bucalemu », *La Tercera*, 2 décembre 2001.

Bibliographie

Sur Pinochet, son régime et sa famille

ARANCIBIA CLAVEL Patricia, MASA CAVE Isabel de la, *Matthei : Mi testimonio*, Santiago, La Tercera Mondadori, 2003.

ARRIAGADA Genaro, *Por la razón o la fuerza. Chile bajo Pinochet*, Santiago, Editorial Sudamericana, 1998.

CAVALLO Ascanio, *La Historia occulta de la transición, Memoria de una época 1990-1998*, Santiago, UQBAR, 2012.

CORREA Raquel, SUBERCASEAUX Elizabeth, *Ego Sum Pinochet*, Santiago du Chili, Zig-Zag, 1989.

DINGES John, LANDAU Saul, *Assassination on Embassy Row*, New York, Pantheon Books, 1980.

EKAISER Ernesto, *Yo, Augusto*, Madrid, Santillana Ediciones Generales, 2003.

FARFÁN Claudia, FERNANDO Vega, *La Familia, historia privada de los Pinochet*, Santiago, Random House Mondadori, 2009.

GONZÁLEZ Mónica, *La Conjura, los mil y un días del golpe*, Santiago, Editorial Catalonia - Escuela de Periodismo UDP, 2012.

HUNEEUS Carlos, *El Regimen de Pinochet*, Santiago, Editorial Sudamericana, 2000.

KIRKPATRICK Jeane, *Dictatorships and Double Standards : Rationalism and Reason in Politics*, New York, Simon and Schuster, 1982.

KORNBLUH Peter, *The Pinochet File : A Declassified Dossier on Atrocity and Accountability*, Washington, National Security Archive Book, 2003.

Libro Blanco del Cambio de Gobierno en Chile, Santiago, Éd. Lord Cochrane, 1973.

LINZ Juan J., *Totalitarian and Authoritarian Regimes*, Boulder (Colorado), Lynn Rienner Publishers, 1985.

MATUS Alejandra, *Doña Lucia, la biografia no autorizada*, Santiago, Ediciones B. Chile, 2013.

MUÑOZ Heraldo, *The Dictator's Shadow, Life under Augusto Pinochet*, New York, Basic Books, 2008.

NILSON CESAR Mariano, *Operación Cóndor, terrorismo del Estado en el Cono Sur*, Buenos Aires, Lohle-Lumen, 1998.

PINOCHET UGARTE Augusto, *Geopolítica, diferentes etapas para el estudio geopolítico de los estados*, Santiago, Memorial del Ejercito de Chile, 1968.

—, *El Dia Decisivo, 11 de septiembre de 1973*, Santiago, Éd. Andrés Bello, 1984.

—, *Camino Recorrido, Memorias de un Soldado*, Santiago, Talleres Gráficos Instituto Geográfico Militar de Chile, 1990.

PRATS Carlos, *Memorias*, Santiago, Pehuén Editores, 1985.

REPUBLICA DE CHILE, 1974, *Primer año de la Reconstrucción Nacional*, Santiago, 1975.

ROBIN Marie-Dominique, *Escadrons de la mort, l'école française*, Paris, La Découverte, 2004 et 2008 ; voir du même auteur le documentaire éponyme, diffusé pour la première fois par Canal+ le 1er septembre 2003.

SEPÚLVEDA Luis, *La Folie de Pinochet*, traduit de l'espagnol par François Gaudry, Paris, Éditions Métailié, 2003.

VIAL CORREA Gonzalo, *Pinochet, la Biografia*, Santiago, El Mercurio/Aguilar, 2002.

Le rapport de la Commission Vérité et Réconciliation (Commission Rettig) peut être lu sur le site web *Internet Archives.*

Les rapports de la Commission Valech peuvent être lus sur le site de l'*Instituto Nacional de Derechos Humanos* du Chili (INDH) : https://www.indh.cl/

Sur les « *Chicago boys* »

Büchi Buc Hernán, *La Transformación económica de Chile, Del estatismo a la libertad económica*, Santafé de Bogotá (Colombie), Editorial Norma, 1993.

El Ladrillo, *Bases de la politica economica del gobierno militar chileno*, Santiago, Centro de Estudios Publicos, 1992.

Flench-Davis Ricardo, *Entre el neoliberalismo y el crecimiento con equidad*, Santiago, Dolmen Ediciones, 1999.

Klein Naomi, *The Shock Doctrine*, Londres, Penguin Books, 2007.

Lüders Rolf, *La Misión Klein-Saks, los Chicago Boys y la Política Económica*, Santiago, Pontificia Universidad Católica de Chile, 2012.

Mönckeberg María Olivia, *El saqueo de los grupos económicos al Estado chileno*, Santiago, Éd. Debolsillo, 2015.

Piñera José, *Pour un système de retraite qui marche ! La réforme chilienne*, Paris, L. C. Éditions, 2013.

Sur Allende et l'Unité populaire

Andrew Christopher, Mitrokhin Vasili, *Le KGB à l'assaut du tiers-monde : agression-corruption-subversion, 1945-1991*, Paris, Fayard, 2008.

Corvalán Luis, *De lo Vivido y lo Peleado, Memorias*, Santiago, Libros Arces-Lom, 1997.

Dornbusch Rudiger, Edwards Sebastian, *The Macroeconomics of Populism in Latin America*, University of Chicago Press, 1991.

Sur la CIA et les États-Unis au Chili

CIA, documents déclassifiés en septembre 2004 : https://nsarchive2.gwu.edu//news/20040925/index.htm

Hinchely Report : CIA activities in Chile, Homeland Security Digital Library, CIA Reports : https://www.hsdl.org/?abstract&did=438476

Two Tracks : U.S. Intervention in the Confirmation of the Chilean President, September 5 November 4, 1970, Foreign Relations of the United States, 1969-1976, Volume XXI, CHILE, 1969-1973, Office of the Historian of the State Department : https://history.state.gov/historicaldocuments/frus1969-76v21/ch3

Rapport du comité du Sénat américain sur les opérations secrètes de la CIA au Chili présidé par le sénateur Frank Church : https://www.intelligence.senate.gov/sites/default/files/94chile.pdf

Sur le Chili et son histoire

ALLENDE Isabel, *Mon pays réinventé*, traduit de l'espagnol par Alex et Nelly Lhermillier, Paris, Grasset, 2003 ; Livre de Poche, 2005.

JOCELYN-HORT Alfredo, *El Peso de la Noche, Nuestra frágil fortaleza histórica*, Santiago, Planeta/Ariel, 2014.

VEGA Manuel, CHOUTEAU Eugène, *Album de la colonie française au Chili*, 1904.

http://www.memoriachilena.cl/archivos2/pdfs/MC0002998.pdf

VICUÑA MACKENNA Benjamín, *Historia de Valparaíso*, Santiago, El Mercurio, 1869.

Articles

ANDERSON Jon Lee, « The dictator », *The New Yorker*, 19 octobre 1998.

CUÉLLAR Nicolas, « La amante del General », *El Espectador*, 13 juin 2009.

DUQUE Paulina, « La transición de los militares 1990-1994 », Historia Contemporánea, 13 novembre 2006.

FAURE Michel, « Le Chili des *retornados* », *L'Express*, 10 avril 1997.

—, « Le syndrome de Santiago », *L'Express*, 10 décembre 1998.

—, « Quand Pinochet tuait hors du Chili », *L'Express*, 30 septembre 1999.

—, « Pinochet, l'heure des comptes », *L'Express*, 8 février 2001.

GUITÉRREZ Rodrigo, « La Masonería Chilena », *El País*, 12 mars 1985.

HARBERGER Arnold, Memorándum sobre la economía chilena, https://www.cepchile.cl/cep/site/artic/20160303/asocfile/20160303184205/rev77_harberger.pdf

Huneeus Carlos, « Technocrats and politicians in an authoritarian regime. The "ODEPLAN Boys" and the "Gremialists" in Pinochet's Chile », *Journal of Latin American Studies*, vol. 32, n° 2, mai 2000, p. 461-501.

Mongillo Ada, « Lucia Hiriart de Pinochet : Entrevista a la esposa de un soldado », *El Mercurio*, 30 octobre 1973.

Orellana Vargas Patricio, « Probidad y corrupción en Chile. El punto de quiebre », *Revista Polis*, n° 8, 2004.

Ortega Javier, « La vida íntima y cotidiana de Pinochet en La Dehesa y Bucalemu », *La Tercera*, 2 décembre 2001.

Ruiz Reinaldo, « Los fundamentos económicos del programa de gobierno de la Unidad Popular : a 35 años de su declaración », *Universum*, vol. 20, n°1, 2005.

Rodríguez Vásconez Byron, « El hijo quiteño de Pinochet quiere un ADN », *El Comercio*, 28 juin 2009.

Rojas y Carla Celis Jorge, « La historia de los pelados del '73 : Los soldados que asaltaron Santiago », *The Clinic*, 11 septembre 2013.

Valdivia Ortiz de Zárate, Verónica, « Construction du pouvoir et régime militaire sous Augusto Pinochet », *Vingtième siècle. Revue d'histoire*, vol. 105, n° 1, 2010.

Wright Thomas, Oñate Rody, « Chilean Diaspora », *in* Ember Malvin, Ember Carol, Skoggard Ian, *Encyclopedia of Diasporas : Immigrant and Refugee Cultures Around the World*, 2005, Springer Verlag US, vol. 2.

Wurgatt Ramy, « El romance secreto de Pinochet », *El Mundo*, 5 juin 2009.

Index

A

B

C

D

E

F

G

L

M

N

O

P

Q

R

S

T

U

V

W

Y

Z

Remerciements

Je remercie Benoît Yvert pour m'avoir suggéré d'écrire cette biographie, Élodie Levacher pour l'avoir éditée avec soin, et tous les collaborateurs des éditions Perrin qui ont contribué à faire de ce livre un bel ouvrage. Malgré tout, si le lecteur y trouvait quelque erreur factuelle, j'en suis le seul responsable.

J'adresse aussi ma gratitude envers tous les Chiliens qui, au cours des années, m'ont accueilli dans leur pays et me l'ont fait aimer, malgré les drames, les malheurs, l'exil et les horreurs dont plusieurs d'entre eux furent les victimes après le coup d'État du 11 septembre 1973 et pendant la dictature. D'autres, pour être « pinochétistes », se sont efforcés de me faire comprendre le rôle, positif à leurs yeux, qu'avait joué le dictateur dans leur vie et leur conception d'une nation menacée, selon eux, par le communisme. L'honnêteté intellectuelle, toujours mise au défi sur de tels sujets, m'engage à reconnaître la sincérité des sentiments et des émotions de chacun. Enfin, certains d'entre eux ne m'ont pas, ou peu, parlé d'histoire ou de politique, mais de la vie sur cet étrange, long et étroit territoire coincé entre mer et montagnes, de la qualité des vins, de la beauté du paysage, des drames mais aussi des bonheurs d'être chilien.

Voici leurs noms, dans une liste alphabétique sans souci du protocole ou de la notoriété, car tous ont été également aimables à mon égard, en espérant qu'ils auront le plaisir de s'y retrouver :

Francisco Arias, Butsabe Barrios, Sergio Bitar, Patricio Casanova, Carlos Cerda, Marco Enríquez-Ominami, Victor Manuel Figueroa James, Arturo Fontaine, Mónica González Mujica, Nelson González Moya, Rodrigo González, Manuela Gumucio, Carlos Huneeus, Cardina Imbert Jiménez, Alfredo Jocelyn-Holt, Marta Lagos, Ricardo Lagos, Oscar Landerretche, Carlos Ominami, Carlos Orellana, Jaime Orden Oyarce, Javier Ortega, Claudio Pérez, José Piñera, Rosario Pugo, Paulo Russo, Luis Sepúlveda, Hernán Sommerville, Carmen Vallecillo.

Table des matières

Achevé d'imprimer en janvier 2020
par Normandie Roto Impression s.a.s.
61250 Lonrai
N° d'impression : 1905776

Imprimé en France